Jovan Zdjelar

**Mindestlohn gegen
die Verarmungsfalle?**

Jovan Zdjelar

Mindestlohn gegen die Verarmungsfalle?

Investivlohn, Kombilohn und Mindestlohn
als Puffer in einer sich ändernden Arbeitswelt

Tectum Verlag

Jovan Zdjelar

Mindestlohn gegen die Verarmungsfalle?
Investivlohn, Kombilohn und Mindestlohn als Puffer in einer sich
ändernden Arbeitswelt
ISBN: 978-3-8288-9929-2
Umschlagabbildung – complize : www.photocase.com
© Tectum Verlag Marburg, 2009

Besuchen Sie uns im Internet
www.tectum-verlag.de

Bibliografische Informationen der Deutschen Nationalbibliothek
Die Deutsche Nationalbibliothek verzeichnet diese Publikation in der
Deutschen Nationalbibliografie; detaillierte bibliografische Angaben sind
im Internet über http://dnb.ddb.de abrufbar.

„Der Mensch ist darauf angewiesen, von seiner Arbeit zu leben, und sein Lohn muss mindestens so hoch sein, dass er davon existieren kann. Meistens muss er sogar noch höher sein, da es dem Arbeiter sonst nicht möglich wäre, eine Familie zu gründen; seine Schicht würde dann mit der ersten Generation aussterben."[1]

---

[1] Vgl.: **Smith, Adam** in: 'The Wealth of Nations' zu Deutsch: 'Der Wohlstand der Nationen', London 1776, dt. Ausgabe München 1993.

Inhaltsverzeichnis

Einleitung **13**

    Die Grundzüge des Liberalismus 15
    Das Arbeitsrecht – Ein Überblick 21
    Agenda 2010: Eine arbeitsmarktpolitische Reform 24

Teil 1.1
Die arbeitsrechtliche Grundlage für Arbeitnehmerentgelte und Arbeitsbedingungen **29**

A. Prolog zu Teil 1.1 29

I. Aufgabenstellung 29

II. Historischer Überblick über die Entwicklung des Tarifvertragsgesetzes 30

1. Historischer Überblick und die Relevanz der Allgemeinverbindlichkeit 35

III. **Ziele und Funktion der Allgemeinverbindlichkeit** **37**

1. Die notwendigen Voraussetzungen der Allgemeinverbindlichkeit 37
2. Das öffentliche Interesse 38
3. Das Verfahren der Allgemeinverbindlichkeit 39
4. Die Wirkung der Allgemeinverbindlichkeit 40
5. Der Rechtsschutz der Allgemeinverbindlichkeit 44
6. Die Verfassungsmäßigkeit der Allgemeinverbindlichkeit 45
7. Die Normen des Tarifvertrages 47

Teil 1.2
Das Arbeitnehmerentsendegesetz (AEntG) **51**

A. Prolog zu Teil 1.2 .... **42**

1. Der Anwendungsbereich des AEntG am Beispiel des Baugewerbes 52

1.	Die Entsenderichtlinie 96/71/EG	53
a.	Stellungnahme der IG Bau Steine Erden (IG Bau)	55
2.	Der Ermächtigungserlass einer Rechtsverordnung nach §1 Abs. 3a AEntg	56
II.	Das AEntG und das TVG in der Praxis: Ein Zwischenfazit	60

Teil 1.3
Das Mindestarbeitsbedingungsgesetz 63

A.	Prolog zu Teil 1.3	63
I.	Die Festlegung von Mindestarbeitsbedingungen gemäß Mindestarbeitsbedingungsgesetz (MiArbG)	64
1.	Die notwendigen Voraussetzungen gemäß § 1 II MiArbG	65
2.	Die sozialen und wirtschaftlichen Bedürfnisse	67
3.	Kein Bestehen einer AVE	68
4.	Das Gehalt gemäß § 4 IV und § 8 I, II MiArbG	69
II.	Das Verfahren	71
III.	Stellt das Mindestarbeitsbedingungsgesetz ein adäquates Instrumentarium zur Regulierung des Arbeitsmarktes dar?	73
IV.	Welche Optionen hat der Staat bei der Förderung tariflicher Normsetzung?	78
1.	Die bereits existierenden Möglichkeiten der staatlichen Festsetzung von Mindestarbeitsbedingungen	83
V.	Zwischenfazit	85

Teil 2
Die Reform des Arbeitsmarktes 89

I.	„Trotz Fleiß keinen Preis"	89
II.	Schaffen Kombilöhne Arbeitsplätze?	90

1. Bestandsaufnahme der Modelle zur Generierung neuer Beschäftigungsmöglichkeiten durch Kombilöhne und Alternativvarianten 91
2. Magdeburger Alternativmodell 93
3. Das Investivlohnmodell 95
4. Kombilohnmodelle im europäischen Vergleich 98
5. Das britische Modell: Working (Families) Tax Credit 98
6. Das französische Modell: Arbeitgeberzuschüsse und Beschäftigungsprämie 101
7. Die Kritik am Kombilohnmodell 103

III. Neue Wege in der Arbeitsmarktpolitik: Der Niedriglohnsektor 105

1. Neue Perspektiven für gering qualifizierte Arbeitnehmerinnen und Arbeitnehmer am deutschen Arbeitsmarkt 107
2. Kritik an der Diskussion zur Expansion des Niedriglohnsektors in Deutschland 111

IV. „Mindestlohn für alle!" 116

1. Der Mindestlohn im europäischen Vergleich 117
2. Niederlande 118
3. Großbritannien 120
4. Die Einführung des Mindestlohns in der Postbranche 122
5. Die Kritik an der Diskussion zur möglichen Einführung von Mindestlöhnen in Deutschland 127
6. Zwischenfazit: Illusion oder Chance für Langzeitarbeitslose? 128

Teil 3
Die Auswertung der empirischen Erhebung 131

I. Lohnmodelle 131

1. Das Investivlohnmodell 136
2. Das Kombilohnmodell 138
3. Der Mindestlohn 140
4. Die Schlussfolgerung 160

Die Einführung des gesetzlichen Mindestlohns in Deutschland

H. Warum ein Mindestlohn? 162
1. Die Nachwirkungen einer arbeitsmarktspezifischen Entwicklungskrise 165
2. Die Veränderung des Normalarbeitsverhältnisses 172
3. Die Steuerungsfunktion von Löhnen 177
4. Pro- und Contra Mindestlohn 181

III. Resümee 187

Literaturverzeichnis 195
Abbildungsverzeichnis 213
Abkürzungsverzeichnis 215

Anhang 216
   Fragebogen zur Mikrostudie 216
   Graphiken zum Thema Mindestlöhne in Europa 229
      Gesetzliche Mindestlöhne pro Stunde in Euro 241
      Gesetzliche Mindestlöhne in der EU (2004) 242
      Niedrige Tariflöhne in Euro pro Stunde 243
      Gesetzliche Mindestlöhne in Prozent 244
      Mindestlöhne und Beschäftigung 245
      Aktuelle Studien zum Niedriglohnsektor in Deutschland 246
      Ursachen für den wachsenden Niedriglohnsektor 235
      Mindestlohnmodelle in der Diskussion 236
      Kriterien zur Bestimmung eines gesetzlichen Mindestlohns in Deutschland 237
      EU-Staaten mit ausschließlich tarifvertraglichen Mindestlohn 238
      Das österreichische Mindestlohnmodell 239
      Normen für einen gerechten Mindestlohn 240
      Normative Grundlagen für die Festlegung von Mindestlöhnen 241

Die Einführung des gesetzlichen Mindestlohns in Deutschland

Das Mindestarbeitsbedingungsgesetz 242
Das Arbeitnehmerentsendegesetz 247
Das Tarifvertragsgesetz 255

Einleitung

Vor dem Hintergrund einer zu hohen Arbeitslosigkeit, vor allem bei Personen mit Vermittlungshindernissen, werden in der breiten Öffentlichkeit sowie in Politik und Wirtschaft die Themen Investivlohn, Kombilohn und Mindestlohn diskutiert. Deutschland befindet sich, wie andere Industrienationen auch, in einem Transferprozess von einer Industrienation zu einer „Wissensgesellschaft". Der Hochtechnologie- und Hochlohnstandort Deutschland benötigt immer mehr professionelle und sehr gut ausgebildete Arbeitnehmerinnen und Arbeitnehmer. Nur durch die Spezialisierung auf hochwertige, anspruchsvolle Produkte kann die deutsche Wirtschaft langfristig mit den ausländischen Anbietern am Markt konkurrieren. Technische Innovationen und der sich in anderen Teilen der Welt öffnende Markt haben in Deutschland zu einer stetig voranschreitenden Wegrationalisierung und Verlagerung von Produktionsstätten und Arbeitsplätzen geführt. Verschiedene Lösungsstrategien sollen langfristig dazu führen, diese Situation zu entschärfen.

Diese Arbeit setzt sich intensiv mit drei Themenfeldern auseinander: Investivlohn, Kombilohn, Mindestlohn – darüber hinaus mit der Frage: *„Inwieweit trägt die Implementierung des gesetzlichen Mindestlohns zur Verhinderung der Expansion des Niedriglohnsektors in Deutschland bei?* In dieser Debatte besteht ein erheblicher Diskussionsbedarf zu den Möglichkeiten und Grenzen der vorgeschlagenen Arbeitsmarktmodelle zur Reformierung des heimischen Arbeitsmarktes. Die unbefriedigende Lage auf dem Arbeitsmarkt lässt die Akteure mit diversen Vorschlägen für ein tragfähiges Konzept zur Überwindung der Arbeitsmarktsituation nicht verstummen. Im Folgenden werden Konzepte zur Arbeitsmarktregulierung vorgestellt und anhand verschiedener Kriterien empirisch analysiert. Die Kriterien dieser deskriptiven Analyse sind: 1. ein europäischer Vergleich der verschiedenen bereits implementierten Modelle und der vorgeschlagenen Alternativmodelle und 2. die daraus resultierende Kritik an den Vorschlägen von Gewerkschaften, Wissenschaftlern und Experten. Dieser Abschnitt, (Teil 2 *Die Reform des Arbeitsmarktes*), der Studie untersucht die These: *„Die neuen Modelle zur Bekämpfung der Arbeitslosigkeit* *werden in Deutschland den Arbeitsmarkt signifikant verändern."* Der Themenbereich Niedriglohnsektor und dessen Expansion werden in der öffentlichen Meinung unter zwei verschiedenen Aspekten diskutiert, dem der sozialpolitischen und dem der rechtlichen Vereinbarkeit. Diese Studie ist keine rein soziologische Untersuchung, es wird sowohl die juristische Problematik wie auch der ökonomische Hintergrund bei der Einführung eines Mindestlohns analysiert. In der Öffentlichkeit werden die Diskussionen um die staatliche Festlegung von Mindesteinkommen in Deutschland branchenübergreifend geführt. Deren Einführung soll, wie von verschiedenen Seiten gefordert wird, analog zum bereits bestehenden Entsendegesetz in der Baubranche implementiert werden.

Diese Lohnsubvention soll möglicherweise einen Niedriglohnsektor in Deutschland festigen respektive ihn sozialverträglich gestalten; diese Form der Marktregulierung könnte allerdings mit dem Gemeinschaftsrecht, der Gleichbehandlung und der Koalitionsfreiheit des Grundgesetzes kollidieren. In diesem Kontext werden das Tarifvertragsgesetz, das Arbeitnehmerentsendegesetz und das Mindestarbeitsbedingungsgesetz analysiert und auf deren Verfassungsmäßigkeit überprüft. Dieser Abschnitt der Studie, (Teil 1.1, Teil 1.2 und Teil 1.3), untersucht folgende These: *"Die aktuelle Gesetzgebung stellt ein adäquates Instrumentarium zur Regulierung am Arbeitsmarkt dar."* Vielleicht bestehen bereits genügend adäquate Normen in den bereits existierenden deutschen Gesetzen, die vollkommen ausreichend sind, um prekäre Arbeitsbedingungen und sozialen Notstand in Deutschland zu verhindern.

Die Diskussion und die Vorschläge von Arbeitgeberverbänden, Gewerkschaften, Wissenschaftlern und der Politik, die stärkere Anreize für Arbeit im Niedriglohnsektor fordern, indem staatliche Subventionen die Lohnkosten für den Arbeitgeber senken und das Einkommen des Arbeitnehmers durch Erhöhen des Mindestlohns de facto aufgestockt wird, diese Diskussion wurde durch einen empirischen Fragebogen näher untersucht. Dieser wurde von Personen beantwortet, die im Niedriglohnsektor arbeiten oder bereits Erfahrungen mit der Inanspruchnahme von staatlichen Transferleistungen gesammelt haben. Die Fragebögen wurden bei verschiedenen Institutionen ausgelegt.[2] Damit die Heterogenität der Probandinnen und Probanden gewährleistet wurde, war es notwendig, auch Berufstätigen, Studenten, Auszubildenden und Selbstständigen die Möglichkeit einzuräumen, an dieser Erhebung zu partizipieren. Experten- und Betroffenen-Interviews folgten dieser Auswertung. In dem entsprechenden Abschnitt, (Teil 3), wird folgende These untersucht: *„Die vorgeschlagenen Modelle zur Reformierung des deutschen Arbeitsmarktes führen zu einem Konsens bei den Bürgerinnen und Bürgern."*

Um diese drei genannten Thesen zu verifizieren, war es notwendig, Makrostudien von anderen Institutionen heranzuziehen und mit dieser Mikrostudie zu vergleichen. Dieser Vergleich sollte anhand einer empirischen Analyse durchgeführt werden, indem Parallelen oder Widersprüche zwischen den Studien aufgezeigt werden. Inwieweit die Thesen zu verifizieren waren, wird hier in einem zusammenfassenden Zwischenfazit am Schluss jedes Abschnitts erörtert. Als theoretische Basis werden die Thesen von Adam Smith und John Maynard Keynes herangezogen. Die Hauptwerke von Smith *„The Theory of Moral Sentiments"* von 1759 und das wohl bekannteste Werk von Smith *„An Inquiry into the Nature and Causes of the Wealth of Nations"* von 1776 dienen dieser Arbeit als Grundlage, um Vergleiche zwischen der Politik von heute und dem historischen Weg des Liberalismus zu ziehen. Im Vordergrund der heutigen Politik steht der von der rot/grünen Regierungskoalition unter Kanzler Schröder initiierte Reformprozess, die Agenda 2010. Der Reformprozess der Agenda 2010 spiegelt möglicherweise liberale Grundsätze wieder, die Smith bereits in seinen Werken definiert hat.

Die Grundzüge des Liberalismus

Einer der bekanntesten liberalen Vordenker war und ist Adam Smith. Smith studierte von 1737 bis 1740 an der Universität Glasgow bei Profes-

---

[2] Vgl.: Tafel e.V., Diakonie, DVAG.

sor Francis Hutcheson[3]. Dieser beeinflusste Smith sowohl philosophisch als auch in seinem ökonomischen Denken sehr. Seine guten Leistungen verhalfen Smith dazu, ein Stipendium am Balliol College in Oxford zu erhalten. Dort studierte er von 1740 bis 1746 Philosophie. Im Jahr 1752 wurde Smith Professor an der Universität von Glasgow und unterrichtete Moralphilosophie. Diese Lehrtätigkeit inspirierte Smith zu seinem ersten Hauptwerk: Die Theorie der ethischen Gefühle (engl. *The Theory of Moral Sentiments*), in dem Smith ausführlich die Konzeption zwischen dem menschlichen Wesen und der Moral erläutert. Im Jahr 1776 kam das wohl bekannteste Hauptwerk von Smith heraus: Der Wohlstand der Nationen – Eine Untersuchung seiner Natur und seiner Ursachen *(engl. An Inquiry into the Nature and Causes of the Wealth of Nations)*. Die Veröffentlichung seines Werkes wird als Geburtsstunde der Nationalökonomie betrachtet. Man muss dabei berücksichtigen, dass das Fach Ökonomie in der damaligen Epoche überhaupt nicht existierte und Smith sich diesem Gebiet sozusagen als Fachfremder widmete.

In „Wohlstand der Nationen" definiert er jede produktive Arbeit als Quelle und Maßstab des Wertes. Der wohl am häufigsten rezitierte Begriff, den Smith geprägt hat, ist der der *„unsichtbaren Hand."* Smith benutzte diesen Begriff nur ein Mal in seinem Buch „Wohlstand der Nationen", im Kapitel über Handelsbeschränkungen.

Wenn man rückblickend den Verlauf der drei wichtigsten Ideologien der politischen und sozialen Bewegungen, Liberalismus, Konservatismus und Sozialismus, betrachtet, stellt man schnell fest, dass sich der Liberalismus in der heutigen Zeit etabliert hat. Das Modell der westlichen Demokratien hat sich nach erbitterten Auseinandersetzungen auf

---

[3] Vgl.: **Francis Hutcheson** studierte ebenfalls an der Universität Glasgow von 1710 an Philosophie, Literatur und Theologie. Im Jahr 1719 begründete er in Dublin eine private Akademie und wurde Prediger der irischen Presbyterianer. Zehn Jahre später kehrte er als Professor der Moralphilosophie nach Glasgow zurück, wo er bis zu seinem Tod blieb.
Die bekanntesten Werke von **Adam Smith**: *The Theory of Moral Sentiments*, 1759 (dt.: *Theorie der ethischen Gefühle*, übers. u. hrsg. v. Walther Eckstein. Meiner, Hamburg 2004); *An Inquiry into the Nature and Causes of the Wealth of Nations*, 1776 (dt.: *Untersuchung über Wesen und Ursachen des Reichtums der Völker*).

der Welt durchgesetzt. Dieses folgt den Prinzipien der Menschenrechte, des Rechtsstaates und der Gewaltenteilung, hier haben sich die Forderungen des Liberalismus voll durchgesetzt. Der Konservatismus schwankt dagegen zwischen Strukturkonservatismus und Wertkonservatismus. Der Sozialismus ist auf der Welt so gut wie ausgestorben, China suggeriert seinem Volk den Sozialismus nur noch, sobald es um ökonomische Fragen geht, richtet sich die chinesische Führung aber nach liberalen Grundsätzen. Nur in einigen lateinamerikanischen Ländern, wie Bolivien und Venezuela, flammt der Sozialismus erneut auf. Der Liberalismus ist eine Erfolgsstory? In dem Umfang, in dem der Liberalismus erfolgreich war und von Sieg zu Sieg seiner politischen Parteien eilte, stellt man heutzutage fest, dass sich ein Niedergang dieser Form abzeichnet. Die liberalen Parteien, eine der frühesten Parteien im Westen, verlieren immer mehr an Wählergunst. In England sind es die „Liberals" gewesen und in Deutschland die FDP. Die Wahlerfolge der FDP sind überschaubar, und sie dienen vor allem anderen Parteien als Mehrheitsbeschaffer. Das liegt vor allem daran, dass diese Parteien sich nach der allgemeinen Durchsetzung von liberalen Ideen enorm schwer tun, ein sichtbares Profil zu entwickeln. Damit einhergehend führen politische Grundpositionen in liberalen Parteien viel stärker zu Flügel- und Machtkämpfen als in anderen Parteien. Auch haben die großen bürgerlichen Parteien, wie in Deutschland die CDU/CSU, in ihrer politischen Praxis und Theorie die liberalen Traditionen aufgenommen und fortgesetzt. Und die liberale Agenda 2010 wurde von einer SPD-geführten Bundesregierung mit grüner Beteiligung eingeführt.

Der Kern des Liberalismus ist die freie „Entfaltung des Menschen", eine umfassende Entfaltung, wie sie von den Handlungsräumen und Belangen der Allgemeinheit zugelassen wird. Eine individuelle Entfaltung ist jedoch nur dann möglich, wenn man gegen alle äußeren Eingriffe und Behinderungen geschützt ist. Daraus ergeben sich die wichtigsten Grundideen des Liberalismus: Menschen- und Bürgerrechte, Verfassungs- und Rechtsstaat, Gewaltenteilung und Repräsentativsystem. Die Auseinandersetzung mit diesen Grundideen und deren Durchsetzung ist kompliziert und keineswegs abgeschlossen. Der Name Liberalismus leitet sich von „liberales" ab (span. Verfassung von 1812). Der Kern des Liberalismus war ursprünglich der Kampf des aufsteigenden Bürgertums gegen Einschränkungen in ihrer Lebensführung durch übergeordnete Gewalten. Der Kampf richtete sich vor allem gegen den absolutistischen Staat und feudale Restriktionen. Im Fokus stand hierbei die ökonomische Entwicklung des Bürgertums, die durch Reglementierung und Privilegien behindert wurde. Das aufstrebende Bürgertum verlangte Rechtssicherheit und eine Mindestmaß an Mitbestimmung. Die wichtigste Einflussmöglichkeit des Staates war und ist das Recht, Steuern zu erheben, von dieser Option war die Monarchie, insbesondere bei der Kriegsführung, abhängig. Hierbei ging es primär darum, dass Staatsausgaben insgesamt und periodisch durch ein Parlament beschlossen wurden, damit keine Konsolidierungsmöglichkeiten in einem Bündnis zwischen Krone und Adel entstehen konnten. In dem Maße, in dem sich der Liberalismus der Abwehr staatlicher Eingriffe und der Aufhebung feudaler Einschränkungen widmete, weitete sich die Perspektive auf die gesamte politische und soziale Ordnung aus. In der zweiten Etappe wandelte sich der Liberalismus von einer reinen Abwehrperspektive zu einer Gestaltungsperspektive um. Eine Ordnung der Freiheit wurde gefordert. In England verlief diese Forderung seit der Revolution von 1688 eher kontinuierlich, in Frankreich im Jahr 1789 mit der französischen Revolution und in Deutschland zeigte der historische Ablauf eher ambivalente Formen. Nach der preußischen Reform und der gescheiterten Revolution von 1848 wurden die liberalen und sozialliberalen Grundideen von Bismarck aufgenommen und ins Kaiserreich implementiert. Die liberalen Forderungen bezogen sich primär auf die Entfaltung des individuellen Seins. Es wurde eine Verfassung gefordert, um die Organisation der politischen Machthaber festzulegen und die Mitbestimmungsmöglichkeiten der Bürgerinnen und Bürger sicherzustellen. Insbesondere ging es hierbei um die Möglichkeit, sich Bildung anzueignen und den eigenen Besitz zu vermehren. Diese gesellschaftliche Reform führte zu neuen, bis dato nicht gekannten Problemen, die eine nachrückende emanzipierte Schicht nun verursachte. Diese forderte, dass die gleichen Rechte und Zugangsmöglichkeiten für jeden allgemeingültig gelten sollten, dies umfasste auch das allgemeine und gleiche Wahlrecht. Mit solch einer Forderung hatte niemand gerechnet, der Liberalismus sah eine Partizipation am Gemeinwesen eigentlich immer an die Bedingung von Besitz und Bildung geknüpft. Mit einer Ausweitung des Wahlrechts auf arme und ungebildete Personen sah sich der Liberalismus mit einer neuen Frage, der sozialen Armut, konfrontiert. Die soziale Frage der Armut hat es in der Historie immer gegeben, Armut galt aber primär als karitatives Problem und nicht als ein gesellschaftliches Handlungsfeld. Im Zuge der rapiden Bevölkerungszunahme durch die bessere Versorgung mit Nahrung und medizinischer Fürsorge, durch den eintretenden Kapitalismus, respektive der Industrialisierung der Gesellschaft seit Mitte des 18. Jahrhunderts, wurde es immer schwieriger, Armut als Einzelschicksal zu interpretieren. Die Strukturprobleme der Industrialisierung wurden nicht nur von Marx auf die kapitalistische Entwicklung zurückgeführt, auch der Liberalismus musste sich fragen, ob eine Gesellschaft mit einer freien ökonomischen Struktur unerwünschte Folgewirkungen für einen Teil der Bevölkerung mit sich bringt. Als der Liberalismus diese Zusammenhänge akzeptiert hatte, wandelte er sich zu einem „sozialen Liberalismus". Die signifikanten Unterschiede zwischen Arm und Reich wurden nun nicht mehr als natürliche Folge von Faulheit und Unvermögen der Betroffenen angesehen. Diese Missstände waren die Folge von struktureller Verhinderung jener Chancengleichheit, die der Liberalismus in einer freien Gesellschaft voraussetzt. *„Chancengleichheit ist daher immer wieder erst herzustellen, sie entsteht nicht naturwüchsig und nicht allein aus dem freien Spiel der Kräfte. Vielmehr muss der Staat seinerseits zugunsten der sozial Schwachen, die strukturell, ohne eigenes Verschulden benachteiligt sind, kompensierend eingreifen – dies ist der liberale Eintritt in den Wohlfahrtsstaat."*[4] Die notwendigen Veränderungen des Liberalismus sind beträchtlich. Es fand eine Umkehr von einem völligen Heraushalten staatlicher Intervention in die private Lebensführung hin zu massiven Eingriffen und Umverteilungen seitens des Staates statt. Der Staat wan-

---

[4] Vgl.: Heidenreich, Bernd (Hrsg.), **Köhler, Gerhard** in: Politische Theorien des 19. Jahrhunderts, 2. Auflage, Akademie Verlag Wiesbaden 99/00, S. 214.

delte sich zu einem Interventionsstaat. Dies ist eine Wandlung, die sich deutlich von der vorherigen, der ursprünglichen Intention abwendet. Diese Erkenntnis war der liberale Eintritt in den Wohlfahrtsstaat. Es ist nicht verwunderlich, dass viele Liberale diesen neuen Weg nicht gehen wollten und sich nicht vom Ursprungsgedanken des Liberalismus abwenden mochten. Damit einhergehend gab es in Deutschland immer wieder Spannungen zwischen Wirtschaftsliberalen und Sozialliberalen. Momentan fällt es sehr schwer, eine Trennlinie zwischen den liberalen Richtungen auszumachen. Historisch betrachtet ergeben sich dennoch durchgängige Charakteristika des Liberalismus. Philosophisch betrachtet ist der Liberalismus mit der Aufklärung verbunden. Diese Bewegung forderte die völlige Emanzipation des Individuums von jeder Bevormundung, unabhängig davon, ob diese religiös, ökonomisch oder wissenschaftlich sei. *Das Prinzip der individuellen Autonomie impliziert also konsequent die Veränderung, notfalls auch die revolutionäre Veränderung aller jener bestehenden Verhältnisse, die der Emanzipation des Individuums entgegenstehen."*[5]

Der Liberalismus ist sozial mit dem Bürgertum eng verbunden. Er ist gegen die feudale Herrschaft und wendet sich auch gegen den Staat, falls dieser traditionell handelt und den Bürger bevormunden möchte. Er ist unter anderem auch antisozialistisch eingestellt, vor allem dann, wenn der Sozialismus über soziale Reformen hinausgehend das Privateigentum in Frage stellt.

Den Liberalismus darf man jedoch nicht mit einer „Ellenbogengesellschaft" gleichsetzen. Die liberale Intention, die autonome und freie Lebensführung in allen Bereichen abzusichern, geht über die Forderung nach freier ökonomischer Entfaltung hinaus. Es ist nicht primär das Ziel, die ökonomische Freiheit durchzusetzen, sondern die Rechte und Möglichkeiten des Individuums, das sich durch Besitz und Bildung entfaltet. Es ist nicht abstreitbar, dass sich ein „Manchester-Kapitalismus" ausgebildet hat, und dieser prägnante Individualismus und Egoismus ist an-

---

[5] Vgl.: **Köhler, Gerhard**, 99/00. S. 215.

gesichts der historischen Entwicklung des Liberalismus wegen seiner sozialen Defizite zu kritisieren. Der Liberalismus neigt auch heute noch dazu, Unterschichten oder das Prekariat aufgrund mangelnder Bildung vom Gemeinwesen auszugrenzen. Vielmehr muss es die Aufgabe der modernen Gesellschaft, respektive des Staates sein, durch Erziehung und Bildung ein allgemeines Qualifikationsniveau zu schaffen. Von Adam Smith, dem Begründer der Nationalökonomie, stammt das klassische Plädoyer für eine moderne Wirtschaftsfreiheit. Adam Smith ist somit einer der Begründer des ökonomischen liberalen Denkens, er bettet dieses jedoch zugleich in eine moralische Sichtweise ein. Adam Smith betont, dass ökonomische Freiheit und damit Wohlstand für alle einen freien Markt ohne staatliche Interventionen voraussetzt. Wenn sich ein Markt ungehindert entfalten kann, so Smith, stellt sich der positive Effekt für alle Beteiligten wie von einer „unsichtbaren Hand" geleitet ein. Das Theorem der „unsichtbaren Hand" impliziert jedoch nicht, dass durch freie Märkte auch Harmonie auf diesen Märkten besteht. Dieser Aspekt wird oft bei der Betrachtung der Theorie von Smith vernachlässigt. Smith begründet in seinen Werken *„The Theory of Moral Sentiments"* von 1759 und *An Inquiry into the Nature and Causes of the Wealth of Nations"* von 1776, dass staatliches Handeln, bürgerliche Moral sowie gegenseitige Anerkennung und Wertschätzung des Individuums vorausgesetzt werden muss, um Gerechtigkeit und Harmonie zu manifestieren. So begründet Smith den untrennbaren Zusammenhang zwischen Markt und Moral. Er sieht keine grundsätzlichen Problematik darin, beide Aspekte miteinander zu vereinbaren.

Das Arbeitsrecht – Ein Überblick

Das Arbeitsrecht ist in Deutschland ein Sonderrecht der Arbeitnehmerinnen und Arbeitnehmer. Es wurde zum Schutz dieser Personengruppe eingeführt. Im Römischen Reich wurde die Arbeit von Sklaven geleistet, wenn eine freie Person Arbeit leistete, lag die Analogie zur Sachmiete nahe (locatio conducto; Miet-, Pacht-, Werk-, Dienstvertrag). Gehobene Dienste von Advokaten oder Ärzten gehörten allerdings nicht zum locatio conducto. Diese Dienste wurden nicht gegen Bezahlung entrichtet, es war eine Ehrenschuld (salarium oder honorarium).

Grundlage in der feudalen Epoche waren die Hörigkeitsverhältnisse. Das Recht auf eine Dienstleistung stand dem Feudalherren zu, dieser genoss die Herrschaftsgewalt über eine Person, woraus eine Fürsorgepflicht gegenüber dieser Person resultiert. Die rechtlichen Beziehungen zwischen dem Feudalherrn und den „Angestellten" waren personenrechtlicher Natur. Lohn und Kostgeld waren Gesetzen unterworfen, den so genannten Taxen, die nicht überschritten werden durften. Das Ende dieser Epoche kennzeichnet den Anfang des modernen Arbeitsrechts.

In der nachfeudalen Zeit fand eine kleine Reform statt. Der Zunftzwang und die Herstellung der Gewerbefreiheit wurden in dem Edikt von 1810, der so genannten Stein/Hardenberg'schen Reform implementiert. Dieser eingeschlagene Weg nahm einen immer größeren werdenden Umfang an. Zu Beginn der Industrialisierung, Ende des 18., Anfang des 19. Jahrhunderts, herrschte ein Überangebot an Arbeitskräften. Die Arbeitgeber schlossen daher Arbeitsverträge ab, die zu Ungunsten der Arbeitnehmer ausfielen. Wegen der nachteiligen Folgen für die Gesellschaft und den Staat, allerdings erst nach sozialen Unruhen, die daher rührten, dass die Menschen trotz Arbeit nicht ihr Existenzminimum erarbeiten konnten, sowie wegen Unterernährung und der Ausbreitung von Krankheiten, beschlossen die Machthaber, Gesetze zu erlassen, die den Schutz der Gesundheit der Arbeitnehmer in den Fokus rückten. Im Jahr 1842 trat das Gesetz zum Verbot der Kinderarbeit in Fabriken in Kraft. Seit dem Jahr 1845 sah die preußische Gewerbeordnung gemäß § 134 vor, dass der Vertrag zwischen Gesellen, Gehilfen und Lehrlingen Gegenstand freier Übereinkunft sein sollte. Für Hausangestellte galt bis ins Jahr 1918 das Gesinderecht. Dieses beruhte auf der Grundlage eines personenrechtlichen Herrschaftsverbandes zwischen Herr und Gesinde. Das Stinnes/Legien Abkommen vom 18. November 1918 erkannte erstmals Gewerkschaften als Vertreter der Arbeitnehmerinteressen an. In den Jahren des Nationalsozialismus änderte sich dieses bestehende Arbeitsrecht wiederum signifikant. Gewerkschaften wurden aufgelöst, die Arbeitnehmerinteressen wurden in einem Verband konsolidiert, der

Deutschen Arbeiterfront (DAF). Treuhänder regelten Löhne und Arbeitsbedingungen und in Betrieben galt das Führerprinzip. Nach dem Zweiten Weltkrieg behielt das nationalsozialistische Arbeitsrecht dann nur bis 1946 seine Gültigkeit. Grundgesetze des deutschen Arbeitsrechts waren in der Folge im Jahr 1949 das Tarifvertragsgesetz, 1951 das Kündigungsschutzgesetz und das Betriebsverfassungsgesetz von 1952.
Das Arbeitsrecht ist in viele Gesetze aufgeteilt und sehr unübersichtlich. Im Laufe der Entwicklung ging der Staat auf einzelne Forderungen ein und setzte diese in geltendes Recht um. Einen Überblick zeigt die Normenpyramide:

Abbildung 1: Normenpyramide[6]

Das Leitbild des Arbeitsrechts ist die Marktwirtschaft mit ihrer individuellen Planungsfreiheit. Im Fokus steht hierbei der frei vereinbarte, privatrechtliche Arbeitsvertrag gemäß § 611 BGB und § 105 GewO. Dieses Prinzip weist jedoch funktionale Schwächen auf. Um diese Defizite zu kompensieren, hilft unter anderem das Tarifrecht gemäß § 4 Abs. 3 TVG (Günstigkeitsprinzip) oder § 9 Nr. 2 AÜG (Equal Pay-Prinzip). Adam Smith erkannte dieses Problem bereits sehr früh. „The more im-

---

[6] Vgl.: **Normenpyramide im Arbeitsrecht**, http://www.rechtsanwaelte-cnh.de/arbeitsrecht/downloads/ArbR-Pyramide.pdf (Zugriff am: 10.10.08).

proved any society is..., the greater will be the number of their laws and regulations necessary to maintain justice, and prevent infringements of the right of property."[7]

Das Arbeitsrecht verhält sich dynamisch, Änderungen und Ergänzungen sollen dazu führen, Normen zu implementieren, die uns helfen, gegenseitig miteinander auszukommen. Adam Smith schreibt dazu:
„Our continual observations upon the conduct of others, insensibly lead us to form to ourselves certain general rules concerning what is fit and proper either to be done or to be avoided."[8]

Diese Grundsätze finden sich möglicherweise auch in der heutigen Gesetzgebung wieder. Veränderungen der Gesetze, explizit beim Arbeitsrecht, werden aktuell diskutiert, eine Analyse der Ereignisse veranschaulichen die folgenden Abschnitte.

Agenda 2010: Eine arbeitsmarktpolitische Reform

Eine Reform des deutschen Arbeitsmarkts wurde durch die rot/grüne Regierungskoalition unter Bundeskanzler Gerhard Schröder initiiert. Im Jahr 2003 wurden die Ziele und die Rahmenbedingungen von Bundeskanzler Schröder in einer Regierungserklärung verkündet. Laut der Agenda 2010 sollten die Rahmenbedingungen für mehr Wachstum und

---

[7] Vgl.: **Deutsche Übersetzung** : Je weiter fortgeschritten eine Gesellschaft ist..., desto größer wird die Anzahl ihrer Gesetze und Vorschriften sein, die notwendig ist, um Gerechtigkeit aufrechtzuerhalten und Verletzungen des Eigentumsrechts zu verhindern.
Meß, Christina in: Das Vertragsrecht bei Adam Smith, Peter Lang Verlag Frankfurt am Main, Band 362, 2008.

[8] Vgl.: **Deutsche Übersetzung**: Die fortgesetzten Beobachtungen, die wir über das Verhalten anderer Menschen machen, bringen uns gewissermaßen dazu, dass wir gewisse allgemeine Regeln darüber bilden, etwas zu tun oder zu lassen, das angemessen ist.
Daiches Raphael, David And Lawrence Macfie, Alec/Hrsg., **Smith, Adam** in: The Theory of Moral Sentiments, 1759, Oxford 1976, S. 159.

Beschäftigung neu definiert sowie der Umbau des Sozialstaates vorangetrieben werden.[9]

Die Vorschläge der Hartz-Kommision zu Arbeitsmarktreformen in Deutschland lösten eine Welle der Empörung in der Bevölkerung aus. Im Jahr 2002 hatte die „Kommission für moderne Dienstleistung am Arbeitsmarkt" der Bundesregierung ihren Abschlussbericht, die so genannten 13 Innovationsmodule zur Bekämpfung der Arbeitslosigkeit, vorgestellt. Ein Bestandteil dieses Berichts war nicht nur die Bekämpfung von Beschäftigungshemmnissen auf dem Arbeitsmarkt, es sollte unter anderem auch die Bundesanstalt für Arbeit neu strukturiert werden. Einige der vorgeschlagenen Module wurden zum Teil mit signifikanten Änderungen durch den Gesetzgebungsprozess umgesetzt.[10] Die Hartz-Reformen hatten den Anspruch, die arbeitslosen Bürgerinnen und Bürger durch ein konsequentes „Fordern und Fördern" wieder in eine Beschäftigung zu vermitteln und den bis dato vorhandenen Sozialstaat so umzubauen, dass er die Menschen aktiviert und sie nicht nur mit einem Existenz sichernden Einkommen verwaltet und die Bezieher von Transferleistungen sich ansonsten selbst überlässt. Dies sollte durch die Umstrukturierung der Bundesagentur für Arbeit zu einem modernen Dienstleister geschehen, bei dem die Vermittlung und nicht nur die Verwaltung der Arbeitslosen in den Fokus gerückt wird. Die Zugangsbedingungen zum deutschen Arbeitsmarkt sollten nach allerdings bis heute andauernden Debatten deutlich verbessert werden. Maßgeblich dazu beitragen sollte die Handwerksnovelle, das Tagesbetreuungsausbaugesetz und das beschlossene Zuwanderungsgesetz.

Den größten Schock unter der Bevölkerung löste das vierte Gesetz für moderne Dienstleitungen am Arbeitsmarkt, auch Hartz IV genannt, aus. Die Zusammenlegung von Arbeitslosenhilfe und Sozialhilfe zum 1. Ja-

---

[9] Vgl.: **Agenda 2010**, Hrsg. Presse und Informationsamt der Bundesregierung, Berlin 2003. http://archiv.bundesregierung.de/artikel/81/557981/attachment/557980_0.pdf (Zugriff am: 25.09.2008).

[10] Vgl.: Mehr zu diesem Thema unter: **Zdjelar, Jovan**, Hartz IV – Eine kritische Bestandsaufnahme, Grin Verlag München/Ravensburg 2006.

nuar 2005 beendete das jahrzehntelange ineffiziente Nebeneinander zweier steuerfinanzierter und bedarfsorientierter Transfersysteme. Nach Ablauf des Bezugs von Arbeitslosengeld I (ALG I) erhielten die Empfänger damals im Anschluss Arbeitslosenhilfe, wenn sie keinen Anspruch auf ALG I oder Arbeitslosenhilfe hatten, erhielten die Bezieher die Sozialhilfe. Dies hat sich durch die Reform geändert, wer keinen Anspruch mehr auf ALG I hat, erhält im Rahmen der „Grundsicherung für Arbeitssuchende" das Arbeitslosengeld II (ALG II).

Nach dem Grundsatz „Fordern und Fördern" sind die Zumutbarkeitsregelungen für Langzeitarbeitslose gegenüber der alten Rechtslage drastisch verschärft worden. Demnach ist jede legale Arbeit zumutbar, es sei denn, die Bezahlung ist sittenwidrig oder die Ausübung ist z.B. nicht vereinbar mit der Erziehung eines dreijährigen Kindes oder der Pflege eines Angehörigen. Eine Ablehnung der durch die Agentur für Arbeit vorgeschlagenen Arbeitsstelle kann den vollständigen Entzug aller Leistungen nach sich ziehen, was für die Betroffenen einer drakonischen finanziellen Strafe gleichkommt. Diese finanziellen Einbußen erhöhen den Druck, dem Bezieher von Transferleitungen ausgesetzt sind, eine Arbeitsstelle aufzunehmen, auch wenn diese weit unter ihrem bisherigen Verdienst bezahlt wird. Dadurch kann der Bezug von staatlichen Transferleistungen verkürzt und insgesamt können die Beträge der arbeitenden Bevölkerung für den Staat verringert werden. Die Neuregelung von Hinzuverdienstmöglichkeiten zum ALG II vom 14. Oktober 2005 (Minijob: 400 € bis Midijob: 800 €) soll den Beziehern einen stärkeren Anreiz zur Aufnahme von Jobs im Niedriglohnsegment geben. Während dadurch der Anreiz, Teilzeitstellen anzunehmen, steigt, spornt der neue Modus nicht dazu an, von einer Teilzeitstelle mit Bezug von ALG II auf eine Vollzeitstelle zu wechseln. Kritisch ist demnach zu sehen, dass der Freibetrag bei der Einkommensgrenze nach oben verschoben wurde, bei der ein zusätzlicher Anspruch auf ALG II hätte bestehen können.

Die Langzeitarbeitslosigkeit in Deutschland ist ein gravierendes Problem, das es zu lösen gilt. Die Reform Agenda 2010, explizit die Hartz-Gesetze, sollten diesen Reformprozess maßgeblich vorantreiben. Eine

Studie des Institutes der deutschen Wirtschaft hat nachgewiesen, dass ein langer Bezug von Transferleistungen die Arbeitslosigkeit verlängert.[11] Die Kürzung der Bezugsdauer respektive Sanktionen für die Betroffenen sollen den Druck erhöhen, eine Beschäftigung anzunehmen. Es geht hierbei um die Frage, inwieweit die Einführung des gesetzlichen Mindestlohns in Deutschland eine Fortsetzung liberaler Politik darstellt.

---

[11] Vgl.: **Schäfer, Holger**, Reform der Arbeitslosenversicherung, Ökonomische Aspekte einer politischen Debatte, IW-Positionen, Beiträge zur Ordnungspolitik Nr. 1, Institut der deutschen Wirtschaft, Köln 2003.

Teil 1.1 Die arbeitsrechtliche Grundlage für Arbeitnehmerentgelte und Arbeitsbedingungen

A. Prolog zu Teil 1.1

Verfahren zur Allgemeinverbindlichkeit von Tarifverträgen sind in den meisten Mitgliedsstaaten der EU vorhanden.[12] Naturgemäß gibt es auch hierbei Ausnahmen, die Briten haben ein solches System nicht implementiert, dafür aber den NMW (*National Minimum Wage*), auf den ich im zweiten Teil der Arbeit noch eingehen werde. In der EU ist die rechtliche Lage in den letzten Jahren stabil geblieben. Ausnahmen gab es unter anderem bei der notwendigen Umsetzung von Reformen wie der EU-Entsenderichtlinie (96/71 EG) in geltendes Recht der einzelnen Mitgliedsstaaten. Der enorme Wandel der Arbeitswelt in den letzten Jahren drängt die Gewerkschaften – nicht nur in Deutschland – immer mehr dazu, von der „Bestandssicherung" des bereits Verwirklichten abzugehen und neue Strategien zu erarbeiten, um im europäischen und globalen Kontext eine effiziente Arbeitsmarktpolitik zu ermöglichen. Eine Forderung war die Modifizierung der EU-Entsenderichtlinie resp. des Arbeitnehmerentsendegesetzes in Deutschland. Die fehlende Tarifbindung in einzelnen Branchen, wie zum Beispiel im Dienstleistungsgewerbe, hat die Arbeitnehmervertretungen dazu veranlasst, neue Maßnahmen und Forderungen gegenüber der Politik zu erheben. Das Arbeitnehmerentsendegesetz wird in Abschnitt 1.2 erörtert.

I. Aufgabenstellung

Dieser Abschnitt soll einen Überblick über die Allgemeinverbindlichkeit von Tarifverträgen sowie über das Arbeitnehmerentsendegesetz und das

---

[12] Vgl.: Wirtschafts- und Sozialwissenschaftliches Institut (WSI), Hans Böckler Stiftung, **Pete Burgess** und **Alastiar, Unsher** von Incomes Data Services (London) in: Allgemeinverbindlichkeit und Mindestlohnregelungen in Mitgliedstaaten der EU, – Ein Überblick –, Projekt: „Mindeststandards für Arbeits- und Einkommensbedingungen und Tarifsystem" für das Ministerium für Wirtschaft und Arbeit des Landes Nordrhein-Westfalen (MWA), Düsseldorf, Januar 2003.

Mindestarbeitsbedingungsgesetz verschaffen. Aufgrund der momentanen Aktualität des Themas[13] werden nicht nur die bereits erwähnten Gesetze erörtert, sondern auch europäische Vergleiche bezüglich des Niedriglohnsektors vorgestellt. Im Sommer 2007 wurden bereits in der Politik und in der Öffentlichkeit der Mindestlohn, Kombilohn- und Investivlohnmodelle kontrovers diskutiert. Dieser Teil der Arbeit möchte folgende These hinterfragen: *„Die aktuelle Gesetzgebung stellt ein adäquates Instrumentarium zur Regulierung des Arbeitsmarktes dar."*

II. Historischer Überblick über die Entwicklung des Tarifvertragsgesetzes

Das Tarifvertragsgesetz (TVG) existiert seit nunmehr über 50 Jahren. Trotz seines Alters ist es immer sehr dynamisch geblieben. Tarifverhandlungen verlaufen in der Praxis oftmals äußerst kompliziert.[14] Mancher Arbeitgeber unterliegt dabei schnell der Versuchung, Unerwünschtes als rechtswidrig zu diskreditieren. Dieser Abschnitt soll die Anfänge der Koalitionsfreiheit, der Tarifautonomie sowie des TVG erörtern. Im Jahr 1845 wurde das Koalitionsverbot in die *Allgemeine Preußische Gewerbeordnung* aufgenommen.[15] Dieses Gesetz wurde explizit auch auf Industriearbeiter ausgedehnt. Zur damaligen Zeit konnte ein streikender Arbeiter mit einem Jahr Zuchthaus bestraft werden. In der Märzrevolution im Jahr 1848 wurden die Arbeiter politisch instrumentalisiert und schlossen sich den fortschrittlichen Teilen des Bürgertums an. Sie forderten die Schaffung von Freiheitsrechten. In der Frankfurter Nationalversammlung wurden 1848 die *Grundrechte des Deutschen Volkes* beschlossen, die in ihrer Vorlage die gesetzliche Anerkennung des freien

---

[13] Vgl.: Bahnstreik der Lokomotivführergewerkschaft (GDL) um einen eigenständigen Tarifvertrag im Oktober 2007 in Deutschland.
[14] Vgl.: Tarifstreit der GDL im Jahr 2007.
[15] Vgl.: **Wolfgang Däubler** (Hrsg.) Kommentar zum Tarifvertragsgesetz – mit Kommentierung des Arbeitnehmer-Entsendegesetzes, Nomos Verlagsgesellschaft Baden-Baden, 1. Auflage 2003, S. 4.

Vereinigungsrechts enthielten.[16] Das Scheitern der Revolution hatte zur Folge, dass das Koalitionsverbot wieder eingeführt und die Arbeitervereine aufgelöst und verboten wurden. Dieses Verbot blieb bis 1869 in Kraft. Die voranschreitende Industrialisierung verschaffte der Arbeiterbewegung dann neuen Auftrieb. Trotz der offiziellen Koalitionsverbote kam es immer häufiger zu spontanen Streikaktionen. Damit einhergehend organisierten sich die Arbeiter in verschiedenen Vereinen, wie etwa dem *Allgemeinen Deutschen Arbeiterverein* (1863). Trotz des immer noch strikten Koalitionsverbotes wurden die Vereine toleriert. Das lag unter anderem an der Tatsache, dass dem gewachsenen Widerstand gegen soziale Ungerechtigkeit die Erkenntnis der Machthaber folgte, dass diese Organisationen etwas zu einer moderaten Lohnpolitik beitragen könnten. Heutzutage würde man von einer Planungssicherheit für Betriebe sprechen, die den Arbeitgebern ein Sicherheitsgefühl vermitteln und für die Dauer des Tarifvertrages vor Lohnnachforderungen der Arbeitnehmer schützen kann. Vor diesem Hintergrund erklärte die Reichsgewerbeordnung die Aufhebung des Koalitionsverbotes für gewerbliche Arbeitnehmer im § 152 Abs. 1. Dort heißt es: *„Alle Verbote und Strafbestimmungen ... wegen Verabredungen und Vereinigungen zum Behufe der Erlangung günstigerer Lohn- und Arbeitsbedingungen, insbesondere mittels Einstellung der Arbeit oder Entlassung der Arbeiter, werden aufgehoben."*[17] Die erstarkte Arbeiterbewegung hatte jedoch keinerlei Ambitionen, sich mit dem bereits Vereinbarten zufrieden zu geben. In den Gründerjahren nach dem Sieg Deutschlands über Frankreich kam es immer häufiger zu Streiks. Die sozialdemokratischen Kandidaten feierten immer größere Wahlerfolge, was die ‚herrschende Klasse' beunruhigte. Im Jahr 1878 folgte dann das *Gesetz gegen die gemeingefährlichen Bestrebungen der Sozialdemokratie*, besser bekannt als *Sozialistengesetz*. Dieses konnte die Arbeiterbewegung jedoch nicht aufhalten, und durch die immer größeren Erfolge der SPD wurde das Gesetz zum Ende der 80er Jahre des 19. Jahr-

---

[16] Vgl.: Das ist eine frühe Form der Koalitionsfreiheit, wie wir sie heute in Art. 9 GG wiederfinden.

[17] Vgl.: Däubler 2003, S. 5.

hunderts gegenstandslos. In den Jahren von 1890 bis zum Ersten Weltkrieg stieg die Mitgliederzahl der Gewerkschaften stetig an. *"1913 waren über 2,5 Millionen Arbeitnehmer gewerkschaftlich organisiert."*[18] Am 15. November des Jahres 1918 wurde eine historisch nicht zu unterschätzende Vereinbarung zwischen den Gewerkschaften und den Spitzenverbänden der Unternehmer geschlossen. Dieses Zentralarbeitsgemeinschaftsabkommen fand sich in der Tarifvertragsordnung vom 23. Dezember 1918 wieder. In dieser Vereinbarung wurden die Rechte der Arbeitnehmer verifiziert. §1 bestimmte, dass von den tariflichen Vereinbarungen nur zu Gunsten des Arbeitnehmers abgewichen werden durfte. Heute sieht dies durch eine Vielzahl von Öffnungsklauseln in den Tarifverträgen etwas anders aus. Damals jedoch wurden die elementaren Grundrechte der Arbeitnehmervertretungen, wie z.B. der Abschluss von Tarifverträgen in allen Wirtschaftszweigen durch die Gewerkschaft, bestätigt. Im Jahr 1922 waren ca. 900.000 Betriebe mit ca. 14,6 Millionen Arbeitnehmerinnen und Arbeitnehmern durch einen Tarifvertrag abgesichert.[19] In den darauf folgenden Jahren, gekennzeichnet durch eine inflationäre Wirtschaftsentwicklung, stieg die Arbeitslosigkeit in Deutschland an. Die Mitgliederzahlen in den Gewerkschaften brachen dramatisch ein. Die Gewerkschaften wurden dadurch enorm geschwächt. Eine solche Tendenz zeichnet sich auch heutzutage wieder ab. Die Gewerkschaften verlieren immer mehr an Einfluss in der Wirtschaft, nur vereinzelt gibt es noch signifikante Erfolge von Einzelgewerkschaften. Diese vertreten jedoch Schlüsselfunktionen der Wirtschaft, wie zum Beispiel die Gewerkschaft der Flugzeugpiloten (*Cockpit*) oder die Gewerkschaft der Lokführer (*GDL*). Im Jahr 1923 erließ die Reichsregierung, um den Problemen in der Republik Herr zu werden, die sog. Schlichtungsverordnung; diese war nichts anderes als eine staatlich verordnete Zwangsschlichtung bei Lohnauseinandersetzungen. Die darauf folgenden Jahre taten ihr Übriges, um die Gewerkschaften ihrer Daseinsberechtigung zu berauben. Die einsetzende Weltwirtschaftskrise von 1929 und die Nazi-

---

[18] Vgl.: Däubler 2003, S. 7.
[19] Vgl.: Däubler 2003, S. 12.

Diktatur erschwerten den Arbeitnehmervertretungen die Wahrnehmung ihrer Aufgaben enorm, sie machten dies schließlich unmöglich. Die Koalitionen wurden in der Nazi-Diktatur aufgelöst, es wurden Mindestarbeitsbedingungen durch einen ernannten Treuhänder der Arbeit festgelegt. Nichtsdestotrotz gab es intensiven und umfangreichen Widerstand aus der Arbeiterbewegung gegen die Nazi-Diktatur. Nach dem Ende dieser verheerenden Epoche bildeten sich umgehend wieder Ausschüsse und Betriebsräte in den Unternehmen. Diese waren jedoch noch nicht sehr gut organisiert und ausgebildet. Es wurden auch wieder Einzelgewerkschaften gegründet. Diese wurden 1947 unter dem Dachverband des *Deutschen Gewerkschaftsbundes* (DGB) zusammengeschlossen. Die Landesverfassungen bestätigten zwischen 1946 und 1949 die inzwischen neu gegründeten Gewerkschaften. Diese neu gewonnene Kraft nutzten die Arbeitnehmervertretungen, um jetzt über die Frage des Lohns hinaus eine größere Mitbestimmung in den Betrieben zu erreichen. Der Alliierte Kontrollrat erlaubte am 12. April 1946 Tarifabschlüsse, die über die Frage des Lohns hinausgingen. Jedoch galt es vorher zu klären, wie solch ein Tarifvertrag konzeptionell auszusehen hatte. Ein Konzept sah vor, dem Staat einen weitestgehenden Einfluss auf die Tarifverträge zu ermöglichen. Dieses Konzept gefiel den Gewerkschaften nicht. Sie bevorzugten eine andere Fassung, die vorsah, dass Tarifverträge unmittelbar nach ihrer Vereinbarung wirksam wurden, ohne ein staatliches Prüfungsrecht. Der Gesetzentwurf von Hans Carl Nipperdey aus dem Jahr 1949 wurde schließlich vom Wirtschaftsparlament nach Diskussionen und Änderungsvorschlägen übernommen und ratifiziert. Das TVG wurde am 9. April 1949 verkündet und hat bis heute fast unverändert Gültigkeit. Die Zeit des Wiederaufbaus war geprägt von Forderungen nach einer Reallohnsteigerung. Es gab eine schrittweise Annäherung an die 40-Stundenwoche und ein Rationalisierungsschutzabkommen. Im Jahr 1969 führten die sog. *Septemberstreiks*, an denen sich über 200.000 Personen beteiligten, schließlich zu einer erheblichen Lohnsteigerung.[20] Eine

---

[20] Vgl.: Däubler 2003, S. 17.

Innovation in der Tarifpolitik fand 1973 in Form des Konzepts des Lohnrahmentarifs II der Metallindustrie Nordwürttemberg-Nordbadens statt. Dieser sah vor, nicht nur den Mindestlohn festzuschreiben, sondern in diesem Abschluss wurden auch die zum Teil prekären Arbeitsbedingungen am Fließband zunehmend humanisiert. Die bevorstehende „Ölkrise", die Ende 1973 auch Deutschland traf, veränderte die Tarifpolitik maßgeblich. Zwar stand eine sozial gerechte Lohnpolitik immer noch im Vordergrund, aber es wurden verstärkt Abschlüsse vereinbart, die auf die Erhaltung der Arbeitsplätze und den sozialen Besitzstand ausgelegt waren. In den 1980er Jahren wurden wiederum Kompromisse vereinbart. Einer davon war die schrittweise Annäherung an die 35-Stundenwoche. Diese wurde 1990 in einigen Branchen festgeschrieben und gilt seit 1995 auch in der Metallindustrie. Diese Regelung ist bis heute umstritten. Objektiv betrachtet liegt es nahe, dass mehr Arbeitsplätze geschaffen werden können, wenn man diese durch Arbeitszeitverkürzung gleichmäßiger verteilt. Ob dies jedoch bei vollem Lohnausgleich geschehen musste und wie viele neue Arbeitsplätze durch die für viele Arbeitgeber hinderliche Bürokratie wirklich geschaffen wurden, hängt davon ab, aus welcher Perspektive man dies betrachtet: Ist man Anhänger einer »linken« Arbeitsmarktpolitik oder favorisiert man mehr eher einen liberalen Ansatz? Im Jahr 1990 wurde nicht nur die 35-Stundenwoche beschlossen, es war auch das Jahr der deutschen Wiedervereinigung. Die neuen Bundesländer mussten in den von nun an gesamtdeutschen Arbeitsmarkt miteinbezogen werden. Nach der Währungsunion erfolgte eine Pauschalregelung bei den Arbeitslöhnen. Diese wurden in den neuen Bundesländern auf 45 bis 50% des Westniveaus angehoben.[21] Es folgten in den 1990er Jahren jedoch weitere »Herkulesaufgaben«, die die Verbände und Gewerkschaften zu bewältigen hatten. Das Nettorealeinkommen sank, eine zunehmende Erosion der Tarifverträge wurde erkennbar. Zwischen Wirtschaft, Politik und Gewerkschaften wurden Vereinbarungen getroffen, um die wirtschaftliche Situation zum Positiven

---

[21] Vgl.: Däubler 2003, S. 21.

zu verändern. Das *Bündnis für Arbeit* sah vor, die Wochenarbeitszeit ohne vollen Lohnausgleich zu verlängern;, dies stellte eine Umkehr dessen dar, was zuvor erreicht worden war. Öffnungsklauseln im Tarifvertrag sahen vor, Langzeitarbeitslosen den Einstieg ins Berufsleben zu erleichtern, indem diese 10 % unter dem tariflich vereinbarten Mindestlohn eingestellt werden konnten. Dies sollte die Arbeitgeber ermuntern, neues Personal einzustellen. Am 10. Dezember 2001 wurde durch das Job-AQTIV-Gesetz erstmals eine Ankopplung der Leiharbeitnehmer an das Tarifsystem vereinbart. Aktuell werden jedoch wieder neue Maßnahmen in der Öffentlichkeit diskutiert. Der Mindestlohn, der Kombilohn oder ein Investivlohn gelten als neue »Waffen«, um soziale Gerechtigkeit im Niedriglohnsektor zu verwirklichen.[22]

1. Historischer Überblick und die Relevanz der Allgemeinverbindlichkeit

Bereits 1918 hatte der Gesetzgeber die Option einer Allgemeinverbindlichkeit von Tarifverträgen vorgesehen (§1 Abs. 2 der Tarifverordnung vom 23. Dezember 1918). Dadurch sollten die tarifgebundenen Arbeitnehmer von der so genannten *„Schmutzkonkurrenz"*[23] untertariflich bezahlter Arbeiter geschützt werden. Die von Hugo Sinzheimer entwickelte Tarifrechtsfunktion diente dem Zweck, die vereinbarten Arbeitsbedingungen auf alle Arbeitnehmer im Geltungsbereich des Tarifvertrages auszudehnen.[24] Dieses Instrument sollte die organisierten Arbeitnehmer bei Arbeitslosigkeit vor zu starker Konkurrenz durch nicht organisierte Arbeitnehmer schützen. Diese hätten ansonsten bevorzugt von Arbeitgebern eingestellt werden können, da diese nicht nach Tariflohn bezahlt werden mussten. *„Insofern stellt die Allgemeinverbindlicherklärung das arbeitsmarktpolitische Gegenstück zum Verbot des Tarifverzichts*

---

[22] Mehr zu diesem Thema im dritten Teil dieser Arbeit.
[23] Vgl.: **Kempen/Zachert** 2005 u. Berg/Platow/Schoof/Unterhinninghofen 2005, S. 257.
[24] Vgl.: Kempen/Zachert 2005, S. 1078.

dar."²⁵ Die Allgemeinverbindlicherklärung wurde in der Weimarer Republik maßgeblich unter dem Gesichtspunkt des Konkurrenzschutzes implementiert. Doch nicht nur der Konkurrenzschutz unter den Arbeitnehmern war relevant, hatte – oder besser gesagt: sie hat auch heute noch – eine wettbewerbslenkende Funktion gegenüber Unternehmen, die nicht in Verbänden organisiert sind oder aus dem Ausland auf den deutschen Markt drängen. Diese Argumentation genügt jedoch nicht, um Tarifverträge für allgemeinverbindlich zu erklären. Öffentliches Interesse ist ein dehnbarer Begriff, der bisher vom Gesetzgeber nicht ausreichend präzisiert wurde. Anhaltspunkte hierfür können sein: Sicherung des Tarifniveaus, Herstellen einheitlicher Tarifstandards, drohende Aushöhlung des Tarifvertrages usw.²⁶ Damals waren die einsetzende Erosion des Weimarer Tarifvertragssystems durch Notverordnungen und die Nazi-Diktatur womöglich Anlass genug, die Allgemeinverbindlicherklärung nach dem 2. Weltkrieg in den Landesverfassungen (Art. 38 Abs. 2 Verf. Baden und Art. 169 Abs. 2 Verf. Bayern) zu verankern. Nach der deutschen Wiedervereinigung wurden in den alten Bundesländern 622 und in den neuen Bundesländern sieben Tarifverträge für allgemeinverbindlich erklärt. In den darauf folgenden Jahren entwickelten sich die Allgemeinverbindlicherklärungen in den beiden Tarifregionen (= West- und Ostdeutschland) gegenläufig. 2002 gab es im Westen 354 Tarifverträge, die für allgemeinverbindlich erklärt wurden, im Osten ist die Zahl auf immerhin 188 gestiegen. Maßgeblich dürfte auch das Arbeitnehmerentsendegesetz und die EU-Entsenderichtlinie zum Rückgang der Allgemeinverbindlicherklärungen beigetragen haben. Signifikant betroffen (wenn es um die Allgemeinverbindlicherklärungen geht) sind davon Arbeitnehmer im Baugewerbe. Hierbei geht es vor allem um die tarifliche Sozialpolitik, wie beispielsweise die überbetriebliche Altersversorgung und die überbetriebliche Urlaubsregelung, die von der Mindestbetriebszugehörigkeitsregelung absieht (vgl. §§4, 13 Abs. 2 BUrlG). Solche Vereinbarungen sollen in der Baubranche die Nachteile durch Win-

---

25 Vgl.: Kempen/Zachert 2005, S. 1078.
26 Vgl.: **Berg/Platow/Schoof/Unterhinninghofen** 2005, S. 259.

terarbeitslosigkeit oder durch konjunkturbedingten Wechsel des Arbeitsplatzes ausgleichen. Diese veränderte Zielrichtung dient also nicht nur Arbeitgebern und Arbeitnehmern dazu, sich vor der sog. *„Schmutzkonkurrenz"* zu schützen; es wird damit zunehmend auch Sozialpolitik betrieben. Ein starker Befürworter dieser neuen Struktur ist die IG Bauen Agrar Umwelt, die eine Befürworterin der Differenzierungsklausel in Tarifverträgen ist. Die Gewerkschaft verweist explizit auf gemeinsame Einrichtungen der Gewerkschaft und der Arbeitgeber, wie z.B. Weiterbildungs- und Berufsbildungszentren seit 1975 oder die überbetriebliche Finanzierung des Konkursausfallgeldes von 1973. Jedoch rückt die verstärkte Präsenz von ausländischen Baubetrieben auf dem deutschen Markt das Argument des Schutzes vor der sog. *„Schmutzkonkurrenz"* wieder in den Vordergrund. Man darf nicht außer Acht lassen, dass die verstärkte Sozialpolitik des Gesetzgebers, die eine generelle Regelung für Arbeitnehmer vorsah, den Verhandlungsspielraum der Gewerkschaften bei Tarifgesprächen reduzierte.

III. Ziele und Funktion der Allgemeinverbindlichkeit

Dieser Abschnitt widmet sich der spezifischen Auseinandersetzung mit der Funktionsweise und der Zielsetzung der tariflichen Allgemeinverbindlicherklärung (AVE). Erörtert wird auch, welche Notwendigkeiten bestehen müssen, um diese durchzusetzen. Das öffentliche Interesse ist ein Hauptbestandteil dieses Vorhabens. ‚Naturgemäß' existiert ein Verfahren und eine Wirkung, die gründlich untersucht werden müssen. Der Rechtsschutz und die rechtspolitische Diskussion mit ihren prozessualen Hindernissen und Problemen werden unter dem Gesichtspunkt der Verfassungsmäßigkeit einer Allgemeinverbindlicherklärung analysiert.

1. Die notwendigen Voraussetzungen der Allgemeinverbindlichkeit

Um Tarifverträge für allgemeinverbindlich zu erklären, muss ein wirksamer Tarifvertrag mit rechtsgültigen Normen bestehen. Es ist nicht relevant, ob diese Normen unmittelbar zwingend oder nur dispositiv in

Kraft sind.[27] Verstöße oder Mängel im Tarifvertrag werden durch die AVE (Allgemeinverbindlicherklärung) nicht aufgehoben. Die zuständige Behörde hat lediglich das Recht, die AVE-Tarifverträge einer formalen rechtlichen Prüfung zu unterziehen. Das materielle Prüfungsrecht darf nur unter dem Gesichtspunkt des öffentlichen Interesses (§5 Abs. 1 Satz 1 Nr. 2 TVG) zum Tragen kommen. Es darf jedoch keine Tarifzensur bestehen. Bei Verstoß einer Norm im Tarifvertrag darf die Behörde auf diesen aufmerksam machen und die Tarifvertragsparteien müssen den Vertrag entsprechend ändern oder neu verhandeln. Durch dieses Vorgehen wird die Tarifautonomie nicht berührt. Wenn jedoch die Differenzen bei den Verhandlungen nicht in einem Konsens enden, kann der TV (Tarifvertrag) auch punktuell für allgemeinverbindlich erklärt werden, falls die beiden Parteien nicht auf ihrem ursprünglichen TV bestehen. Ansonsten muss die Arbeitsbehörde nach dem Gesetzmäßigkeitsgrundsatz die AVE des TV ablehnen. Es besteht aber auch die Option, einen Allgemeinverbindlicherklärungsantrag auf einen Teil des Tarifvertrages einzuschränken, vorausgesetzt die AVE dieser Norm liegt im öffentlichen Interesse.[28] Zusammengefasst darf man sagen: wenn folgende Kriterien erfüllt sind, kann ein Tarifvertrag als AVE erklärt werden: 50 % der Arbeitnehmerinnen und Arbeitnehmer einer Branche müssen bei einem tarifgebundenen Arbeitgeber arbeiten, damit ein öffentliches Interesse besteht, oder es droht die Gefahr eines sozialen Notstandes – vorausgesetzt wird jedoch, dass ein Antrag und die Zustimmung des Tarifausschusses bestehen.

2. Das öffentliche Interesse

Ein Kriterium des öffentlichen Interesses an der AVE ist immer gegeben, wenn damit ein anerkanntes Interesse des Gesetzgebers einhergeht. Bei solch einer Konstellation verringern sich das normative Ermessen und der Beurteilungsspielraum des Bundesministers. Der Gesetzgeber hat

---

[27] Vgl.: Kempen/Zachert 2005, S. 1087.
[28] Vgl.: Kempen/Zachert 2005, S. 1088.

durch die AVE im Baugewerbe das öffentliche Interesse definiert.[29] Durch das BAG wurde ein öffentliches Interesse an der AVE im Tarifvertrag durch das Instrument des Vorruhestandes im Baugewerbe bejaht.[30] Ähnliche Überlegungen werden bei der Frage der Altersteilzeit im Baugewerbe gemacht. Eine zusätzliche betriebliche Altersvorsorge ist in der Regel Bestandteil des öffentlichen Interesses. Der Wechsel eines Arbeitsplatzes darf nicht dazu führen, dass der Arbeitnehmer (AN) die Ansprüche aus seiner betrieblichen Altersversorgung verliert; dies ist in der AVE verankert und somit ein sozialpolitisch erwünschtes Ziel. Durch gemeinsame Einrichtungen, wie etwa die einer Urlaubskasse, kann das öffentliche Interesse bejaht werden. Solch ein Instrument kann nur effektiv arbeiten, wenn alle branchenüblichen Betriebe miteinbezogen werden. Bei dem Terminus *„sozialer Notstand"* handelt es sich um einen vom Gesetzgeber nicht definierten Begriff. Hierbei handelt es sich um eine Ausnahmevorschrift. Eine Möglichkeit, den sozialen Notstand zu definieren, könnte das ALG II oder ein branchenübergreifender Vergleich sein, um übliche Arbeitsbedingungen festzustellen. Die 50 %-Klausel besagt, dass die tarifgebundenen Arbeitgeber (AG) mindestens 50 % der in den räumlichen, fachlichen und persönlichen Geltungsbereich des Tarifvertrages fallenden AN beschäftigen müssen.[31] Es ist nicht relevant, ob die AN organisiert sind oder nicht. Der Nachweis der Beschäftigungszahlen wird durch die Angaben der Arbeitgeberverbände, der Industrie- und Handwerkskammern sowie durch Statistiken erbracht.

3. Das Verfahren der Allgemeinverbindlichkeit

Das Verfahren ist durch § 5 der Durchführungsverordnung (DVO) geregelt. Diese Verordnung setzt einen Antrag einer oder aller Tarifvertragsparteien voraus. Dieser Antrag muss öffentlich bekannt gemacht werden. Es muss gewährleistet sein, dass das Landesministerium oder Ge-

---

[29] Vgl.: **Däubler 2006**, S. 1353.
[30] Vgl.: BAG 15.02.1989-4 AZR 499/88 – Juris.
[31] Vgl.: Berg/Platow/Schoof/Unterhinninghofen 2005, S. 259.

werkschaften und Verbände schriftlich Stellung nehmen können. Der Antrag der AVE muss schriftlich begründet sein und kann auf Wunsch eingeschränkt werden. Der Tarifausschuss kann die Verhandlungen unterbrechen, wenn der Antrag durch die Tarifparteien überarbeitet werden muss. Frühestens drei Wochen nach der Bekanntmachung darf der Tarifausschuss zusammenkommen.[32] Dieser Ausschuss setzt sich paritätisch aus je drei Vertretern der Gewerkschaften und drei der Arbeitgeberverbände zusammen. Diese Verhandlungen werden nicht öffentlich geführt. Beschlussfähigkeit setzt die Anwesenheit der Akteure voraus. Ein Beschluss wird durch eine einfache Mehrheit erreicht. Bei einer Parität wird der Antrag abgelehnt. Dadurch hat jede Seite ein Vetorecht. Anträge, die durch den Tarifausschuss abgelehnt wurden, dürfen vom Bundesminister nicht für allgemeinverbindlich erklärt werden. Gibt es jedoch Vorbehalte durch einen Landesminister, darf die AVE nur durch die Bundesregierung erfolgen.[33] Durch die AVE darf der Tarifvertrag inhaltlich nicht geändert werden. Es können aber Einschränkungen vorgenommen werden. Die Wirksamkeit der AVE kann früher oder später beginnen oder enden. Es darf jedoch auch der fachliche und räumliche Geltungsbereich eingeschränkt werden, um Tarifkonkurrenz zu vermeiden.[34] Erfolgt eine räumliche Einschränkung, wird die AVE auf den zuständigen Landesminister übertragen. Dies kann der Fall sein, wenn der räumliche Geltungsbereich auf ein oder zwei Bundesländer beschränkt wird. Wenn eine AVE erfolgt, muss diese im Bundesanzeiger veröffentlicht werden.[35]

4. Die Wirkung der Allgemeinverbindlichkeit

Wird ein Tarifvertrag für allgemeinverbindlich erklärt, dehnt sich die Tarifgebundenheit auf die nichtorganisierten Arbeitnehmer und Arbeitgeber aus. Damit diese AVE für alle nichtorganisierten Arbeitnehmer

---

[32] Vgl.: Berg/Platow/Schoof/Unterhinninghofen 2005, S. 259, Rn. 20 ff.
[33] Vgl.: Berg/Platow/Schoof/Unterhinninghofen 2005, S. 261, Rn. 24 ff.
[34] Vgl.: BAG 14.10.1987 DB 88, 1072.
[35] Vgl.: Abs. 7 und § 11 DVO.

wirksam wird, müssen alle sonstigen Voraussetzungen erfüllt werden, die für die Einwirkung eines Tarifvertrages auf ein bestimmtes Arbeitsverhältnis zwingend notwendig sind.[36] Die AVE ersetzt diese Voraussetzungen nicht. Eine AVE kann nicht auf Arbeitgeber ausgedehnt werden, wenn der zuständige Verband nur Mitglieder aufnimmt, die z.b. im Gaststättengewerbe aktiv und Inhaber einer entsprechenden Konzession sind, der zuständige Verband aber eine Vollkonzession fordert. In solch einem Fall fehlt der Geltungsbereich der Allgemeinverbindlichkeit. Bei der Arbeitnehmer-Entsendung kann die AVE wie der Tarifvertrag selbst eine Wirkung auf das Arbeitsverhältnis haben.[37] *„Die Ausstrahlung auf im Ausland abgewickelte, aber dem deutschen Arbeitsstatut unterliegende Arbeitsverhältnisse muss sich bereits aus dem Tarifvertrag selbst ergeben, sie kann nicht erst mit der Allgemeinverbindlicherklärung herbeigeführt werden".*[38] Diese Regelung entstand vor dem Hintergrund, dass immer wieder Arbeiter aus europäischen Nachbarländern zu den gleichen Bedingungen in Deutschland arbeiten mussten, die in ihrem Herkunftsland üblich sind. Das hatte naturgemäß zur Folge, dass einheimische Anbieter dieser sog. *„Schmutzkonkurrenz"* ausgeliefert waren. Am 24. September 1996 erließ der EU-Rat eine Entsenderichtlinie, um dieser Tendenz entgegenzuwirken.[39] Dennoch blieben rechtliche Fragen offen, so dass der Gesetzgeber ein spezielles Gesetz erließ (Arbeitnehmer-Entsendegesetz vom 1. März 1996).[40] Das deutsche Recht ist jedoch nur dann anwendbar, wenn es sich um eine Eingriffsnorm handelt. Eingriffsnormen sind Regelungen, die dem Schutz der schwächeren Partei (in diesem Kontext der AN) dienen und bei denen des Weiteren öffentliches Interesse besteht. *„Dem normalen Tarifvertrag kommt – unabhängig von dessen persönlichem Anwendungsbereich – schon deswegen kein Charakter einer Eingriffsnorm i. S. des Art. 34 EGBGB zu, weil durch die kollektive Vertragsgestaltung Ungleichge-*

---

[36] Vgl.: **Wiedemann 2007**, S. 1550.
[37] Vgl.: Wiedemann 2007, S. 1551
[38] Vgl.: Wiedemann 2007, S. 1551, Rn. 129.
[39] Vgl.: **Entsenderichtlinie 96/71/EG EU-Parlament und EU-Rat**, 16.12.1996.
[40] Vgl.: AEntg vom 26.02.1996, BGBl. I 1996.

wichtslagen des Vertragsverhältnisses aufgelöst werden sollen."[41] Die Rechtsprechung hat bis heute nicht geklärt, ob die Rechtsnormen eines für allgemeinverbindlich erklärten Tarifvertrages eine zwingende Eingriffsnorm nach Art. 34 EGBGB darstellen. Das Urteil des BAG, das über das Arbeitsverhältnis eines aus dem ehemaligen Jugoslawien stammenden Bauarbeiters verhandelt hat, der unter dem damaligen jugoslawischen Arbeitsrecht in Deutschland tätig war, kann für die Ablehnung der Einordnung nicht herangezogen werden.[42] Das Gericht hat sich mit der Frage der Einordnung von für allgemeinverbindlich erklärten Tarifnormen im Sinne von Art. 34 EGBGB nicht explizit auseinander gesetzt. In diesem Fall wurde festgestellt, dass der Tarifvertrag zur deutschen Privatrechtsordnung gehört und auf Grund dessen nicht anwendbar ist. Die Rechtswirkungen eines Tarifvertrages werden durch eine AVE nicht verändert. Die Bestimmungen gelten unmittelbar und zwingend weiter. Bei einer bestehenden Tarifkonkurrenz gilt das Spezialitätsprinzip. Es wird darauf geachtet, welcher Tarifvertrag betrieblich, räumlich, fachlich und persönlich dem Betrieb am besten gerecht wird.[43] Das Spezialitätsprinzip verstößt nicht gegen die positive oder negative Koalitionsfreiheit.[44] Die Rechtswirkungen eines Tarifvertrages, der für allgemeinverbindlich erklärt wurde, sind denen des ursprünglichen Tarifvertrages äquivalent. Diese Regelung gilt für den kompletten normativen Teil. Ebenfalls in eine AVE fallen dispositive und prozessuale Normen. Bei der AVE von Inhaltsnormen ist zu beachten, dass es sich um Regelungen handeln muss, die auch durch einen Individualvertrag getroffen werden könnten.[45] Bestandteil dieser Inhaltsnormen sind vor allem Regelungen zur Arbeitszeit und zum Arbeitsentgelt. Durch eine AVE sind die vereinbarten Abschluss- und Beendigungsnormen auch für Außenseiter

---

[41] Vgl.: Wiedemann 200, S. 1553, Rn. 138.
[42] Vgl.: 4 AZR 10/76 Urteil des BAG vom 4. Mai 197hq LAG Berlin.
[43] Vgl.: BAG 24. Januar 1990 AP Nr. 126 zu §1 TVG Tarifverträge Bau; BAG 26. Januar 1994 BAGE 75, S. 298 = AP Nr. 22 zu §4 TVG Tarifkonkurrenz.
[44] Vgl.: BAG 15.7.2001 AuR 2002 in: Wiedemann 2007, S. 1555, Rn. 146.
[45] Vgl.: Wiedemann 2007, S. 1556, Rn. 148.

gültig. Äquivalent dazu verhält es sich mit Betriebs- und Betriebsverfassungsnormen für Außenseiter. Gemeinsame Einrichtungen der Tarifvertragspartner und deren Rechte und Pflichten gegenüber der Einrichtung können als AVE erklärt werden. Eine gemeinsame Einrichtung wird in der Literatur folgendermaßen definiert: „*... dass die Einrichtung dem Nutzen des Arbeitnehmers dienen und ihm insbesondere unmittelbar Leistungen materieller und immaterieller Art erbringen muss.*"[46] Ein Verstoß gegen Art. 9 Abs. 3 GG besteht nicht. Selbst Nichtorganisierte profitieren von dieser gemeinsamen Einrichtung und werden nicht stärker belastet. Es würde nur eine Verletzung des Art. 9 Abs. 3 GG vorliegen, wenn durch die Beiträge eine Zwangsmitgliedschaft begründet wäre.[47] Nichtorganisierte AN dürfen in der AVE nicht anders behandelt werden wie organisierte; dies geht schon aus dem Verbot von Differenzierungsklauseln hervor. Ob man heute noch von einer generellen Unwirksamkeit von tariflichen Diskriminierungsklauseln sprechen kann, wie im Urteil des BAG vom 29. November 1967 entschieden wurde, ist zu bezweifeln.[48] Eine Stufenregelung im Tarifvertrag aus Gründen des Gleichgewichts zwischen der Leistungs- und der Beitragsseite ist zulässig und kann ihre Geltung erst in der AVE erhalten. Bei einem mehrgliedrigen Tarifvertrag liegt die Voraussetzung für eine AVE bereits vor, wenn die 50 %-Klausel erfüllt wurde.[49] Wenn im Tarifvertrag eine Einzelschiedsklausel enthalten ist, kann diese für allgemeinverbindlich erklärt werden. Tarifgebunden sind in solch einem Fall auch die nichtorganisierten AN, für die ein Tarifvertrag für allgemeinverbindlich erklärt wurde. Die bestehenden Arbeitsverhältnisse in einer Branche werden durch diese

---

[46] Vgl.: **Otto/Schwarz**, ZfA 1995, S. 645 f. in: Wiedemann 2007, S. 1557, Rn. 152.
[47] Vgl.: BAG 5.12.1958 AP Nr. 1 zu §4 TVG Ausgleichskasse; BVerfG, Beschluss vom 15.7.1980 – 1 BvR 24/74, AP Nr. 17 zu §5 TVG; NJW 1981, 215–217; DB 1980, 2523–2525.
[48] Vgl.: BAG 9.5.2007, 4 AZR 275/06, http://juris.bundesarbeitsgericht.de/cgi-bin/rechtsprechung/document.py?Gericht=bag&Art=en&sid=7a805a16237fb3c a8ce4b33aa04a8639&anz=1&pos=0&nr=12298&linked=urt (5.05.2008).
[49] Vgl.: In dieser Arbeit: III. Ziele und Funktion der Allgemeinverbindlichkeit, Abschnitt: a. Die notwendigen Voraussetzungen der Allgemeinverbindlichkeit. S. 26.

Regelung vereinheitlicht. Dies ist im Sinne einer AVE zwingend notwendig. Diese Regelung wäre Makulatur, wenn zwei AN in einem Betrieb arbeiten müssten und für den einen ein Schiedsgericht und für den anderen ein Arbeitsgericht zuständig wäre. Es wird nicht gegen das Verbot des Ausschlusses des gesetzlichen Richters verstoßen,[50] den Parteien wird die Option eingeräumt, eine Aufhebungsklage vor dem Arbeitsgericht einzureichen. Die nichtorganisierten AN erwerben durch die AVE des Tarifvertrages keinen Vertrag mit Schutzwirkung zu ihren Gunsten. Da keine schuldrechtliche Einbeziehung der Nichtorganisierten besteht, ist eine Feststellungsklage über die Auslegung des Geltungsbereichs einer Tarifnorm nicht möglich. Nach § 256 ZPO ist es zwar möglich, einen beteiligten Dritten zum Gegenstand des Prozesses zu machen, dies setzt aber die Feststellung voraus, dass dieses Rechtsverhältnis nicht nur für die eigene rechtliche Stellung im Allgemeinen, sondern explizit im Kontext zu dem anderen Rechtsverhältnis der beteiligten Parteien besteht.[51]

5. Der Rechtsschutz der Allgemeinverbindlichkeit

Laut Kempen handelt es sich bei der AVE um einen in Art. 9 Abs. 3 GG wurzelnden Rechtsetzungsakt eigener Art.[52] Des Weiteren ist er der Meinung, dass die AVE eine Rechtsetzungsbefugnis zur gesamten Hand zwischen Tarifvertragsparteien und Staat darstellt. *„Rechtsetzung (zur gesamten Hand) kann nämlich niemals zugleich Rechtsanwendung (Verwaltungsakt) gegenüber einem einzelnen Beteiligten sein."*[53] Wenn jedoch die dafür zuständige Behörde den Antrag ablehnt, ergo kein Recht setzt, wird der Antrag im Einzelfall geregelt. Eine Antragsablehnung muss nach § 8 TVG-DVO begründet werden und stellt einen Verwaltungsakt dar. Dies kann zur Folge haben, dass nach § 42 VwGO prozessual eingegriffen werden kann. Eine Antragsablehnung regelt demzufolge die von Art. 9

---

[50] Vgl.: Art. 101 Abs. 1 Satz 2 GG.
[51] Vgl.: Wiedemann 2007, S. 1560, Rn: 163.
[52] Vgl.: **Kempen/Zachert 2006**, S. 1100, Rn: 51.
[53] Vgl.: Kempen/Zachert 2006, S. 1100, Rn: 51.

Abs. 3 GG umfasste Rechtsposition der Antragsteller. Hieraus lässt sich kein durchsetzbarer juristischer Rechtsanspruch auf einen Erlass der beantragten Entscheidung ableiten. Es bestehen bei der staatlichen Partizipation schützende Koalitionsinteressen, die über Art. 9 Abs. 3 GG hinausgehen. Tarifnormen werden durch ihre AVE nicht automatisch in staatliches Recht umgewandelt, da die inhaltliche Verfügungsmacht bei den Tarifvertragsparteien verbleibt. Normen erhalten mit der AVE die „Rechtsetzung eigener Art zwischen autonomer Regelung und staatlicher Rechtsetzung"[54], also ebenfalls den Charakter als Rechtsnorm eigener Art.

6. Die Verfassungsmäßigkeit der Allgemeinverbindlichkeit

Bedenken an der Verfassungsmäßigkeit der Allgemeinverbindlichkeit bestehen darin, dass prinzipielle Fragen dazu offen sind, ob es neben Gesetz, Verordnung, Verwaltungsvorschriften und autonomen Satzungen weitere Optionen staatlicher Rechtsetzung geben darf. Die staatliche Rechtsetzung ist streng durch verfassungsrechtliche Verfahrensvorschriften (Art. 20 Abs. 2, 70 ff., 80, 28 Abs. 1 u. 2. GG) gekennzeichnet und dadurch demokratisch legitimiert. Eine demokratische Legitimation erfolgt ebenso durch das Öffentlichkeitsprinzip. Außenseiter haben dadurch die Möglichkeit der Kenntnisnahme von der AVE.[55] Der § 9 Abs. 2 TVG-DVO regelt, dass der AG im Interesse aller nichtorganisierten AN dafür Sorge zu tragen hat, dass der für allgemeinverbindlich erklärte Tarifvertrag an geeigneter Stelle im Betrieb aushängt. Nach Auffassung des Bundesverfassungsgerichts von Art. 9 Abs. 3 GG ist die negative Koalitionsfreiheit mit umfasst, der zufolge die Möglichkeit einer Verletzung durch die AVE vorliegen könnte.[56] Eine Verletzung des Art. 9 liegt jedoch nur dann vor, wenn Druck auf die Außenseiter ausgeübt wird und

---

[54] Vgl.: Kempen/Zachert 2006, S. 1101, Rn: 52.
[55] Vgl.: BVerfg 10. September 1991, AP Nr. 27 zu §5 TVG.
[56] Vgl.: BAG 24. Januar. 1979, AP Nr. 16 u. 17 zu §5 TVG.

dieser sich praktisch zu einer Pflichtmitgliedschaft verstärkt.[57] Eine Tariftreueverpflichtung als Vertrag zu Gunsten Dritter stellt keinen Eingriff in die Arbeitsvertragsfreiheit des Art. 12 Abs. 1 GG dar. Für einen nichtorganisierten AN, dessen AG durch eine Tariftreueverpflichtung als ‚Dritter' im Sinne des § 328 BGB begünstigt wird, gilt dasselbe Prinzip wie für seinen AG.[58] Es liegt kein Eingriff in die negative Koalitionsfreiheit vor. Der nichtorganisierte AN kann die höhere Bezahlung durch den Tarifvertrag nach § 333 BGB ablehnen, dann darf er aber bei öffentlichen Aufträgen nicht mehr eingesetzt werden. Dadurch entsteht jedoch kein Beitrittsdruck zur Gewerkschaft. Durch das Zurückweisungsrecht nach § 333 BGB wird die Privatautonomie ‚Dritter' geschützt. Laut BVerfG vom 7. Februar 1990[59] erhält der Vertrag zu Gunsten Dritter für den Dritten keinerlei zwingende Wirkung.

Dieser beeinträchtigt nicht die Arbeitsvertragsfreiheit nach Art. 12 Abs. 1 GG. Der AG ist bei der Unterzeichnung ohnehin der Versprechende und handelt im Rahmen seiner Vertragsfreiheit. Eine Tariftreueverpflichtung hat keinen Einfluss auf die Arbeitsverträge der Beschäftigten. Ein Vertrag zu Gunsten Dritter schafft eine Basis zwischen AG und Auftraggeber. Die arbeitsvertragliche Ebene wird dabei nicht berührt. Kempen ist der Ansicht, dass sich aus Art. 9 Abs. 3 GG eine staatliche Schutzpflicht gegenüber der Tarifautonomie ableiten lässt. Es muss eine effektive Ebene geschaffen werden, damit die Koalitionspartner eine Chance haben, ihren Arbeitsmarkt tariflich zu regeln. Seifert sieht je-

---

[57] Vgl.: BAG, Beschluss vom 19.9.2006, 1 ABR 2/06, Jede privatrechtliche Vereinbarung, die einen Arbeitgeber verpflichtet, auf Dauer Mitglied eines Arbeitgeberverbands zu bleiben, verletzt seine durch Art. 9 Abs. 3 Satz 1 GG garantierte negative Koalitionsfreiheit und ist nach Art. 9 Abs. 3 Satz 2 GG nichtig. http://juris.bundesarbeitsgericht.de/cgi-bin/rechtsprechung/document.py?Gericht=bag&Art=en&sid=527287821762b2b9d3e3cfc16359b9c2&nr=11433&pos=2&anz=10.

[58] Vgl.: WSI Rechtliche und rechtspolitische Aspekte der Sicherung von tariflichen Mindeststandards – Rechtsgutachten –, **Gabriele Peter, Otto Ernst Kempen, Ulrich Zachert**, Projekt: Mindeststandards für Arbeits- und Einkommensbedingungen und Tarifsystem für das Ministerium für Wirtschaft und Arbeit des Landes NRW (MWA), Düsseldorf Januar 2003, S. 56. http://www.boeckler.de/pdf/wsi_rechtsgutachten_mindeststandards.pdf

[59] Vgl.: BVerfG 7. Februar 1990, E 81; S. 242, 254 in WSI 2003, S. 57.

doch eine Verletzung der kollektiven Koalitionsfreiheit derjenigen Verbände, deren Tarifentgelte gerade zum Inhalt der Tariftreueklausel gemacht worden sind.[60] Eine Ausbreitung auf Nichtorganisierte verschafft den Verbandsfremden ohne jegliche Auseinandersetzungen einen kostenlosen Tarifvorteil. Durch ein solches Vorgehen wird die Attraktivität der Tarif schließenden Koalitionen gemindert.

7. Die Normen des Tarifvertrages

Den Tarifvertragsparteien steht es frei, ihre Normsetzungsbefugnis so zu nutzen, wie jeder andere Normsetzer auch. Eine durch den Gesetzgeber angeordnete, zwingende Wirkung wird durch § 4 Abs. 3 TVG aufgehoben. Den beiden Tarifvertragsparteien steht es frei, im Verhältnis zum Arbeitsvertrag wie auch zur Betriebsvereinbarung dispositives Recht zu setzen.[61] Durch den Verzicht der unmittelbaren Wirkung ihrer Tarifvereinbarung handelt es sich nicht mehr um Normen, sondern um schuldrechtliche Regelungen. Eine Regelung der Sachverhalte durch Nomen verläuft abstrakt und generell. Aus dieser Vorgehensweise kann man schließen, dass Rechtsfolgen aus Tarifverträgen nicht für jeden individuellen Fall festgesetzt werden können. Konkret individuelle Entscheidungen sind normlogisch nicht möglich. Tarifverträge sind nur dazu da, allgemeine Mindeststandards festzuschreiben. Das BVerfG hat ausgesprochen, dass das Rechtsstaatsprinzip Einzelfallnormen nicht ausschließt.[62] Es ist nicht zu leugnen, dass ein Bedarf an Einzelfalltarifnormen besteht. Bei Betriebsvereinbarungen werden individuelle Sachverhalte geregelt. Ein Sozialplan kann Abfindungen für benannte AN festsetzen. Mit Recht kann man also davon ausgehen, dass Tarifverträge auch Einzelfälle regeln.[63]

---

[60] Vgl.: **WSI 2003**, S. 58.
[61] Vgl.: **Löwisch/Rieble 2004**, S. 485, Rn: 2.
[62] Vgl.: BVerfG 7. Mai 1969 – 2 BvL 15/67 – E 25, 371, 396f = AP Nr. 1 zu §16 MitbestErgG. Art. 19 Abs. 1 GG, Verbot von grundrechtseinschränkenden Einzelfallgesetzen.
[63] Vgl.: Löwisch/Rieble 2004, S. 486, Rn: 4.

Den Tarifvertragsparteien steht es frei, wie auch jedem anderen Normgeber, Ge- und Verbote auszusprechen. Primär gilt dies für den Inhalt des Arbeitsverhältnisses. Es ist jedoch zwischen positiver Inhaltsnorm (Arbeitszeitregelung) und negativer Inhaltsnorm (Nebentätigkeitsverbote) zu differenzieren. Diese Regelung lässt sich ausweiten auf Betriebsvereinbarungen. *„Die Tarifvertragsparteien können positive Mitbestimmungsrechte erweitern oder Sozialeinrichtungen vorschreiben, sie können aber auch negative Betriebsvereinbarungen zur Erweiterung der Mitbestimmung, etwa § 102 Abs. 6 BetrVG, ausschließen und gemeinsame Einrichtungen verbieten. Zwingende Mitbestimmungsrechte des Betriebsrates kann der Tarifvertrag allerdings nicht beseitigen oder einschränken."*[64]. Wenn ein Tarifvertrag zu einer bestimmten Arbeitsbedingung keine Aussage tätigt, handelt es sich um eine Tariflücke. Die beiden Tarifvertragsparteien können diese mittels einer negativen Regelung ausschließen. Der gezielte Rechtserfolg einer Tarifnorm kann unterschiedlich herbeigeführt werden. Die Tarifnorm kann das gewünschte Ergebnis durch die Tarifnorm unmittelbar selbst bewirken oder es wird eine Formvorschrift festgelegt, die Verträge, die gegen die Norm verstoßen, unmittelbar für nichtig erklärt. Zur Durchsetzung und Einhaltung der Normen müssen die Tarifvertragsparteien nicht selbst tätig werden, sie können dies den Arbeitsvertragsparteien oder dem Betriebsrat überlassen. Diesem werden dann Anspruch und Geltungsrechte zugesprochen. Diese Ansprüche können inhaltlich präzise definiert sein. Sie können aber auch dem Ermessen der Arbeitsvertragspartei oder dem Betriebsrat überlassen werden. Wie jedem anderen Normgeber auch, ist es den beiden Tarifvertragsparteien überlassen, Generalklauseln und unbestimmte Rechtsbegriffe zu verwenden. Die genaue Definition obliegt dem Richter, der einen bestimmten Gestaltungsspielraum hat. Es ist jedoch nicht möglich, Tarifnormen durch die Arbeitsvertragsparteien regeln zu lassen.[65] Die Tarifverant-

---

[64] Vgl.: Löwisch/Rieble 2004, S. 486, Rn: 5.
[65] Vgl.: BAG 10. Dezember 2002 – 1 AZR 96/02 – AP Nr. 162 zu Art. 9 GG Arbeitskampf unter B. I. 3. b) aa).

wortung obliegt den Tarifparteien. Die Tarifparteien müssen die „*Herren der Tarifinhalte*"[66] bleiben, um diese gegebenenfalls ändern zu können.

---

[66] Vgl.: Löwisch/Rieble 2004, S. 488, Rn: 11.

Teil 1.2 Das Arbeitnehmerentsendegesetz (AEntG)

A. Prolog zu Teil 1.2

Nach zum Teil kontroversen Diskussionen innerhalb der damaligen Regierungskoalition, der Opposition und dem Bundesrat sowie den Interessenverbänden ist das Arbeitnehmerentsendegesetz am 1. März 1996 in Kraft getreten. Die Entwicklung bis hin zur Ratifizierung des Gesetzes verlief äußerst dynamisch. Änderungen erfolgten vor allem im Bereich der Kontrolle und der Aufnahme von zusätzlichen Sanktionen. Eine Erhöhung der Bußgelder soll eine abschreckende Wirkung haben. Die verursachten Wettbewerbsverzerrungen im Baugewerbe Anfang der 1990er Jahre durch konkurrenzlose Billiganbieter aus dem EU-Bereich und aus Osteuropa führten zu einem Eingreifen des Staates. Es ist jedoch widersprüchlich, einerseits den europäischen gemeinsamen Binnenmarkt stetig voranzutreiben und andererseits bestimmte Segmente vor dem Wettbewerb zu schützen. Aus diesem Grund wäre eigentlich eine EU-weit gültige Regelung wünschenswert. Diese Probleme für alle Seiten einvernehmlich zu lösen, hat sich die damalige Regierungskoalition in Berlin zum Ziel gesetzt. Die Verhinderung der Spaltung der Gesellschaft und der aus dieser resultierenden sozialen Spannungen sowie die Gefährdung der Tarifautonomie und die Aufrechterhaltung der Ordnungs- und Befriedigungsfunktion der Tarife sollte zentrales Thema des Gesetzentwurfs werden.[67] Daraus ergab sich:

1. Die Sicherung der Tarifautonomie, da durch eine Entsendung von AN zu den Bedingungen des Herkunftslandes das deutsche Sozial- und Tarifgefüge untergraben wurde. Es galt also, die Ordnungs- und Befriedigungsfunktion der Tarifnormen zu sichern.

---

[67] Vgl.: Gesetzentwurf der Bundesregierung BT-Drs. 13/2414 vom 25.9.1995 in: WSI Projekt: Mindeststandards für Arbeits- und Einkommensbedingungen und Tarifsystem für das Ministerium des Landes NRW, **Reinhard Bispinick, Johannes Kirsch, Claus Schäfer**, Düsseldorf März 2003, http://www.boeckler.de/pdf/wsi_proj_mindeststandards_end.pdf.

2. Die Wiederherstellung gleicher Wettbewerbsbedingungen, da der Wettbewerb durch unterschiedliche Lohngefüge verzerrt wurde. Auf dem Bau machten die Lohnkosten ca. 50 % des Baupreises aus.[68]
3. Die Verhinderung einer zu starken Segmentierung des Arbeitsmarktes und die Bekämpfung von Arbeitslosigkeit.
4. Eine Funktion des europäischen Freizügigkeitsrechts ist auch der Gleichbehandlungsgrundsatz; Lohn- oder Sozialdumping verstoßen dagegen.
5. Das AEntG sicherte nicht nur die Arbeitsbedingungen der inländischen AN, auch die ausländischen AN profitierten davon.

I. Der Anwendungsbereich des AEntG am Beispiel des Baugewerbes

Durch die Einführung des § 1 Abs. 2a AEntG hat der Gesetzgeber ein Ausweichen der inländischen sowie der ausländischen AG auf den Einsatz von Leiharbeitern verhindert. Vor dieser Änderung war es sehr umstritten, ob das Baunebengewerbe, in dem Leiharbeit erlaubt ist, im AEntG überhaupt erfasst wurde. Laut Ulber fiel das Baunebengewerbe bereits ohne Änderung in den § 1 Abs. 1 S. 1 AEntG. Die Erweiterung des Gesetzwortlautes sollte nur der Klarstellung dienen. Der § 2 der Baubetriebsverordnung zählt alle Arbeiten auf, die dem Baunebengewerbe zuzuordnen sind. Das Baunebengewerbe ist somit, wie auch das Baugewerbe im Ganzen, im Anwendungsbereich des AEntG erfasst. Nach dem Erlass der Entsenderichtlinie EG-RL 96/71 ist das AEntG richtlinienkonform auszulegen. Ist ein Tarifvertrag für allgemeinverbindlich erklärt worden, muss Deutschland dafür Sorge tragen, dass ausländischen AN, die hier einem dieser vertraglich unterliegenden Tätigkeit, also auch der Bautätigkeit nachgehen, nach den Mindestarbeitsbedingungen arbeiten, die im Tarifvertrag festgeschrieben sind. Der Titel des AEntG (Gesetz über zwingende Arbeitsbedingungen bei grenzüber-

---

[68] Vgl.: **Koberski/Sahl/Hold**, Arbeitnehmerentsendegesetz, C.H. Becksche Verlagsbuchhandlung, München 1997, S. 11.

schreitenden Dienstleistungen) könnte dazu verleiten, zu glauben, dass dieses Gesetz nur für ausländische AN von Bedeutung ist. Durch § 1 Abs. 1 S. 3 AEntG wird jedoch deutlich gemacht, dass es auch für inländische AN relevant ist. Für AG mit Sitz im Ausland greift das internationale Privatrecht gemäß Art. 27 ff EGBGB. Gemäß Art. 27 EGBGB können die Parteien ihr maßgebliches Recht für den Vetragsinhalt selbst bestimmen. Diese Regelung trifft auch auf die Arbeitsverträge zu. Solch eine Rechtsauswahl darf jedoch nach Art. 30 Abs. 1 EGBGB nicht dazu führen, dass dem AN der Schutz entzogen wird, der sich aus den zwingenden Bestimmungen des Abs. 2 ergibt. In solch einem Fall sind die für den AN günstigeren zwingenden Bestimmungen anzuwenden. Falls keine Rechtsauswahl getroffen wurde, unterliegt das Arbeitsverhältnis nach Art. 30 Abs. 2 Nr.1 EGBGB dem Recht des Staates. Ansonsten ist das Recht gemäß Art. 30 Abs. 2 Nr. 2 EGBGB der Niederlassung des AG maßgeblich. Dadurch unterliegen Beschäftigungsverhältnisse, bei denen der AG seinen Sitz im Ausland hat, nicht den deutschen Tarifverträgen. Jedoch gibt es gemäß Art. 34 EGBGB die Möglichkeit, zwingenden deutschen Vorschriften den Vorrang zu gewähren. Eingriffsnormen im Sinne von Art. 34 EGBGB können wirtschafts- oder sozialpolitische Ziele verfolgen.[69]

1. Die Entsenderichtlinie 96/71/EG

Am 1. März 1996 ist das AEntG in Kraft getreten. Es war der notwendige Schritt, um die EU-Entsenderichtlinie 96/71 umzusetzen. Schon in den 1980er Jahren erkannte die EU, dass es bei einer zunehmenden Liberalisierung des Binnenmarktes zu gravierenden Wettbewerbsverzerrungen im Dienstleistungsbereich, verursacht durch eine verbesserte Mobilität der AN, kommen würde. Es war jedoch nicht ganz einfach, diese Richtlinie zu verabschieden. Erst unter der italienischen Ratspräsidentschaft war es möglich, Kritikern (wie bspw. Griechenland) zu begegnen, die forderten, dass die Richtlinie erst nach einer Frist von drei Monaten Tä-

---

[69] Vgl.: **Huster,** Die Anwendbarkeit des Arbeitnehmerentsendegesetzes auf inländische Leiharbeiter, Paderborn 2002, S. 15.

tigkeit im Land ihre volle Wirksamkeit entfalten sollte. Die meisten Arbeitseinsätze sind dann bereits abgeschlossen und dies würde die Entsenderichtlinie überflüssig machen. In Deutschland machte sich jedoch ein ganz anderes Problem bemerkbar. Nach Inkrafttreten des AEntG ist es dem Tarifausschuss nicht gelungen, für in die Bundesrepublik entsandte ausländische AN einen Mindestlohn für allgemeinverbindlich zu erklären. Dieses Vorhaben scheiterte im Ausschuss an der Arbeitgeberseite. Um dieser Situation Herr zu werden, hatte die SPD-Bundestagsfraktion sowie die Länder Hessen und Berlin Gesetzesentwürfe vorgelegt, um den Arbeitsminister zu ermächtigen, in solch einer Patt-Situation im Tarifausschuss tarifvertragliche Mindestlöhne für allgemeinverbindlich zu erklären. Diese Rechtsverordnung bedurfte jedoch der Zustimmung des Bundesrates.[70] Die Initiatoren sahen in diesem Vorgehen keinerlei Verletzung der Tarifautonomie, sie wollten lediglich der autonomen Entscheidung zu ihrer Wirksamkeit verhelfen.[71] Wie sehr solch ein Vorgehen die Tarifautonomie verletzt, ist umstritten. Man muss sich jedoch die Frage stellen, ob der Tarifausschuss ein Organ zur Mitbestimmung sein soll, oder ob er nur darauf reduziert werden soll, angehört zu werden und dem Ministerium Vorschläge zu unterbreiten. Das Verfahren, im Baugewerbe die AVE eines Mindestlohns zu vereinbaren, scheiterte zunächst an der starren Haltung der Bundesvereinigung der deutschen Arbeitgeberverbände.[72] Dem Verband waren die geforderten Mindestlöhne zu hoch. Der Bundesarbeitsminister versuchte zu vermitteln. Diese Vermittlung erzielte dann in der Tarifausschusssitzung vom 31. August 1996 nachhaltige Wirkung. Die Tarifparteien einigten sich auf die AVE. Im Anschluss an diese Sitzung erklärte der Bundesarbeitsminister den vom Tarifausschuss befürworteten Tarifvertrag für allgemeinverbindlich.

---

[70] Vgl.: BT-Drs. 13/4888 u. BR-Drs. 468/96, 480/96.
[71] Vgl.: Koberski/Sahl/Hold, Arbeitnehmerentsendegesetz, C.H. Becksche Verlagsbuchhandlung, München 1997, S. 17.
[72] Vgl.: Koberski/Sahl/Hold, Arbeitnehmerentsendegesetz, C.H. Becksche Verlagsbuchhandlung, München 1997, S. 18, Rn.: 32.

a. Stellungnahme der IG Bau Steine Erden (IG Bau)

Der Vorstand der damaligen IG Bau Steine Erden stimmte der Zielsetzung des Arbeitnehmerentsendegesetzes zu. Er begrüßte es, dass alle AN vom ersten Tag an auf der Baustelle dem Gesetz unterlagen. Die Gewerkschaft widersprach jedoch der Definition des Geltungsbereichs und konnte nicht nachvollziehen, warum elementare Bestandteile des Baugewerbes nicht im Geltungsbereich zu finden waren, denn dies würde zu einer Segmentierung des Baugewerbes führen. Das Fliesenlegerhandwerk, das Estrichlegerhandwerk oder die Trockenbauer gehören schließlich genauso zum Baugewerbe wie der Zimmermann oder der Maurer. *„Da durch den Entwurf somit wesensmäßig Gleiches ohne sachlichen Grund ungleich behandelt wird, sehen wir in dieser Geltungsbereichregelung einen Verstoß gegen Art. 3 GG. Wir halten den Geltungsbereich in der jetzigen Form für verfassungswidrig."*[73] Solch eine unvollständige Definition führe zu Rechtsunsicherheit und zu einer Vielzahl von Rechtsstreitigkeiten. Die IG Bau forderte, alle Bereiche, die in §§ 1,2 der Baubetriebsverordnung definiert sind, in den Geltungsbereich des AEntG einzubeziehen. Eine Ausnahmeregelung in § 1 Abs. 4, die es dem AG erlaubt, zwecks termingerechter Fertigstellung *„Billigkolonnen"* zu engagieren, wurde strikt abgelehnt. Ausnahmeregelungen wurden nur für AN befürwortet, die Baumaschinen oder Ähnliches reparieren, wobei die Dauer der Reparatur drei Tage nicht überschreitet. Befürchtungen hatte die IG Bau auch bei der Weiterführung der Sozialkassen. Eine Schlüsselfunktion der Sozialkassen besteht in der Urlaubskasse. Ausländische AN, die nach Deutschland entsandt werden, erhalten ihre erarbeitete, tariflich gesicherte Urlaubsvergütung nicht. Durch den minimalen entrichteten Beitrag der entsendeten ausländischen AN in die Urlaubskasse wird die ausgleichende Funktion im Lohnkostenwettbewerb durch die Kasse gefährdet. Nach Rechtsauffassung der Geschäftsführung der Urlaubs- und Lohnausgleichskassen gilt im internationalen Tarifrecht das Günstigkeitsprinzip. Dies bedeutet, dass das Günstigkeitsprinzip zu Gunsten

---

[73] Vgl.: Koberski/Sahl/Hold, Arbeitnehmerentsendegesetz, C.H. Becksche Verlagsbuchhandlung, München 1997, S. 165.

des AN entscheidet, ob deutsches oder ausländisches Recht anwendbar sein wird. Vom AG bereits erstellte Urlaubsbescheinigungen, in denen versichert wird, dass der entsandte AN bereits seinen Jahresurlaub in Anspruch genommen hat, müssen äußerst kritisch beurteilt werden. Es besteht die Gefahr, dass mit solchen Bescheinigungen der Beitrag in die Sozialkasse eingespart werden soll. Hierbei muss man festhalten, dass es sich bei den Beiträgen zu den Sozialkassen nicht um Sozialversicherungsbeiträge handelt, die ohnehin abgeführt werden müssen. Zusammenfassend kann man sagen, dass der AG, auch wenn der AN den gesamten Jahresurlaub bereits in Anspruch genommen hat, dennoch in die Sozialkassen einzahlen muss, außer im Herkunftsland besteht bereits ein vergleichbares System. Nur bei einer möglichen diskriminierenden Doppelbelastung soll der AG von der Verpflichtung, in die Kassen einzuzahlen, befreit werden. Die IG Bau forderte ein unbefristetes Gesetz, welches nach Ablauf eines Fünf-Jahres-Zeitraums daraufhin überprüft werden muss, inwieweit die vorhandenen Sanktionen oder Normen verschärft respektive gelockert werden können.[74]

2. Der Ermächtigungserlass einer Rechtsverordnung nach §1 Abs. 3a AEntg

Tarifvertragliche Normen lassen sich durch eine Rechtsverordnung gemäß § 1 Abs. 3a AEntG auch auf Außenseiter ausdehnen.[75] Diese Rechtsverordnung ist ein Gesetz im materiellen Sinne. Die gemäß § 1 Abs. 3a AEntG erlassene Rechtsverordnung ersetzt eine AVE des entsprechenden Tarifvertrages. Es entstehen keinerlei Unterschiede in Bezug auf die Verbindlichkeit. Wenn man die Interessenlage berücksichtigt, entsteht lediglich eine verdrängende Wirkung.[76] Diese Rechtsverordnung hat ih-

---

[74] Vgl.: Koberski/Sahl/Hold, Arbeitnehmerentsendegesetz, C.H. Becksche Verlagsbuchhandlung, München 1997, S. 176.
[75] Vgl.: BVerfG NJW 00. 3704, 3705, Fundstellen: AP Nr. 4 zu §1 AentG; EzA Nr. 69 zu Art. 9 GG; NJW 2000, 3704–3705; NZA 2000, 948–949; DB 2000, 1768.
[76] Vgl.: **Cornelia Sophia Huster**, Die Anwendbarkeit des Arbeitnehmerentsendegesetzes auf inländische Leiharbeitnehmer, Inaugural-Dissertation zur Erlangung des akademischen Grades eines Doktors der Rechte durch die Rechtswis-

re Gültigkeit bis zu ihrer förmlichen Aufhebung. Sie ist nicht abhängig vom Fortbestand des zugrunde liegenden Tarifvertrages. Eine solche Rechtsverordnung hebt bei Außenstehenden alle individuell geschlossenen Vereinbarungen auf. „*Im Wege der verfassungskonformen Auslegung der Ermächtigung muss jedoch, damit die Akzessorietät zwischen der Rechtsverordnung und den Tarifverträgen gewahrt bleibt, diese an jede Veränderung der Tarifverträge unverzüglich angepasst werden.*"[77] Durch Art. 34 EGBGB wird für alle entsandten AN der entsprechende Tarifvertrag im Sinne von § 1 AEntG zu einer zwingenden internationalen Norm. AG mit Sitz im Ausland werden durch diese Regelung dazu verpflichtet, an die entsandten AN den ihnen zustehenden Mindestlohn zu zahlen. Der AN hat einen gesetzlichen Anspruch auf diesen. Vereinzelt werden Bedenken über die Vereinbarkeit der Verordnung mit Art. 9 Abs. 3 GG geäußert. Laut BVerfG ändert die Wahl einer Rechtsform für die Ausdehnung eines Tarifvertrages auf Außenseiter nichts am Inhalt oder an der Erwägung, diesen als allgemeinverbindlich zu erklären.[78] Wenn es um die Frage der negativen Koalitionsfreiheit der inländischen AN und AG geht, die als Außenseiter miteinbezogen werden, lässt sich feststellen, dass die Wirkung der Rechtsnorm mit der der AVE vergleichbar ist. Es besteht die demokratische Freiheit, sich einer anderen als der vertragsschließenden Partei oder Koalition anzuschließen. Es darf keinerlei Druck oder Zwang ausgeübt werden, um eine Mitgliedschaft zu erreichen. Bezüglich der positiven individuellen Koalitionsfreiheit anders organisierter AN oder AG ist festzuhalten, dass diese gemäß § 1 Abs. 3a S.1 AEntG von der Rechtsnorm ausgenommen sind. Damit wird die Tarifautonomie dieser Koalition gewahrt. Der Schutz dieser Tarifautonomie kommt explizit im Abs. 1 S. 1 oder Abs. 3. S. 1 AEntG zum Ausdruck. Dieser besagt, dass eine Rechtsverordnung nur unter bestimmten

---

senschaftliche Fakultät der Westfälischen Wilhelms-Universität zu Münster, Paderborn 2002, S. 55.

[77] Vgl.: Huster 2002, S. 56.

[78] Vgl.: BVerfG, NJW 00, 3704, 3705, Fundstellen: AP Nr. 4 zu §1 AentG; EzA Nr. 69 zu Art. 9 GG; NJW 2000, 3704–3705; NZA 2000, 948–949; DB 2000, 1768.

Voraussetzungen erlassen werden darf. Laut Huster gibt es hinsichtlich der Vereinbarkeit des § 1 Abs. 3a AEntG mit Art. 80 GG drei wesentliche Kritikpunkte.[79] Es wird nicht als zulässig erachtet, die Rechtsverordnung ohne ausdrückliche Zustimmung des Bundesrates zu erlassen. Jedoch sind das AEntG und das Korrekturgesetz mit § 1 Abs. 3a AEntG unter gemeinsamer Zustimmung ergangen. Der Bundesrat hat die Pflicht, Verordnungen zuzustimmen (gemäß Art. 80 GG Abs. 2), falls diese auf der Grundlage eines zustimmungsbedürftigen Gesetzes ergehen. Dieses Vorgehen steht aber unter dem Vorbehalt einer anderen gesetzlichen Regelung, diese ist wiederum mit der Zustimmung des Bundesrates durch Art. 10 des Korrekturgesetzes in § 1 Abs. 3a AEntG selbst erfolgt.[80] Ein weiterer Kritikpunkt wird darin gesehen, dass in der Rechtsverordnung ein unzulässiger Formenmissbrauch gesehen wird. Das Bundesverfassungsgericht hat in seinem Urteil festgestellt, dass der Gesetzgeber frei in seiner Entscheidung war, eine andere Rechtsform als die in § 5 TVG geregelte AVE zu wählen.[81] Das Grundgesetz schreibt keinerlei zwingende Formen vor. Ein Verstoß gemäß Art. 80 Abs. 1 S. 2 GG könnte dann vorliegen, wenn die Ermächtigung des Bundesministeriums an keinerlei sachliche Voraussetzungen gebunden ist. Gemäß §§ 1,7 AEntG ist die zu regelnde Materie und der angesprochene Personenkreis definiert. Dort wird präzise ausgeführt, welche Form des Tarifvertrages mit welchem Inhalt, welchen Regelungstatbeständen und welchen den Regelungen unterworfenen Personen durch Rechtsverordnung auf Außenseiter erstreckt werden können.[82] Durch solch eine Regelung ist für den Gesetzgeber bei Erlass des Gesetzes hinreichend eindeutig vorher-

---

[79] Vgl.: Cornelia Sophia Huster, Die Anwendbarkeit des Arbeitnehmerentsendegesetzes auf inländische Leiharbeitnehmer, Inaugural-Dissertation zur Erlangung des akademischen Grades eines Doktors der Rechte durch die Rechtswissenschaftliche Fakultät der Westfälischen Wilhelms-Universität zu Münster, Paderborn 2002.
[80] Vgl.: Huster 2002, S. 47.
[81] Vgl.: BVerfGE 44. 322, 347.
[82] Vgl.: BVerfG, NJW 00, 3704, 3705, Fundstellen: AP Nr. 4 zu §1 AentG; EzA Nr. 69 zu Art. 9 GG; NJW 2000, 3704–3705; NZA 2000, 948–949; DB 2000, 1768.

sehbar, welchen Inhalt die spätere Rechtsverordnung haben muss. Im Gegensatz zur AVE gemäß § 5 TVG ist die Verordnungsermächtigung in § 1 Abs. 3a AEntG präziser definiert. Dort werden die Modalitäten des Urlaubs und des Mindestlohns im Baugewerbe und in der Seeschifffahrtsassistenz umschrieben. Durch diese eindeutige Umschreibung benötigt man nur noch die Festlegung der jeweiligen Höhe. Dadurch genügt die Ermächtigung auch den Anforderungen des Bestimmtheitsgebots. Eine verfassungskonforme Auslegung des § 1 Abs. 3a AEntG benötigt nicht wie in § 5 S. 1 Nr. 2 TVG die Voraussetzung des öffentlichen Interesses. In Hinblick auf das Demokratieprinzip setzt die verfassungskonforme Auslegung einer Verordnungsermächtigung voraus, dass die tariflichen Regelungen, die generalisiert werden sollen, von repräsentativen Tarifparteien vereinbart worden sein müssen. Dies wurde vom Bundesverfassungsgericht bestätigt, indem es in der Entscheidung zur Ermächtigung gemäß § 1 Abs. 3a AEntG diese Frage von der Erörterung ausnimmt.[83] Bezug nehmend auf dieses Urteil kann nicht darauf verzichtet werden, darauf hinzuweisen, dass ein Erlass einer Rechtsverordnung voraussetzt, dass eine unmittelbare Wirkung der Tarifnormen im öffentlichen Interesse erscheint. Bei einer Änderung des für allgemeinverbindlich erklärten Tarifvertrages haben die geänderten Tarifnormen keine Auswirkung auf die AVE, sie gelten Kraft Nachwirkung weiter.[84] Bezüglich der Rechtsverordnung hieß es in der Begründung des Gesetzentwurfes, dass diese bis zum Zeitpunkt ihrer formellen Aufhebung bestehen bleibt und nicht abhängig ist vom Fortbestand des zugrunde liegenden Tarifvertrages. Dadurch wird die Gültigkeit der Rechtsverordnung gesichert, die Normen des Tarifvertrages sind nun aber dispositiv. Durch diese Regelung kann es passieren, dass das AEntG nicht mehr anwendbar ist. In der Gesetzesbegründung wird aber auch darauf hingewiesen, dass inhaltliche Änderungen des Tarifvertrages oder dessen

---

[83] Vgl.: BVerfG, NJW 00, 3704, 3705, Fundstellen: AP Nr. 4 zu §1 AentG; EzA Nr. 69 zu Art. 9 GG; NJW 2000, 3704–3705; NZA 2000, 948–949; DB 2000, 1768.
[84] Vgl.: **Däubler TVG** Rz. 128.

Außerkrafttreten zu einer zeitnahen Anpassung resp. zur Aufhebung der Rechtsverordnung führen können.[85]

II. Das AEntG und das TVG in der Praxis: Ein Zwischenfazit

In der Praxis erfreute sich das AEntG zunächst nur eines geringen Bekanntheitsgrades. Die Durchführung, die Umsetzung sowie das Einhalten der Gesetze erfolgte nur zögerlich. Erst als die zuständigen Kontrollbehörden (Arbeitsämter und Hauptzollämter) verstärkt kontrollierten und die ersten Bußgelder verhängt wurden, wurde die Umsetzung der Gesetze spürbar vorangetrieben. Man muss jedoch berücksichtigen, dass auch in der Rechtsprechung eine zeitliche Verzögerung stattfindet, bis die ersten Urteile gesprochen werden. Das Arbeitsgericht (ArbG) Wiesbaden machte den Anfang, Detailprobleme in ersten Eilverfahren zu lösen.[86] Die Urlaubs-Lohnausgleichskasse machte die sich aus dem allgemeinverbindlich erklärten Tarifvertrag ergebenden Beitragsansprüche vor deutschen Gerichten geltend. Das massive Vorgehen deutscher Gerichte gegen ausländische AG, die ihren entsandten AN immer noch den Lohn ihres Herkunftslandes zahlten, führte dazu, dass diese AN verstärkt in ihr Herkunftsland zurückgeschickt wurden. Der angestrebte Erfolg durch diese gesetzliche Regelung, nämlich der Schutz des deutschen Baugewerbes und seiner AN, ist nur bedingt zu erkennen. Es werden auf Verlangen der Aufsichtsbehörde zwar Lohnabrechnungen mit dem gesetzlich vorgeschriebenen Mindestlohn vorgezeigt, aber in der Praxis bedeutet dies für die AN eben unbezahlte Überstunden, oder sie erhalten nicht den aufgeführten Endbetrag, der in der Lohnabrechnung ausgewiesen wurde. Die Versendung von AN kostet Geld für Transport und Unterkunft, zuzüglich zum Mindestlohn. Mindestlöhne können außerdem durch eine vorgetäuschte Selbstständigkeit umgangen werden. Der AN meldet ein Gewerbe an und muss sich dann nicht mehr

---

[85] Vgl.: BT-DS. 14/45, S. 26. http://dip.bundestag.de/btd/14/000/1400045.pdf. (Zugriff am: 20.10.08).
[86] Vgl.: ArbG Wiesbaden 10. Februar 1998, AZ. 1 Ca 1672/97; Urteil vom 29. April 1998 zu Az. 3 Ca 3359/97.

an den gesetzlichen Mindestlohn im Baugewerbe halten. Selbst ein verstärktes Handeln von Exekutive und Judikative würde nur marginal zum Schutz des deutschen Binnenmarktes beitragen. Laut Wirtschafts- und Sozialwissenschaftlichem Institut (WSI) der Hans-Böckler-Stiftung ist die Zahl der für allgemeinverbindlich erklärten Tarifverträge rückläufig. Die Hauptursache wird darin gesehen, dass die Arbeitgeberverbände (BDA) dieses Instrument immer skeptischer und mit zunehmender Ablehnung beurteilen. Vor dem Hintergrund einiger Initiativen, die sich vehement für eine Liberalisierung und Flexibilisierung des deutschen Wirtschafts- und Arbeitsmarktes einsetzen,[87] könnte die Einbindung der Gewerkschaften und der Arbeitgeberverbände im Allgemeinverbindlichkeitsverfahren erschwert werden. Dadurch ist es naturgemäß nicht nur möglich, öffentlich und politisch Druck auszuüben, sondern diesen auch in der Praxis wirksam einzusetzen.

Abbildung 2: Tabellen der Allgemeinverbindlichkeit von Tarifverträgen in Deutschland 1995 bis 2006[88]

Jahr *	Gesamt	Neu	außer Kraft
1995	627	136	192
1996	571	145	158
1997	558	140	110
1998	588	99	96
1999	591	102	142
2000	551	82	99
2001	534	59	51
2002	542	56	118
2003	480	50	54
2004	476	37	37
2005	475	19	30
2006	446	16	54

---

[87] Vgl.: **Initiative Neue soziale Marktwirtschaft**, http://www.insm.de.
[88] Vgl.: Information zur Tarifpolitik, Allgemeinverbindliche Tarifverträge, **Johannes Kirsch und Reinhard Bispinck**, Düsseldorf Juni 2002, http://www.boeckler.de/pdf/p_ta_elemente_ave.pdf, BMA eigene Erhebung, S. 5.
Vgl.: Onlinedokumentation der **Hans Böckler Stiftung**, WSI Tarifarchiv, http://www.boeckler.de/84684_85241.html (Zugriff am: 21.09.2008).

Ein branchenübergreifender Mindestlohn[89] ist zwingend erforderlich. Für schlecht oder überhaupt nicht organisierte AN ist es nur von Vorteil, wenn diese einen Lohn oder ein Gehalt erhalten, ohne zusätzlich staatliche Transferleistungen zu beziehen. Ein branchenspezifischer Mindestlohn, der von Bundesland zu Bundesland variieren kann, verstößt gegen den Grundsatz „gleicher Lohn, für gleiche Arbeit." Gesetze mit vielen Paragraphen können in Einzelfällen zu Fehlinterpretationen führen und Grauzonen fördern. Deshalb ist es sinnvoll, einen bundesweit einheitlichen branchenübergreifenden Mindestlohn einzuführen.

---

[89] Dieser branchenübergreifende Mindestlohn muss sich jedoch im Rahmen von mindestens 7€ bis 8€ bewegen. In sechs europäischen Ländern ist dies bereits Realität (Vgl. WSI-Folien, Hans Böckler Stiftung, S. 89). Warum also nicht auch in Deutschland?

Teil 1.3 Das Mindestarbeitsbedingungsgesetz

A. Prolog zu Teil 3

Die konjunkturell bedingte Arbeitslosigkeit geht in Deutschland signifikant zurück.[90] Diese begrüßenswerte Entwicklung geht leider an den Problemgruppen des Arbeitsmarktes, den Geringqualifizierten und den Langzeitarbeitslosen, vorbei. Es herrscht trotz Bemühungen der Bundesregierung[91] noch immer eine angespannte Situation auf dem Ausbildungsmarkt. Laut dem Dezembermonatsbericht[92] der Agentur für Arbeit für das Jahr 2007 waren 12.800 jugendliche Bewerber ohne eine Ausbildungsstelle. Jugendliche ohne eine adäquate Ausbildung werden in ihrem gesamten Berufsleben zu den Problemgruppen auf dem Arbeitsmarkt gehören. Die jetzige schwarz/rote Regierung tut sich schwer damit, den initiierten Reformprozess der rot/grünen Regierungskoalition fortzusetzen. Die erfreuliche Belebung des Arbeitsmarktes darf nicht darüber hinwegtäuschen, dass eine Einführung von Mindeststandards branchenübergreifend kontrovers diskutiert wird. Aufgrund der hohen Tarifbindung, zumindest im Westen der Republik, konnten die Sozialpartner in der Vergangenheit auf Branchenebene Mindeststandards gewährleisten. Tarifverträge wurden für allgemeinverbindlich erklärt. Dadurch wurde zum Beispiel die schwache Tarifbindung im Osten, explizit im Baugewerbe, teilweise kompensiert. Eine zufrieden stellende Beschäftigungssituation hat zudem auch nicht tarifgebundene Unternehmen dazu veranlasst, sich an den Tarifvorgaben zu orientieren. Löhne und Gehälter waren durch dieses System weitgehend aus dem Wettbewerb und relativ stabil. Wegen der globalen Wirtschaftsentwicklung der

---

[90] Vgl.: Die Arbeitslosenzahl im Februar 2008 beträgt 3.617.443 Personen, das ist im Vergleich zum Vorjahresmonat ein Rückgang um 630.003 Personen. http://statistik.arbeitsamt.de/statistik/index.php?id=D (Zugriff am: 28.02.2008).
[91] Vgl.: „Nationaler Pakt für Ausbildung und Fachkräftenachwuchs in Deutschland" wurde am 5. März 2007 verlängert. http://www.bmwi.de/BMWi/Navigation/Ausbildung-und-Beruf/ausbildungspakt.html (Zugriff am: 28.02.2008).
[92] Vgl.: Der Arbeits- und Ausbildungsmarkt im Dezember 2007, S. 26.

letzten Jahre versuchen immer wieder Unternehmen, über die geringeren Lohnkosten ihres Unternehmens in Deutschland in den Markt einzusteigen. Ein aktuelles Beispiel ist der Briefzusteller PIN. Nach der beschlossenen Einführung eines Mindestlohns in der Briefzustellerbranche droht Tausenden von Mitarbeitern die Entlassung. Die Niedriglohnbeschäftigung nimmt in Deutschland stetig zu und die Tarifbindung geht deutlich zurück. Die Tarifpartner haben erhebliche Schwierigkeiten, wirkungsvolle Mindestregelungen zu vereinbaren, die für alle Gültigkeit besitzen. Um dieser Tendenz entgegenzuwirken, wird eine Reform des Mindestarbeitsbedingungsgesetzes (MiArbG) diskutiert.

Das MiArbG wird hier analysiert und das Verfahren zur Festlegung von Mindestarbeitsbedingungen wird beschrieben. Es werden bereits bestehende Optionen vorgestellt, mit denen der Staat in der Lage wäre, Mindestarbeitsbedingungen festzusetzen.

I. Die Festlegung von Mindestarbeitsbedingungen gemäß Mindestarbeitsbedingungsgesetz (MiArbG)

Es besteht für den Staat die Möglichkeit, unter festgelegten Voraussetzungen, wie z.B. dem Fehlen einer Allgemeinverbindlichkeit von Tarifverträgen, gemäß § 1 ff. MiArbG die Mindestarbeitsbedingungen festzusetzen. Im Folgenden wird analysiert, inwieweit die Paragraphen des MiArbG zur Verhinderung resp. Beseitigung unzumutbarer Arbeitsbedingungen geeignet sind. Mindestarbeitsbedingungen können gemäß § 1 II MiArbG festgesetzt werden, wenn Gewerkschaften oder Arbeitgeberverbände nicht bestehen oder nur eine Minderheit repräsentieren, eine Festsetzung zur Befriedigung notwendiger sozialer und wirtschaftlicher Bedürfnisse erforderlich ist und kein allgemeinverbindlicher Tarifvertrag vorliegt. Diese Voraussetzungen müssen nebeneinander vorliegen.[93]

---

[93] Vgl.: **Uzt Aeneas Andelewski** in: Staatliche Mindestarbeitsbedingungen. Die Möglichkeit des Staates zur Setzung von Mindestarbeitsbedingungen unter besonderer Berücksichtigung des Falls der partiellen Machtlosigkeit von Arbeitnehmerkoalition. Schriften zum Sozial- und Arbeitsrecht Band 193, Duncker & Humblot Berlin 2001, S. 117.

Zunächst wird auf die notwendigen Voraussetzungen der Festsetzung von Mindestarbeitsbedingungen eingegangen.

1. Die notwendigen Voraussetzungen gemäß § 1 II MiArbG

Gemäß § 1 II MiArbG ist die Voraussetzung einer Festsetzung von Mindestarbeitsbedingungen gegeben, wenn für den Wirtschaftszweig oder für den Berufszweig Gewerkschaften oder Arbeitgeberverbände nicht bestehen oder nur eine Minderheit der Beschäftigten oder Arbeitgeber umfassen. Die Tatbestandsvoraussetzung bei Bestehen oder Nichtbestehen von Verbänden oder Gewerkschaften ist verhältnismäßig unproblematisch festzustellen. Jedoch verhält es sich bei dem Terminus Minderheit etwas problematischer. Dieser ist vom Gesetzgeber nicht näher definiert. Der Begriff Minderheit ist in diesem Kontext nicht nur rein mathematisch zu verstehen. *„Nach dem Grundgedanken des Vorranges der Vereinbarung der Arbeitsbedingungen durch die Tarifvertragsparteien kann von einer Minderheit nicht mehr gesprochen werden, wenn eine Koalition zwar weniger als 50 % der Beschäftigten oder Auftraggeber umfasst, aber dennoch regelmäßig Tarifverträge aushandelt, die insgesamt richtungsweisend für den entsprechenden Wirtschaftszweig oder die Beschäftigungsart sind."*[94] Laut Andelewski kann nur eine solche Auslegung dem Normzweck, dem Subsidiaritätsprinzip und der Tarifsetzungsmacht gerecht werden. Der Staat darf erst eingreifen, wenn die Koalitionen nicht mehr in der Lage sind, eigenverantwortlich die Rahmenbedingungen ihrer Mitglieder zu vereinbaren. Diese Situation liegt nur dann vor, wenn es sich um eine geringfügige Minderheit handelt, die zudem keinerlei Einfluss ausüben kann. Gelingt es jedoch der geringfügigen Minderheit, einen repräsentativen Tarifvertrag abzuschließen, so ist von der Festsetzung von Mindestarbeitsbedingungen durch den Staat abzusehen. Eine Minderheit, die aktuell einen repräsentativen Tarifvertrag abgeschlossen hat, ist die Lokführergewerkschaft der Bahn GDL (Stand 11.03.2008). Diese Minderheit sitzt in Schlüsselpositionen des Wirtschaftszweiges und kann durchaus eigenständige und beachtenswerte Resultate erzielen. Diffe-

---

[94] Vgl. Andelewski 2001, S. 117.

renzierter muss man jedoch den Fall betrachten, dass die Festsetzung von Mindestarbeitsbedingungen durch den Staat zugelassen wird, weil die Arbeitgeberseite in ihrem Verband lediglich eine Minderheit repräsentiert, die Arbeitnehmer in ihren Gewerkschaften dagegen eine Mehrheit darstellen. Fehlt es ganz und gar auf Arbeitnehmerseite an einer Gewerkschaft, kann kein Tarifvertrag gemäß § 2 I TVG abgeschlossen werden. Dies gilt insbesondere für den Fall, dass zwar eine Gewerkschaft existiert, diese jedoch nur eine Minderheit repräsentiert und ihr die notwendige Macht zur Durchsetzung von Tarifverträgen fehlt. Als Schlussfolgerung lässt sich sagen, dass das Fehlen oder die Unterpräsenz von Gewerkschaften eine Festsetzung der Mindestarbeitsbedingungen durch den Staat rechtfertigt. Auf Arbeitgeberseite verhält es sich etwas anders. Arbeitgeber dürfen Koalitionspartner eines Firmentarifvertrages sein und benötigen zwecks Abschlusses eines Tarifvertrages nicht notwendigerweise, einem mächtigen Arbeitgeberverband anzugehören. Daraus lässt sich schlussfolgern, dass das Fehlen eines repräsentativen Arbeitgeberverbandes und das Bestehen einer mächtigen Gewerkschaft auf Arbeitnehmerseite nicht dazu führt, dass Mindestarbeitsbedingungen staatlich festgesetzt werden. Die Gewerkschaften haben die Option, die Arbeitsbedingungen ihrer Mitglieder durch Firmentarifverträge zu normieren. Es besteht keinerlei soziale Schutzbedürftigkeit der Arbeitnehmerseite. Durch die Macht der Gewerkschaft haben die Arbeitnehmer die Möglichkeit, ihre Arbeitsbedingungen selbst durch Arbeitskampf durchzusetzen. Eine tarifliche Vereinbarung genießt stets Vorrang vor einem staatlichen Eingriff. Jeder staatliche Eingriff kann die Koalitionspartner immens schwächen. Dies kann zu einem Mitgliederverlust, explizit zu einem Machtverlust und letztlich zur Überflüssigkeit von Tarifkoalitionspartnern führen. Die Festsetzung von Mindestarbeitsbedingungen gemäß § 1 II MiArbG ist auch dann zulässig, wenn nur eine Minderheit der Koalitionspartner durch Verbände und Gewerkschaften vertreten wird oder wenn überhaupt keine Organisationen existieren. Da aber die Arbeitgeberseite auch ohne einen mächtigen Verband Firmentarifverträge abschließen kann, ist die Festsetzung von Mindestarbeitsbedingungen entgegen dem Wortlaut des § 1 II MiArbG nur dann zulässig, wenn keine Gewerkschaft besteht oder nur eine Minderheit repräsentiert wird.⁹⁵

2. Die sozialen und wirtschaftlichen Bedürfnisse

Eine weitere Komponente zur Festsetzung von Mindestarbeitsbedingungen ist, dass die Sicherstellung der Befriedigung der notwendigen sozialen und wirtschaftlichen Bedürfnisse der Arbeitnehmerinnen und Arbeitnehmer erforderlich erscheint, gemäß § 1 II MiArbG. Hier stellt sich die Frage, welchen Maßstab der Gesetzgeber zur Ermittlung der Notwendigkeit der sozialen und wirtschaftlichen Bedürfnisse des Arbeitnehmers heranzieht. Ein Aspekt bietet sich hier förmlich an, der Gesetzgeber hat eine Lohnpfändungsgrenze eingeführt, § 850c ZPO. Diese besagt, dass ein Lohn/Gehalt bei einem Single ohne Kinder unter einem Betrag von ca. 930 € monatlich nicht gepfändet werden darf.⁹⁶ Der Arbeitnehmer hat in diesem Fall als Schuldner im Einzelfall ein Minimum zur Verfügung, mit dem er eine Zeit lang auskommen muss. Die Mindestarbeitsbedingungen sehen jedoch eine Entgeltregelung für ganze Branchen und keine Einzelfalllösungen vor. Warum sollte man sich also nicht am Niveau des Arbeitslosengeldes II orientieren? Dies sieht zwar auch eine Einzelfalllösung vor, mit einem monatlichen Einkommen von 345 € zuzüglich einem Mietzuschuss, der in Deutschland variieren kann. Es ist jedoch äußerst problematisch, sich am Arbeitslosengeld II zu orientieren. Das ALG II sieht vor, dass Vermögen bis auf einen Anteil in Höhe von 150 € pro Lebensjahr verwertet werden muss, nur bei der Altersvorsorge erlaubt der Gesetzgeber einen Freibetrag in Höhe von 200€.⁹⁷ Bei Wohneigentum kann die zuständige Agentur für Arbeit abwägen zwischen Sofortverkauf und einer zeitweiligen Duldung. Solch ein System ist auf die Mindestarbeitsbedingungen gemäß MiArbG nicht übertragbar. Der Kontext des MiArbG ist verbindlich und hat die Wir-

---

⁹⁵ Vgl. Andelewski 2001, S. 119.
⁹⁶ Vgl.: Zivilprozessordnung, http://dejure.org/gesetze/ZPO/850c.html (Zugriff am: 15.03.2008).
⁹⁷ Vgl.: Sozialleistungen. Info, http://www.sozialleistungen.info/con/hartz-iv-4-alg-ii-2/aktuelle-aenderungen.html (Zugriff am: 15.03.2008).

kung eines Tarifvertrages gemäß § 8 I MiArbG. Es darf nicht außer Acht gelassen werden, dass die notwendigen sozialen und wirtschaftlichen Bedürfnisse von Arbeitnehmerinnen und Arbeitnehmern gegenüber denen von ALG II-Empfängern variieren können. Man muss aber auch die praktischen Folgen berücksichtigen. Wenn ein MiArbG vorsieht, dass die Arbeitnehmerinnen und Arbeitnehmer genauso viel Lohn/Gehalt erhalten wie ein ALG II-Empfänger, kann dies dazu führen, dass es der eine oder andere Arbeitnehmer vorzieht, staatliche Transferleistungen zu beziehen, anstatt einer geregelten Arbeit nachzugehen. Um dieser möglichen Tendenz entgegenzuwirken, sollte im Grundsatz gelten: Arbeit muss sich lohnen! Aus dieser Notwendigkeit heraus sollten die festgesetzten Entgelte merklich oberhalb denen eines ALG II-Empfängers liegen. In diesem Sinne könnte das ALG II durchaus als Untergrenze dienen, die nicht unterschritten werden darf. Gemäß § 4 IV MiArbG sollen die Mindestentgelte und die Mindestarbeitsbedingungen festgesetzt werden. Dies soll jedoch keinen vollwertigen Tarifvertrag ersetzen. Das macht es kompliziert, da dadurch die Normierungsbefugnis nach oben eingrenzt ist.

3. Kein Bestehen einer AVE

Eine notwendige Voraussetzung zur Einführung von Mindestarbeitsbedingungen ist gemäß § 2 II MiArbG, dass eine Regelung von Entgelten oder sonstigen Arbeitsbedingungen durch eine AVE eines Tarifvertrages nicht bereits erfolgt ist. Die Festsetzung ist also nur möglich, wenn keine Allgemeinverbindlicherklärung vorliegt. Ist jedoch ein Tarifvertrag für allgemeinverbindlich erklärt worden, ist es unerheblich, ob dieser die Arbeitsbedingungen erschöpfend regelt oder nicht. Laut Herschel ist eine Ergänzung durch Mindestarbeitsbedingungen in einem für allgemeinverbindlich erklärten Tarifvertrag nicht statthaft.[98] Ein staatlicher Eingriff würde die Tarifautonomie untergraben. Wenn die Tarifpartner aus ihrer jeweiligen Perspektive beispielsweise die Arbeitsbedingungen

---

[98] Vgl.: Arbeitsrecht: **Herschel, Wilhelm und Müller, Gerhard,** Erschienen in: Schaefers Grundriss des Rechts und der Wirtschaft (Nachkriegsausgabe) 14, Düsseldorf 1952, S. 36–37.

oder Entgelte für ihre Mitglieder ungünstig normiert haben, so könnten dagegen andere Aspekte vielleicht günstiger ausfallen. Es ist nicht zulässig, dass sich die Tarifpartner nach einem Arbeitskampf einigen und dass dann jeweils die günstigeren oder besseren staatlichen Mindestarbeitsbedingungen ergänzend gelten sollen. Eine Ausnahme muss dann bestehen, wenn Arbeitsbedingungen gewollt nicht im Tarifvertrag normiert wurden. Insofern die sonstigen Voraussetzungen erfüllt wurden, muss es möglich sein, in solch einem Fall ergänzend einzugreifen. Es muss jedoch darauf geachtet werden, dass dies nur in speziellen Ausnahmefällen erfolgt, da sonst eine Signalwirkung an die Tarifpartner erfolgen könnte, schwierige Normen bei Tarifverhandlungen auszusparen und sich auf die staatlichen Regelungen zu verlassen. Durch ein solches Aussparen von Normen in Tarifverhandlungen besteht eine Gefährdung der Tarifautonomie. Ausnahmefälle sind Koalitionen, die nicht mehr repräsentative Tarifverträge für ihre Mitglieder abschließen, wenn diese eine geringfügige Minderheit repräsentieren und machtlos sind. Lehnt man auch in diesem Fall einen staatlichen Eingriff ab, so wäre das Gleichgewicht zwischen den Tarifpartnern gefährdet. Wenn die Arbeitsbedingungen der Arbeitnehmerinnen und Arbeitnehmer unter die Grenze des § 1 II, 4 IV MiArbG fallen würden, wären diese ungeschützt und machtlos. Andelewski sieht in der primären Bedeutung des § 1 II MiArbG eher eine Veranlassung für die zuständige Behörde zu prüfen, ob nicht vielleicht, bevor eine Festsetzung von Mindestarbeitsbedingungen stattfindet, eine Allgemeinverbindlichkeitserklärung eines Minderheitentarifvertrages möglich sei.

4. Das Gehalt gemäß § 4 IV und § 8 I, II MiArbG

In § 4 IV MiArbG wird die Minimalgrenze der Entgelte und sonstigen Arbeitsbedingungen in einer Branche oder einer Beschäftigungsform festgelegt. Ein ähnlicher Wortlaut findet sich im § 92a I HGB. Aber nicht nur im deutschen Recht findet sich diese Forderung. Die EU-Gemeinschaftscharta der sozialen Grundrechte der Arbeitnehmrinnen und Arbeitnehmer von 1989 beinhaltet: *„Für jeden Beschäftigten ist ein gerechtes Entgelt zu zahlen. Zu diesem Zweck empfiehlt es sich, dass entsprechend den*

Gegebenheiten eines jeden Landes den Arbeitnehmern ein gerechtes Arbeitsentgelt garantiert wird, das heißt ein Arbeitsentgelt, das ausreicht, um ihnen einen angemessenen Lebensstandard zu erlauben."[99] Die Intention, die hinter diesen Regelungen steht, ist bei Verhandlungen bezüglich der Höhe des Entgelts folgendermaßen relevant. Die Festsetzung soll keinen Tarifvertrag ersetzen. Diese soll nur einer Minderheit ein Existenzminimum garantieren, um wirtschaftliche und soziale Verelendung zu verhindern. Das MiArbG schafft hierfür einen exzellenten Rahmen, um eine Untergrenze festzulegen, die sozialen Notstand verhindern kann. Hierfür ist aber auch das SGB mit der Sozialhilfe, das ZPO mit der Pfändungsgrenze oder die Hartz IV-Regelung zuständig. Jedes dieser Instrumentarien legt eine Untergrenze fest, um einen sozialen Notstand zu verhindern. Die Festsetzungen der Entgelte durch das MiArbG enthalten keine Abstufung nach der Position im Betrieb oder nach der Art der Beschäftigung. Sie ergehen einheitlich für einen Wirtschaftszweig oder eine Beschäftigungsform. Eine Einstufung nach dem Lebensjahr, der Betriebszugehörigkeit oder den Beschäftigungsjahren ist nicht möglich. Eine zulässige Differenzierung ist jedoch möglich. Es ist zulässig, nach der Beschäftigungsart zu differenzieren. Bei einem Hilfsarbeiter auf der Baustelle ist es möglich, eine andere Untergrenze festzusetzen, als bei einem Melker auf dem Bauernhof. Wie bereits im vorherigen Kapitel (Kap. 3. Kein Bestehen einer AVE) erwähnt, ist eine Rücksichtnahme auf das System des freien kollektiven Arbeitsrechts zwingend notwendig. Jeder staatliche Eingriff schwächt die Koalitionspartner und greift in die Tarifautonomie ein. Eine staatliche Festsetzung von Mindestarbeitsbedingungen kann nur eine Übergangsregelung darstellen. Das Festsetzen von Arbeitsentgelten muss eine inhaltliche Norm von Tarifverträgen bleiben. Man muss aber auch ganz genau prüfen, ob die verhandelnde

---

[99] Vgl.: Online Dokumentation der Akademie des Fritz Hitze Hauses im Auftrag des Wirtschafts- und Sozialwissenschaftlichen Instituts der Hans Böckler Stiftung, **Dr. Reinhard Bispinck**, Referat aus der Tagung: Zankapfel Mindestlohn, in der Akademie Fritz Hitze Haus am 6. November 2007, Tagungsnummer: 07-832 F, Münster, Titel 5, Abs.1. http://www.franz-hitze-haus.de/file.php?file=/Mindestlohn_Bispinck.pdf&type=down (Zugriff am: 23.03.2008).

Gewerkschaft mächtig genug und finanziell unabhängig ist, um Skandale wie bei der neu gegründeten Gewerkschaft *Neue Brief- und Zustelldienste*, die momentan in den Medien Aufsehen erregt, zu vermeiden. Die Gewerkschaft steht im Verdacht, keine eigenständige Gewerkschaft und von den Briefzusteller-Unternehmen PIN und TNT gegründet worden zu sein, um den gesetzlichen Mindestlohn in der Postbranche zu umgehen.

Gemäß § 8 I MiArbG haben die festgesetzten Mindestarbeitsbedingungen die Wirkung eines Tarifvertrages, diese Regelung wirkt somit unmittelbar und zwingend.[100] Laut § 8 II MiArbG haben tarifvertragliche Regelungen Vorrang vor den Mindestarbeitsbedingungen. Daraus lässt sich schlussfolgern, dass tarifvertragliche Vereinbarungen für den Arbeitnehmer günstiger sind als die festgesetzten Mindestarbeitsbedingungen, diese werden durch einen Tarifvertrag verdrängt. Sind bestimmte Normen im Tarifvertrag, die die Arbeitsbedingungen betreffen, ungewollt nicht geregelt, können die vereinbarten Normen des Tarifvertrages die staatlich festgesetzten Mindestarbeitsbedingungen nicht verdrängen.

II. Das Verfahren

Das Festsetzungsverfahren gemäß dem MiArbG ist vierstufig aufgebaut. An diesem Verfahren sind der Bundesminister für Arbeit, die oberste Arbeitsbehörde eines Landes und unter anderem der vom Minister laut § 2 I MiArbG errichtete Hauptausschuss für Mindestarbeitsbedingungen und die gemäß § 3 I MiArbG errichteten Fachausschüsse für die einzelnen Wirtschaftszweige und Beschäftigungsformen beteiligt. Der Hauptausschuss besteht aus je fünf Vertretern der Arbeitnehmer- und Arbeitgeberseite und dem Bundesminister für Arbeit oder einem von ihm bestimmten Vertreter. Die Aufgabe des Hauptausschusses ist es zu prüfen, ob alle Voraussetzungen zur Festsetzung von Mindestarbeitsbedingungen gegeben sind. Es ist jedoch darauf zu achten, dass das kollektive Ar-

---

[100] Vgl.: Herschel 1952, S. 36–37.

beitsrecht nicht durch staatliche Mindestarbeitsbedingungen überwuchert wird.[101] Der Ausschuss beschließt die Festsetzung durch eine einfache Mehrheit. Die endgültige Entscheidung obliegt aber dem Bundesminister für Arbeit im Einvernehmen mit dem Ausschuss. Der Minister hat nicht die Möglichkeit, entgegen dem Votum des Ausschusses zu entscheiden. Dennoch ist er nicht etwa an eine befürwortende Entscheidung des Ausschusses gebunden. Liegt ein positives Ergebnis des Ausschusses vor, muss der Minister eine eigenständige Prüfung des Sachverhalts vornehmen und nach seinem pflichtgemäßen Ermessen entscheiden.[102] Der Ermessensspielraum des Bundesministers kommt im Wortlaut des § 1 II MiArbG vor. Die Festsetzung muss erforderlich erscheinen. Haben sich der Hauptausschuss und der Minister auf die Festsetzung von Mindestarbeitsbedingungen geeinigt, so bestimmt der Minister einen Vorsitzenden und den aus drei bis fünf Beisitzern aus dem Kreis der Arbeitgeber und Arbeitnehmer bestehenden Fachausschuss, der wiederum den materiellen Inhalt der Mindestarbeitsbedingungen beschließt. Dafür ist eine einfache Mehrheit notwendig. Der Vorsitzende nimmt nur an der Abstimmung teil, wenn eine Mehrheit erforderlich ist (§ 4 II, 6 II MiArbG). Bevor die Entscheidung gefallen ist, sind gemäß § 7 MiArbG die obersten Arbeitsbehörden der involvierten Länder, die von dieser Entscheidung betroffenen Arbeitgeber und Arbeitnehmer sowie die zuständigen Gewerkschaften zu benachrichtigen. Ihnen muss die Möglichkeit eingeräumt werden, sich schriftlich zu äußern und in einer öffentlichen Verhandlung mündlich Stellung zu beziehen. Ein ähnlicher Wort-

---

[101] Vgl.: Das Gesetz über die Festsetzung von Mindestarbeitsbedingungen, **Fitting, Karl**. In: Recht der Arbeit – Beck München Band 5, 1952, S. 5.
[102] Vgl.: **Grundsätze der Verwaltung**. „Das Grundgesetz schreibt vor, dass die Verwaltung an Recht und Gesetz gebunden ist. Ihre Maßnahmen dürfen nicht gegen bestehendes Recht verstoßen, sie darf nur tätig werden, wenn ein Gesetz dies vorschreibt. In rechtlich nicht eindeutigen Fällen muss sie nach pflichtgemäßem Ermessen entscheiden. Dabei muss sie nach dem Gesetz der Verhältnismäßigkeit handeln und das Übermaßverbot beachten, ihre Maßnahmen müssen in einem angemessenen Verhältnis zum angestrebten Erfolg stehen." http://www.bund.de/nn_4258/Microsites/Deutsche-Demokratie/Verwaltung/Grundsaetze/Grundsaetze-knoten.html__nnn=true (Zugriff am: 24.03.2008).

laut findet sich in § 5 II TVG. Der Bundesminister ist jedoch nicht an die vom Fachausschuss festgesetzten Mindestarbeitsbedingungen gebunden. Diese sind nur ein Vorschlag an den Minister. Der Vorschlag bedarf gemäß § 4 III 1 MiArbG der Zustimmung des Ministers. Er ist berechtigt, den Vorschlag abzulehnen und zur erneuten Verhandlung an den Fachausschuss zurückzuweisen. Ist der Minister einverstanden mit der Entscheidung, erlässt er gemäß § 4 II 2 MiArbG die festgesetzten Mindestarbeitsbedingungen als Rechtsverordnung. Der Minister muss den festgelegten inhaltlichen materiellen Wortlaut als Rechtsverordnung publizieren.

III. Stellt das Mindestarbeitsbedingungsgesetz ein adäquates Instrumentarium zur Regulierung des Arbeitsmarktes dar?

Das Mindestarbeitsbedingungsgesetz ist noch nie angewandt worden.[103] Fitting ist der Meinung, dass der größte „pädagogische" Erfolg des MiArbG gerade in seiner Nichtanwendung liege. Das MiArbG ist gemäß § 1 I, 8 II MiArbG subsidiär und soll nur angewandt werden, wenn sich die Tarifpartner bei den Entgelten und Arbeitsbedingungen auf herkömmlichem Weg nicht einigen können. Im Jahr 1952 schrieb Fitting bereits: „...*dass schon das Vorhandensein eines solchen Gesetzes bei den Beteiligten das Interesse fördern wird, lieber die Verhältnisse in eigener Verantwortung zu ordnen, als staatlichen Regelungen unterworfen zu werden.*"[104] Eine staatliche Festsetzung von Mindestlöhnen birgt selbstverständlich Gefahren. Sind diese zu niedrig, verfehlen sie ihren Zweck. Sind sie andererseits zu hoch, konkurrieren sie mit den Tariflöhnen. Dadurch besteht die Gefahr eines Interessenkonflikts. Das Streben der Tarifvertragsparteien nach einer autonomen Regelung kann dadurch unterbunden werden. Ein schwindendes Interesse der Arbeitnehmer, sich gewerkschaftlich zu or-

---

[103] Vgl.: Andelewski 2001 S. 126 und Däubler, Wolfgang In: Tarifvertragsrecht, Nomos Verlag 1993, Band 3, Baden-Baden, S. 657.
[104] Vgl.: Fitting, a. a. O.

ganisieren, kann damit einhergehen, dass letztendlich die staatlichen Mindestarbeitsbedingungen die tarifliche Normsetzung und die Tarifautonomie als Ganzes bedrohen.[105] Bedenken muss man jedoch auch die Wirkung von staatlichen Mindestarbeitsbedingungen in einem Wirtschaftszweig auf andere. Die Tarifvertragsparteien könnten ihre bereits getätigten Vereinbarungen als unangemessen empfinden und zu neuen Verhandlungen aufrufen. Diese Ergebnisse könnten zu einer Lohn-Preisspirale nach oben führen. Das MiArbG versucht konsequent, jeden Anreiz zur Verminderung von Tarifabschlüssen zu vermeiden. Dies wird deutlich durch die Subsidiarität des Gesetzes in § 1 I, 8 II MiArbG. Zwar schwächt jede staatliche Regelung die Tarifpartner, dies wird jedoch so weit wie möglich zu verhindern versucht. Dadurch, dass der materielle Inhalt der Festsetzung von staatlichen Mindestarbeitsbedingungen unter den Regelungen eines Tarifvertrages bleibt, besteht keine Konkurrenz zu den Festsetzungen eines Tarifvertrages. Es besteht keine Gefahr einer Schwächung der Gewerkschaften, denn eine Gewerkschaftsmitgliedschaft bleibt immer noch attraktiv. Gewerkschaften werden immer versuchen, für ihre Mitglieder nicht nur die unterste Entlohnung zu vereinbaren, sie werden außerdem auch angemessene Arbeitsbedingungen normieren. Dadurch wird sehr deutlich, dass die Festsetzung von Mindestarbeitsbedingungen nur zum Zwecke der Verhinderung unzumutbarer und unbilliger Arbeitsbedingungen geeignet ist. Der Wortlaut in der Regelung des § 1 II MiArbG, wonach die Festsetzung nur erfolgen darf, wenn keine Allgemeinverbindlichkeit eines Tarifvertrages vorliegt, ist jedoch ungeschickt gewählt worden. Die zuständige Behörde überprüft zwar, ob eventuell eine Allgemeinverbindlichkeit möglich wäre. Gemäß dem Wortlaut des Paragraphen ist die Festsetzung jedoch nicht davon abhängig, ob es möglich wäre, eine Allgemeinverbindlichkeit zu vereinbaren, sondern ob diese Allgemeinverbindlichkeit erklärt worden ist. Diese nicht sehr eindeutige Formulierung hebt den Ultima Ratio-Charakter der Festsetzung nicht deutlich genug

---

[105] Vgl.: Koberski/Sahl/Hold a. a. O.

hervor. Die Aufspaltung der Ausschüsse in Fach- und Hauptausschüsse ist nicht nachvollziehbar. Selbstverständlich kann man anmerken, dass die Beisitzer der Fachausschüsse der einzelnen Branchen praxisnäher und sachkompetenter sind als die Beisitzer der Hauptausschüsse. Diese Aufspaltung findet jedoch weder Verwendung bei der Allgemeinverbindlicherklärung nach § 5 TVG, noch beim Erlass durch § 19 ff. HAG. Die Festsetzung der Mindestarbeitsbedingungen erfolgt durch eine Partizipation der Arbeitnehmer- und Arbeitgebervertreter. Dadurch will der Gesetzgeber untermauern, dass dem Verfahren der Vorzug gegeben wird, welches verhältnismäßig am engsten mit dem System des freien kollektiven Arbeitsrechts verbunden ist. Dadurch, dass der Bundesminister nicht an die Beschlüsse des Haupt- und Fachausschusses gebunden ist, er trifft eine Ermessenentscheidung und muss nicht zwangläufig die Festsetzung erklären, birgt diese Regelung einen Unsicherheitsfaktor und ist nur schwer mit dem freien kollektiven Arbeitsrecht zu vereinbaren. Das Verfahren zur Festsetzung von Mindestarbeitsbedingungen ist im Vergleich zum Verfahren der Allgemeinverbindlicherklärung gemäß § 5 TVG ergebnisorientiert. Bei einer Pattsituation in der ersten Abstimmung hat der neutrale Vorsitzende in der zweiten Abstimmung ein volles Stimmrecht, dadurch wird die Beschlussfähigkeit des Ausschusses gewahrt.[106] Ob das MiArbG ein adäquates Mittel für den Arbeitsmarkt darstellt, lässt sich unter anderem sehr gut im Vergleich von Parallelvorschriften erörtern. Die Merkmale zur Befriedigung eines notwendigen sozialen und wirtschaftlichen Bedürfnisses finden sich im § 1 II MiArbG, § 5 I 2 TVG, § 19 I HAG. Im gröberen Kontext spiegeln sich diese unter anderem in der Hartz IV-Gesetzgebung (SBG II), der Sozialhilfe (SGB XII) und dem ZPO 850c und seiner Pfändungsgrenze wider. Natürlich muss man hier differenzieren, ob jemand arbeitslos oder krank ist, sich um einen erkrankten Verwandten kümmert, jemanden pflegt, Schulden hat oder einer Erwerbsarbeit nachgeht. Die Termini des sozialen Notstandes werden in § 5 I 2 TVG anhand von § 1 II MiArbG präzisiert. Ein

---

[106] Vgl.: Andelewski 2001, S. 129.

sozialer Notstand liegt dann vor, wenn die branchenüblichen Arbeitsbedingungen zur Kompensation der notwendigen sozialen und wirtschaftlichen Ansprüche der Arbeitnehmerinnen und Arbeitnehmer nicht mehr ausreichen. Ein sozialer Notstand kann jedoch auch durch eine Störung der sozialen Ordnung oder durch Sozialdumping verursacht werden. Der § 1 II MiArbG hat hingegen aber einen individuellen Bezug, der sich lediglich auf die Bedürfnisse der Arbeitnehmerinnen und Arbeitnehmer bezieht. Wie bereits erörtert, sollen die Mindestarbeitsbedingungen jeweils die unteren Entgelte und sonstigen Arbeitsbedingungen festsetzen. Da diese Festsetzungen hinter den Regelungen eines Tarifvertrages weit zurückbleiben, ist diese zurückbleibende Regelung typischerweise in eine engere Form gefasst. Die Regelungen der §§ 5 TVG, 19 ff. HAG, 1 ff. MiArbG verfolgen einen gemeinsamen Zweck, diese Regelungen normieren unter bestimmten Voraussetzungen die Mindestarbeitsbedingungen. Damit einhergehend liegt es in der Natur der Sache, zur Begründung der Tatbestandsvoraussetzungen der einzelnen Gesetze und zu deren Abgrenzung die Vorschriften der anderen hier dargestellten Gesetze heranzuziehen.[107] Dies beweist die enge Verbindung der dargestellten Gesetze und die differenzierte Ausgestaltung ihrer einzelnen Normen. Jedoch gibt es trotz aller Gemeinsamkeiten durchaus auch Unterschiede im Verfahren bei der Festsetzung von Voraussetzungen und dem materiellen Inhalt der Mindestarbeitsbedingungen. Laut § 11 MiArbG sind die Arbeitgeber dazu verpflichtet, die für ihren Betrieb geltenden Mindestarbeitsbedingungen an geeigneter Stelle im Unternehmen auszulegen und den Mitarbeiterinnen und Mitarbeitern, deren Arbeitsverhältnis unmittelbar betroffen ist, sogar auszuhändigen. Die Auslagepflicht des § 11 MiArbG ist identisch mit der des § 8 TVG. Gemäß § 8 TVG ist der Arbeitgeber verpflichtet, den Tarifvertrag an geeigneter Stelle auszulegen. Das Aushändigen an die unmittelbar betroffenen Arbeitnehmerinnen und Arbeitnehmer ist jedoch nur im § 11 MiArbG festgelegt. Dies fördert naturgemäß die Publizität der Festset-

---

[107] Vgl.: Andelewski 2001, S. 130.

zung. Nur Arbeitnehmerinnen und Arbeitnehmer, die ihre Rechte kennen, können diese auch geltend machen. Die Norm im § 11 MiArbG trägt in der Praxis maßgeblich dazu bei, dass unzumutbare Arbeitsbedingungen beseitigt werden. Unzumutbare Arbeitsbedingungen, die durch die Festsetzung des MiArbG zu beseitigen sind, können dem Arbeitgeber durch die oberste Arbeitsbehörde eines Landes, unter Berufung auf den § 13 MiArbG, durch eine Fristsetzung zur Einhaltung der neuen Norm aufgetragen werden. Laut § 14 MiArbG kann der Staat stellvertretend für die Arbeitnehmerinnen und Arbeitnehmer im eigenen Namen die Ansprüche aus den festgesetzten Mindestarbeitsbedingungen gerichtlich geltend machen. Diese Vorschrift wurde erlassen, damit die Arbeitnehmerinnen und Arbeitnehmer nicht davor Angst haben müssen, gekündigt zu werden, wenn sie ihre festgesetzten Ansprüche vor Gericht geltend machen möchten. Bereits die bloße Existenz dieser Regelung im MiArbG trägt dazu bei, dass Arbeitgeber die festgesetzten Mindestarbeitsbedingungen auch einhalten. Diese Norm fördert demnach die Einhaltung der Vorschrift, sie trägt also maßgeblich zur Verhinderung und zur Beseitigung unzumutbarer Arbeitsbedingungen bei. Es lässt sich resümieren, dass ein positiver Charakter des MiArbG besteht. Ohne die Regelung im MiArbG besteht für den Staat keine Möglichkeit einzugreifen, wenn Arbeitnehmerinnen und Arbeitnehmer benachteiligt werden. Die Normen im MiArbG erlegen den Tarifpartnern eine enorme Verantwortung auf, ein lückenloses Tarifwerk zu vereinbaren, da sonst die Gefahr bestehen würde, dass der Staat eingreifen müsste. Dass es bis jetzt noch keine Notwendigkeit gab, dass der Staat intervenieren musste, hat gezeigt, dass die Tarifpartner nicht daran interessiert waren, eine staatliche Einmischung hinzunehmen. Dies hat sich offenbar in jüngster Zeit geändert, und es werden immer mehr Stimmen laut, die einen staatlichen Eingriff fordern, wie z. B. einen staatlich festgesetzten Mindestlohn.

IV. Welche Optionen hat der Staat bei der Förderung tariflicher Normsetzung?

Adäquate Arbeitsbedingungen zu schaffen, obliegt den Tarifparteien. Scheitern die Bemühungen dieser Sozialpartner oder bieten die Vereinbarungen keinen ausreichenden Arbeitnehmerschutz, kann der Staat judikativ resp. legislativ intervenieren. Dadurch soll gewährleistet werden, dass ein adäquater Arbeitnehmerschutz sichergestellt wird. Sieht der Staat jedoch eine Veranlassung zu intervenieren, muss man davon ausgehen, dass die tarifliche Normsetzung und die Tarifautonomie versagt haben. Eine Ursache, aus der dieses Versagen resultieren könnte, ist die Schwäche eines der beiden Tarifpartner. Es könnte anstatt einer ausreichenden Mächtigkeit eine partielle Machtlosigkeit beispielsweise der Arbeitnehmerkoalition vorliegen. In diesem Fall kann der Staat direkt eingreifen, es besteht aber auch die Option, den schwächeren Koalitionspartner bei der Setzung von Mindestarbeitsbedingungen indirekt zu unterstützen. Diese Unterstützung muss jedoch verfassungskonform geschehen und wird am Art. 9 III GG gemessen. Die Tarifautonomie in Art. 9 III GG soll gewährleisten, dass Gewerkschaften, Arbeitgeber und Arbeitgeberverbände durch eine gegenseitige Interessenauseinandersetzung einen sozial ordnenden und ausreichenden Kompromiss erreichen.[108] Dieser Kompromiss beruht aber auf der Voraussetzung, dass beide Partner eine rechtliche Gleichheit und ein wechselseitiges Gleichgewicht herstellen können. Eine Parität der Tarifpartner ist also als Voraussetzung zwingend notwendig, um ein Funktionieren der Tarifautonomie zu gewährleisten.[109] Das BAG ist folgender Meinung: *„...muss im Prinzip sichergestellt sein, dass nicht eine Tarifvertragspartei der anderen von vornherein ihren Willen aufzwingen kann, sondern dass möglichst gleiche Verhandlungschancen entstehen."*[110] Fehlt die Gleichgewichtigkeit, ist einer der beiden Sozialpartner vom Willen des anderen abhängig. Dieser muss

---

[108] Vgl.: Andelewski 2001, S. 277.
[109] Vgl.: BAG AP Nr. 38 zu Art. 9 GG Arbeitskampf.
[110] Vgl.: BAG AP Nr. 43 zu Art. 9 GG Arbeitskampf.

nicht zwangsläufig die Gewerkschaft sein. Gewerkschaften, die eine Schlüsselposition mit ihrer Koalition in der Wirtschaft besetzen, ein aktuelles Beispiel ist die Gewerkschaft der Lokführer (GDL) oder Cockpit (Gewerkschaft der Piloten), haben eine ausgesprochen starke Position bei Tarifverhandlungen in ihrer Branche, eine vergleichsweise stärkere als andere Gewerkschaften. Welche für die Bevölkerung unangenehmen Folgen der Lokführerstreik mit sich brachte und welch enormen finanziellen Schaden die Bahn davongetragen hat, ließ sich sehr gut im Winter 2007 in Deutschland beobachten. Ein Ungleichgewicht kann prekäre Arbeitsbedingungen fördern oder die Lohnspirale in der Folge nach oben oder nach unten treiben. In solch einem Fall hat die Tarifautonomie versagt. Ursache hierfür ist die partielle Machtlosigkeit eines Tarifpartners. Eine funktionsfähige Tarifautonomie setzt eine annähernd gleiche Mächtigkeit der Sozialpartner voraus. Es wurden schon Versuche von Arbeitgeberseite unternommen, dieses Gleichgewicht durch neu gegründete Gewerkschaften zu unterlaufen. Aktuell wird gerade die möglicherweise vom Briefzusteller PIN und dem holländischen Unternehmen TNT gegründete Gewerkschaft *Neue Brief- und Zustelldienste* vor dem Arbeitsgericht auf ihre finanzielle Unabhängigkeit überprüft. Diese ist zwingend notwendig, damit sie als Gewerkschaft anerkannt werden kann. Das Erfordernis einer Parität der Tarifpartner für ein funktionsfähiges Tarifwerk ist im Allgemeinen anerkannt. Umstritten ist jedoch die Definition des Terminus „Parität". Die Ansichten in der Rechtsprechung lassen sich in zwei Gruppen aufteilen, die Vertreter des formellen und die Vertreter des materiellen Paritätsbegriffs. Die Vertreter des formellen Paritätsbegriffs fordern die formelle Gleichheit.[111] Auf eine Prüfung des Kräfteverhältnisses wird verzichtet. Die Vertreter eines materiellen Paritätsbegriffs sehen eine Chancengleichheit gewahrt, wenn die Rechtsgleichheit und eine faktische Gleichheit der Sozialpartner besteht.[112] Beide Darstellungen erkennen unabhängig voneinander die normative Rechtsgleichheit als Voraussetzung für eine Parität an. Die Tarifpartner

---

[111] Vgl.: BAG AP Nr. 1 zu Art. 9 GG Arbeitskampf.
[112] Vgl.: BAG AP Nr. 64, 65, 66 zu Art. 9 GG Arbeitskampf.

sollen unabhängig von staatlichen Einflüssen ihre Arbeitsbedingungen autonom regeln. Dies setzt eine Rechtsgleichheit voraus, der Staat hat die Aufgabe, beide Sozialpartner rechtlich gleich zu behandeln. Die Rechtsgleichheit allein verschafft den Koalitionen aber noch lange keine Parität in ihrer Mächtigkeit. Eine rechtliche Gleichheit ist kein Grund dafür, auf die Bedürfnisse des schwächeren Partners Rücksicht zu nehmen. Deshalb ist eine interessengerechte Tarifverhandlung nur bei tatsächlich gleicher Stärke möglich. Daher setzt Parität ein funktionierendes Tarifvertragssystem, eine materielle Parität voraus. Aus der Klärung des Paritätsverständnisses, gemäß Art. 9 III GG, erfolgt noch nicht die Beantwortung der Frage, inwieweit der Staat die Möglichkeit hat oder sogar dazu verpflichtet ist, eine der beiden Koalitionsparteien bei einer partiellen Machtlosigkeit zu fördern. Die Tarifautonomie resultiert aus der Koalitionsfreiheit gemäß Art. 9 III GG, diese soll garantieren, dass die Sozialpartner ihre Angelegenheiten autonom regeln können, also ohne jegliche staatliche Einflussnahme. Der Terminus der staatlichen Neutralität wird jedoch in der Rechtsprechung unterschiedlich definiert. Die Definitionen reichen von passiver/erhöhter bis zu fördernder/positiver Neutralität des Staates.[113] Eine passive Neutralität bedeutet, dass der Staat die gegebenen Kräfteverhältnisse der Tarifpartner respektieren soll. Die fördernde Neutralität hingegen gesteht dem Staat das Recht zu, Normen zu vereinbaren, durch die die Parität der Tarifpartner untereinander gewahrt resp. wiederhergestellt werden kann.[114] Der Art. 9 III GG sichert nicht nur die Koalitionsfreiheit, sondern ist auch ein Abwehrrecht, um sich vor Eingriffen des Staates zu schützen. Falls jedoch der Staat einen Sozialpartner fördert, ist er nicht mehr neutral und die Koalitionen sind nicht mehr unabhängig und autonom. Der Staat muss in diesem Fall sehr vorsichtig vorgehen und darf weder zu Gunsten noch zu Lasten eines Tarifpartners intervenieren. *„Das GG hat die tarifliche Regelung der Arbeitsbedingungen einem freiheitlichen Verfahren ohne staatliche*

---

[113] Vgl.: Andelewski 2001, S. 281.
[114] Vgl.: Andelewski 2001, S. 281.

Einflussnahme überantwortet. Dies verbietet grundsätzlich einseitige Eingriffe des Staates."[115]
Wie kann die Förderung einer Tarifpartei aussehen? Denkbar ist, dass der Staat die Tarifpartei passiv oder aktiv unterstützt. Man kann sich diesbezüglich eine direkte Förderung durch finanzielle Zuschüsse vorstellen oder eine rechtliche Unterstützung durch eine paritätsfördernde Gesetzgebung. Bei einer vollkommenen Untätigkeit des Staates kann es jedoch schnell zu unverhältnismäßigen Tarifverhandlungen kommen, indem der machtlose Verhandlungspartner so stark unter Druck gesetzt wird, dass Tarifverträge zustande kommen, die ein soziales Ungleichgewicht bewirken. Eine Nicht-Einmischung des Staates kann dann zur Folge haben, dass soziale Missstände begünstigt werden. Ein Ziel für die Vertreter der fördernden Neutralität ist es, die materielle Parität der Tarifpartner zu gewährleisten resp. wiederherzustellen. Nur bei einer tatsächlich existierenden Parität der Sozialpartner ist eine funktionsfähige Tarifautonomie wirksam. Wenn jedoch gesellschaftliche Gruppen auf staatliche Hilfe angewiesen sind, sind sie nicht mehr autonom, sondern beeinflussbar und abhängig. Die Intention hinter Art. 9 III GG soll aber diese Abhängigkeit gerade verhindern, indem die Verantwortung zur Bildung von Normen im Arbeits- und Wirtschaftssektor autonomen Koalitionen übertragen wird. Die Konsequenz einer funktionierenden Autonomie ist die, dass die Parteien selbst dafür Sorge zu tragen haben, wie ein Ungleichgewicht zu kompensieren ist. Art. 9 III GG stellt klar, dass die Koalitionspartner in einem Konflikt ein Höchstmaß an Eigeninteresse durchsetzen können. Setzt sich einer dieser Partner durch, so ist dies naturgemäß eine Niederlage für den anderen, dies könnte man auf ein Ungleichgewicht zurückführen. Würde es jedoch keinerlei Ungleichgewicht geben, würden ununterbrochen Arbeitskämpfe geführt werden und die Sozialpartner müssten enorme wirtschaftliche Verluste in Kauf nehmen. Die Intention eines Arbeitskampfes ist es aber, eine der beiden Parteien so zu schwächen, dass ein Höchstmaß an Eigeninteresse

---

[115] Vgl.: Andelewski 2001, S. 281, 2. Absatz.

durchgesetzt werden kann. Eine völlige Parität der Parteien würde den Arbeitskampf enorm erschweren oder sogar verhindern. Dies würde jedoch in Art. 9 III GG eine Imparität implizieren, die im Freiheitsrecht eine Legitimation der Chancenungleichheit einschließt. Der Staat ist nicht dazu angehalten, Disparitäten auszugleichen, die nicht strukturell bedingt sind, sondern auf der inneren Schwäche einer Koalition beruhen.[116] Im Umkehrschluss lässt sich schlussfolgern, dass der Gesetzgeber nur Disparitäten ausgleicht, die durch eine Rechtsverordnung negative Ergebnisse hervorbrachte und im eigentlichen Sinne diese Ergebnisse selbstverschuldet hat. Man muss sich die Frage stellen, ob eine aus Art. 9 III GG abgeleitete Legitimation oder sogar eine Verpflichtung des Staates zur Intervention bei Tarifverhandlungen nicht am Ende über das Ziel hinaus schießt und eine Überdehnung des Grundrechts der Koalitionsfreiheit darstellt.[117] Wenn man die Historie genauer betrachtet, sieht man immer wieder, dass sich unabhängig vom Staat Koalitionen bilden, die sich unter anderem auch gegen diesen richten können. Unter diesem Aspekt verwundert es doch ein wenig, wenn man das Abwehrrecht, welches im Art. 9 III GG verankert ist, dazu benutzt, um bei Koalitionen zu intervenieren, um die notwendige formelle oder materielle Parität herzustellen. Diese Aspekte, explizit das Autonomieargument, lassen schlussfolgern, dass jede Form der staatlichen Intervention bei einer partiellen Machtlosigkeit einer Koalition zu verbieten ist. Im Jahr 1954 hat das BVerfG bei einer seiner ersten Entscheidungen zu Art. 9 III GG bereits festgestellt: *„dass ein Tarifvertragssystem im Sinne des modernen Arbeitsrechts staatlicherseits überhaupt bereitzustellen ist und dass die Partner dieser Tarifverträge notwendig frei gebildete Koalitionen sind."*[118] Das dargestellte Tarifvertragssystem ist also nur funktionsfähig bei materieller Parität der Sozialpartner. Die Judikative ist verpflichtet, Rahmenbedingung zu schaffen, bei denen bestehende Machtdefizite auf Dauer abzuschaffen sind. Dies kann nur mittelfristig durch eine paritätsgewährende und pa-

---

[116] Vgl.: BVefG 92, S. 365, 396.
[117] Vgl.: Andelewski S. 284.
[118] Vgl.: BVerfG 4, S. 96, 106=AP Nr. 1 zu Art. 9 GG.

ritätsfördernde Organisationsgesetzgebung gewährleistet werden. Ein direkter staatlicher Eingriff ist aus den dargelegten Gründen jedoch abzulehnen und mit Art. 9 III GG unvereinbar. Die staatliche Subventionierung der Sozialpartner ist ein Eingriff in die Autonomie und verletzt die staatliche Neutralitätspflicht, damit einhergehend liegt ein Verstoß gegen Art. 9 III GG vor. Solch ein Eingriff ist unzulässig und abzulehnen. Der Staat kann zwar rechtliche Rahmenbedingungen schaffen, das Funktionieren einer Tarifautonomie kann er jedoch nicht garantieren. Es besteht weder ein Verhandlungszwang noch die Möglichkeit eines Zwanges zum Abschluss eines Tarifvertrages.[119] Darüber hinaus hat der Staat die Möglichkeit, über Mandatsträger oder deren Stellvertreter Einfluss auf Tarifverhandlungen zu nehmen und Stellung zu beziehen. Die Tarifautonomie ist ein notwendiger Bestandteil unserer Gesellschaft, die Verantwortung für unsere Gesellschaft obliegt dem Staat, ergo hat dieser ein Recht darauf, in Fragen des Gemeinwesens Stellung zu beziehen. Diese Äußerungen dürfen in unserer durch Medien geprägten Gesellschaft nicht unterbewertet werden. Wenn reale Anstrengungen unternommen werden, die gesetzeskonform sind, hat der Staat genügend Macht, Disparitäten auszugleichen, ohne einen Sozialpartner zu benachteiligen.

1. Die bereits existierenden Möglichkeiten der staatlichen Festsetzung von Mindestarbeitsbedingungen

Ein Mindestschutz aller Arbeitnehmerinnen und Arbeitnehmer besteht gemäß MiArbG und § 138 BGB. Laut § 4 IV MiArbG werden die Mindestarbeitsbedingungen und die unterste Entgeltgrenze und damit einhergehend die sonstigen Arbeitsbedingungen festgelegt. Eine Gewährleistung zur notwendigen Befriedigung der Bedürfnisse der Arbeitnehmerinnen und Arbeitnehmer ist dadurch sichergestellt. Die Vorschriften im MiArbG und § 138 BGB werden durch weitere Normen intensiviert. Die Normen in den §§ 5 TVG und 1 ff. AEntG erstrecken den Tarifvertrag auf Arbeitsverhältnisse, die bisher nicht erfasst wurden. Tariflich vereinbarte Arbeitsbedingungen sind in der Regel angemessen, durch

---

[119] Vgl.: BAG AP Nr. 1, 3 zu § 1 TVG Verhandlungspflicht.

die genannten Normen werden diese Arbeitsbedingungen auf andere Regelungen übertragen und verhindern somit unzumutbare und unbillige Arbeitsbedingungen. Gemäß § 22 HAG wird Fremden, bei denen kein Tarifvertrag besteht, damit ein tariflicher Schutz gewährt. Dadurch wird für fremde Hilfskräfte ein Schutz sichergestellt, welcher den des MiArbG und des § 138 BGB weit übersteigt. Die Regelungen in den §§ 612 II BGB und 59 HGB stellen sicher, dass den Arbeitnehmerinnen und Arbeitnehmern im Falle, dass kein Vertrag geschlossen wurde, dennoch die ortsübliche Vergütung zusteht. Darüber hinaus gilt der allgemeine arbeitsrechtliche Gleichbehandlungsgrundsatz für Arbeitnehmerinnen und Arbeitnehmer. An dieser Stelle ist es notwendig, sich zu vergegenwärtigen, dass es neben den bereits existierenden Normen, also den für alle Arbeitnehmerinnen und Arbeitnehmer geltenden §§ 138 BGB und 1 ff. MiArbG, Sonderregelungen für EU-Staatsbürger gemäß Art. 39 II EGV, im Baugewerbe gemäß § 1 ff. AEntG, für den Seeschifffahrtsassistent gemäß § 1 II AEntG, für nicht organisierte Arbeitnehmer und Außenseiter gemäß § 5 TVG, für fremde Hilfskräfte gemäß § 22 HAG, für Handelsgehilfen gemäß § 59 HGB, für Auszubildende gemäß § 10 BBiG, für Teilzeitkräfte gemäß § 2 I BeschFG und für die Geschlechter gemäß § 612 III BGB und Art. 119 EGV zuständig sind, um hier nur einige Beispiele zu nennen. Hierbei ist anzumerken, dass jede Regelung für sich sinnvoll ist und nicht die Tarifautonomie tangiert. Weitere Vorschriften, die indirekt zur Festigung von Mindestarbeitsbedingungen in der deutschen Gesetzgebung beitragen können, sind die Tatbestände des so genannten „Wuchers" gemäß §§ 302a I Nr. 3, 4 StGB, 15a AÜG und 406 SGB III. Diese Normen stellen, soweit noch weitere Tatbestandsmerkmale erfüllt sind, Arbeitsbedingungen, die in einem auffälligen Missverhältnis zwischen Leistung und Gegenleistung stehen, unter Strafe. Explizit bedeutet dies, dass Arbeitgeber, die Arbeitnehmerinnen und Arbeitnehmer für einen Lohn beschäftigen, der unterhalb der Grenze der §§ 138 BGB und § 4 IV MiArbG liegt, den Straftatbestand einer kriminellen Handlung erfüllen können. Die Normen der §§ 302a I Nr. 3, 4 StGB, 15a AÜG und 406 SGB III unterstützen somit den durch

§§ 1 ff. MiArbG und 138 BGB gewährleisteten Mindestschutz der Arbeitnehmerinnen und Arbeitnehmer.

V. Zwischenfazit

Die bereits vorhandenen staatlichen Normen zur Festsetzung von Mindestarbeitsbedingungen durch weitere Ergänzungen der Vorschriften durch neue Normen zu verstärken, ist letztendlich eine rechtspolitische Entscheidung. Die Forderung nach einem starken Bürger, der vom Staat allumfassend geschützt wird, bedeutet eine Ergänzung der bereits vorhandenen Vorschriften. Diejenigen, die mehr auf Eigenverantwortlichkeit setzen und die Freiheit des Bürgers betonen, vertreten dagegen die Auffassung, dass die Gemeinschaft aller nicht jeden sozialen Notstand einiger weniger[120] ausgleichen könne. Eine Ausweitung des MiArbG und des § 138 BGB führt unweigerlich zu einer gesetzlichen Unterbindung von unzulässigen und unzumutbaren Arbeitsbedingungen. Jedoch ist zu bedenken, dass ein so weit reichender staatlicher Eingriff die Normsetzungskompetenz der Tarifparteien enorm beschneiden kann. In diesem Kontext ist der stetige Rückgang an Mitgliederzahlen der Gewerkschaften zu berücksichtigen. Eine strukturelle Veränderung der Wirtschaft, die Europäisierung resp. die Globalisierung der Wirtschaftsmärkte, eine Differenzierung der Arbeitnehmerinteressen, Identitätsprobleme einiger Mitglieder und Funktionäre mit ihren Interessenvertretungen sowie der teilweise massive Ansehensverlust der Gewerkschaften, besonders im Osten der Republik, können zu der Situation einer partiellen Machtlosigkeit der Gewerkschaften führen, die wiederum die Forderung nach einem gesetzlichen Eingriff nach sich ziehen kann. Der hierbei entstehende Konflikt, der notwendigerweise eine gesetzliche Re-

---

[120] Vgl.: http://www.sueddeutsche.de/deutschland/artikel/636/170140/(10.06. 2008) „**Jede vierte Familie ist arm**. In Deutschland sollen immer mehr Menschen von Armut betroffen sein. Eines der größten Risiken scheinen immer noch Kinder zu sein: Denn Familien leben überdurchschnittlich häufig von Einkünften, die unterhalb der Armutsgrenze liegen. Jede vierte Familie in Deutschland (26 Prozent) fällt laut einem Bericht des *Spiegel* unter die Armutsgrenze."

gelung gemäß Art. 9 III GG[121] erfordert, muss nach den Grundzügen der praktischen Konkordanz erfolgen. Für einen Lösungsvorschlag, um diesen Konflikt zu bewältigen, damit wieder eine Parität entstehen kann, die zwingend notwendig ist, um ein funktionsfähiges Tarifsystem zu erhalten, wäre die Möglichkeit in Betracht zu ziehen, die im TVG verankerte 50 %-Klausel zur Implementierung der tariflichen Allgemeinverbindlichkeit neu zu überdenken und diese Klausel zu modifizieren. Solch eine Modifizierung impliziert die Reduktion der 50 %-Hürde auf ein geringeres, der heutigen Situation angepasstes Maß. Dies wäre eine Lösung, bei der nicht die Gefahr besteht, dass der Staat in die Tarifautonomie eingreifen müsste. Dadurch wäre die staatliche Neutralitätspflicht gewahrt und eine Parität, wenn auch verstärkt im Osten Deutschlands, gewährleistet, denn dort geht die Zahl der Tarifabschlüsse immer weiter zurück.[122] Jedoch kann es dennoch selbst bei einer ausreichend gegebenen Mächtigkeit der Gewerkschaft bei der Durchsetzung ihrer Forderungen zu Schwierigkeiten kommen. Im Jahr 2003 versuchte die IG Metall, eine bundesweite Einführung der 35-Stundenwoche durch einen Arbeitskampf zu implementieren. Die notwendige Mächtigkeit besaß und besitzt die IG Metall damals wie heute. Die Resonanz bei den Bürgerinnen und Bürgern auf diese Forderung war jedoch ablehnend und die IG Metall scheiterte mit ihrem Versuch, nicht zuletzt, da sich die notwendige interne Solidarität abschwächte. Ohne einen solidarischen Dritten ist es enorm schwierig, auch bei einer Parität der Mittel, seine Forderungen so umzusetzen, dass nicht nur die eigenen Mitglieder zu-

---

[121] Vgl.: Art. 9 III GG, „Das Recht, zur Wahrung und Förderung der Arbeits- und Wirtschaftsbedingungen Vereinigungen zu bilden, ist für jedermann und für alle Berufe gewährleistet. Abreden, die dieses Recht einschränken oder zu behindern suchen, sind nichtig, hierauf gerichtete Maßnahmen sind rechtswidrig. Maßnahmen nach den Artikeln 12a, 35 Abs. 2 und 3, Art. 87a Abs. 4 und Art. 91 dürfen sich nicht gegen Arbeitskämpfe richten, die zur Wahrung und Förderung der Arbeits- und Wirtschaftsbedingungen von Vereinigungen im Sinne des Satzes 1 geführt werden."

[122] Vgl.: Tarifarchiv der Hans Böckler Stiftung, Die Zahl der Beschäftigten im Westen Deutschlands mit Tarifbindung ist seit 1998 von 76 % auf 65 % im Jahr 2006 gesunken. Im Osten ist die Zahl von 63 % 1998 im Jahr 2006 auf 54 % gesunken. http://boeckler.de/549_19392.html (Zugriff am: 11.06.2008).

frieden sind, sondern auch eine Akzeptanz in der Bevölkerung entsteht. Die Normen des MiArbG schaffen die Möglichkeit einer Untergrenze von Entgelten, die wiederum so hoch sein muss, dass soziale Notstände signifikant gemindert werden können. Andererseits muss diese Untergrenze höher liegen als die Transferleistungen, die Arbeitslose oder Arbeitsuchende erhalten. Eine Änderung des bereits seit 1952 bestehenden MiArbG und bis heute noch nie angewandten Gesetzes ist unablässig. Bei einer Beibehaltung der 50 %-Klausel im TVG ist es unabdingbar, für alle anderen Arbeitnehmerinnen und Arbeitnehmer, die nicht einer Tarifbindung unterliegen, also alle, die sich unter der 50 %-Hürde befinden, das MiArbG neu zu gestalten, so dass diese einen Anspruch auf einen gesetzlichen Mindestlohn haben. Das MiArbG und der § 138 BGB gewährleisten einen ausreichenden Schutz der Arbeitnehmerinnen und Arbeitnehmer. Der § 138 BGB verhindert zwar unzumutbare Arbeit, jedoch keine unbilligen Arbeitsbedingungen, dafür ist das MiArbG zuständig. Allerdings ist eine Vergütungsvereinbarung, die gegen § 138 BGB verstößt, unwirksam und die Arbeitnehmerinnen und Arbeitnehmer haben gemäß § 612 II BGB einen Anspruch auf eine ortsübliche Vergütung. Dieser Schutz ist absolut ausreichend, wenn in der Praxis gegen Verstöße dieser Art vorgegangen wird. Es muss jedoch darauf geachtet werden, dass der Gesetzgeber eindeutig definiert, welcher Lohn sittenwidrig ist und wie man den ortsüblichen Lohn bestimmt. Ein Lösungsvorschlag wäre, den regionalüblichen Tariflohn in Betracht zu ziehen, damit würde man Missverständnissen entgegentreten. Durch derartige kleine Präzisierungen würde die aktuelle Gesetzgebung auch heute noch ein adäquates Instrumentarium zur Regulierung des deutschen Arbeitsmarktes darstellen.

Teil 2   Die Reform des Arbeitsmarktes

I. „Trotz Fleiß keinen Preis"[123]

Vor dem Hintergrund einer zu hohen Arbeitslosigkeit, explizit bei Personen mit Vermittlungshindernissen, werden in der breiten Öffentlichkeit sowie in Politik und Wirtschaft gegenwärtig in vielfältiger Weise die Themen Niedriglohnsektor, Kombilohn und Mindestlohn diskutiert. Dieser Teil der Arbeit setzt sich mit der These auseinander: *„Die neuen Modelle zur Bekämpfung der Arbeitslosigkeit werden den deutschen Arbeitsmarkt signifikant verändern."*

Zu dieser These besteht ein erheblicher Diskussionsbedarf, insbesondere zu den Möglichkeiten und Grenzen von Kombilohn und Mindestlohn. Die nach wie vor unbefriedigende Lage auf dem Arbeitsmarkt lässt die Akteure mit Vorschlägen für ein tragfähiges Konzept zur Überwindung der Arbeitsmarktsituation nicht verstummen. Im Folgenden werde ich die meines Erachtens nach wichtigsten Konzepte zur Arbeitsmarktregulierung vorstellen und anhand verschiedener Kriterien empirisch analysieren. Die Kriterien dieser deskriptiven Analyse sind: ein europäischer Vergleich der verschiedenen bereits implementierten Modelle und der vorgeschlagenen Alternativmodelle und die daraus resultierende Kritik an den Vorschlägen von Gewerkschaften und Wissenschaftlern. Der Themenbereich Niedriglohnsektor und dessen Expansion werden in der öffentlichen Meinung unter zwei verschiedenen Aspekten diskutiert, nämlich zum einen unter dem Aspekt der sozialpolitischen und zum anderen unter dem der rechtlichen Vereinbarkeit.[124] In der Diskussion werden von Arbeitgeberverbänden, Gewerkschaften, Wissenschaftlern sowie der Politik bspw. stärkere Anreize für Arbeit im niedrig entlohnten Sektor gefordert, indem staatliche Subventionen die Lohnkosten für

---

[123] Vgl.: Peter: 1995, S. 36
[124] Vgl.: Niedriglohnsektor und Lohnsubventionen im Spiegel des Arbeits- und Sozialrechts: 2000, S. 24.

den Arbeitgeber senken, während das Einkommen des Arbeitnehmers durch ein Erhöhen des Mindestlohns de facto aufgestockt wird.[125]

In der Öffentlichkeit werden die Diskussionen um die staatliche Festlegung von Mindesteinkommen in der Bundesrepublik Deutschland branchenübergreifend geführt. Deren Einführung soll, wie von verschiedenen Seiten gefordert wird, analog zum bereits bestehenden Entsendegesetz in der Baubranche implementiert werden. Diese Lohnsubvention soll einen Niedriglohnsektor in Deutschland festigen respektive ihn sozial verträglich gestalten.

II. Schaffen Kombilöhne Arbeitsplätze?

Deutschland befindet sich, wie auch andere Industrienationen, in einem Transferprozess zu einer *„Wissensgesellschaft"*.[126] Der Hochtechnologie- und Hochlohnstandort Deutschland benötigt immer mehr professionelle und sehr gut ausgebildete Arbeitnehmerinnen und Arbeitnehmer. Nur durch die Spezialisierung auf hochwertige, anspruchsvolle Produkte kann längerfristig mit den ausländischen Anbietern am Markt konkurriert werden. Technische Innovationen und der sich öffnende Markt in anderen Teilen der Welt haben unter anderem auch in Deutschland zu einer stetig voranschreitenden Wegrationalisierung und Verlagerung von Produktionsstätten und Arbeitsplätzen geführt. Verschiedene Lösungsstrategien sollen langfristig dazu führen, diese Situation zu entschärfen. Die unten aufgeführte Tabelle veranschaulicht die Arbeitslosigkeit in Deutschland unter gering qualifizierten Personen im europäischen Vergleich.

---

[125] Vgl.: Niedriglohnsektor und Lohnsubventionen im Spiegel des Arbeits- und Sozialrechts: 2000, S. 24.
[126] Vgl.: **Geringqualifizierte – Verlierer am Arbeitsmarkt?!**: 2003, S. 13.

Abbildung 3: Arbeitslosigkeit unter gering qualifizierten Personen im europäischen Vergleich[127]

Land	Geringqualifizierte (Alter 25 bis 64 Jahre)			Gesamtbevölkerung (Alter 15 bis 64 Jahre)	
	Arbeitslosen- quote[1]	Erwerbs- quote[4]	Langzeitarbeits- lose (Quote)[2]	Arbeitslosen- quote[3]	Erwerbs- quote[4]
Deutschland	20,5	48,6	53,8	9,5	73,1
Belgien	11,7	49,4	49,6	8,4	66,2
Dänemark	7,8	62,6	22,6	5,5	80,6
Frankreich	13,1	59,6	41,6	9,6	69,8
Irland	6,4	17,3	34,3	4,5	69,8
Italien	7,8	31,6	49,7	8,0	63,4
Japan	6,7	66,7	33,7	4,7	78,1
Niederlande	5,7	59,0	32,5	4,6	72,0
Österreich	7,8	52,2	27,6	4,9	70,8
Schweden	6,5	67,0	18,9	6,4	77,1
Spanien	7,3	57,5	37,7	10,6	68,9
Vereinigtes Königreich	5,0	53,0	21,4	4,7	72,7
Vereinigte Staaten	10,5	36,5	12,7	5,5	71,2

1) Anteil der arbeitslosen erwerbstätigen Geringqualifizierten an allen Geringqualifizierten jeweils im Alter von 25 bis 64 Jahren. - 2) Anteil der Langzeitarbeitslosen an allen Arbeitslosen. - 3) Anteil der Arbeitslosen an allen Erwerbspersonen. - 4) Anteil der Erwerbstätigen an der Gesamtbevölkerung im erwerbsfähigen Alter von 15 bis 64 Jahren.

Ein Modell zur Reduzierung der Arbeitslosenzahlen ist der Kombilohn, ein Vorschlag, der oft heftig kritisiert und immer wieder in modifizierter Form in der Öffentlichkeit von den einzelnen Akteuren vorgetragen wird.

1. Bestandsaufnahme der Modelle zur Generierung neuer Beschäftigungsmöglichkeiten durch Kombilöhne und Alternativvarianten

Noch immer wird kontrovers über die verschiedenen Vorschläge zur Bekämpfung von Arbeitslosigkeit debattiert. Dabei wird häufig übersehen, dass wir bereits seit langer Zeit verschiedene Modelle für wettbewerbsschwächere Arbeitnehmerinnen und Arbeitnehmer etabliert haben, um diesen neue Perspektiven am Arbeitsmarkt zu eröffnen. Signifikant ist dabei die unbefristete Hinzuverdienstmöglichkeit von Empfän-

---

[127] Vgl.: **Sachverständigenrat zur Begutachtung der gesamtwirtschaftlichen Entwicklung**: 2006, S. 9.

gern von Arbeitslosengeld, geregelt im Sozialgesetzbuch II und III. Den Empfängern von ALG I wird gestattet, 165 € zum ALG-Bezug hinzuzuverdienen. Beträge, die darüber hinausgehen, werden auf die Transferleistungen angerechnet. Ebenfalls enthalten die so genannten MINI- und MIDI-Jobs Kombilohnelemente. Bei einem Einkommen zwischen 400–800 € werden die sozialversicherungspflichtigen Beiträge bezuschusst. Das sind nur einige Modelle von vielen, die bereits in Deutschland etabliert sind. Wenn es also in der Diskussion um die Etablierung von Kombilohnmodellen gehen soll, dann ist es unzutreffend zu behaupten, derartige Modelle würden derzeit nicht existieren, da es vielmehr um die Expansion der bereits vorhandenen Formen geht. Vier Aspekte kommen diesbezüglich besonders zum Tragen:

1. **Arbeitsanreiz:** Hauptansatzpunkt der Kombilohnvorschläge für Bezieher von Transferleistung soll sein, dass sich die Aufnahme einer Tätigkeit im Vergleich zum Verbleib im Transferbezug lohnen soll. Aus der Perspektive der Ökonomen erhöht sich dadurch die Suchintensität nach einer regulären Beschäftigung. Anzumerken ist jedoch, dass die Gefahr besteht, dass Mitglieder einer Bedarfsgemeinschaft infolge des Lohnzuschusses ihr Engagement, eine Tätigkeit aufzunehmen, zurückfahren könnten.[128]

2. **Beschäftigungsanreize für Unternehmer:** Ein eindeutiger Anreiz für Unternehmer, gering qualifizierte Personen einzustellen, besteht nur dann, wenn die staatlichen Zuschüsse zu Lohnzugeständnissen auf Arbeitnehmerseite führen und es dadurch zu einer signifikanten Lohnkürzung kommt.[129]

3. **Staatsausgaben:** Um Kosten zu sparen, muss die Höhe der Grundsicherung neu ausgehandelt werden. Bei der momentanen Höhe der Grundsicherung würden automatisch mehr Personen ein Anrecht auf Transferleistungen erhalten, auch wenn diese bereits einen Job

---

[128] Vgl.: **Fachtagung „Arbeitsplätze schaffen durch Kombilöhne?"**, 2006, S. 18.
[129] Vgl.: Fachtagung „Arbeitsplätze schaffen durch Kombilöhne?", 2006, S. 18.

haben, der aber nicht ausreicht, um ein Existenzminimum zu gewährleisten.[130]

4. **Verteilungsprobleme**: Der einzige Weg für eine adäquate Finanzierung von Hinzuverdienstmöglichkeiten besteht darin, die Grundsicherung abzusenken. Diese flankierende Maßnahme ist jedoch mit Armutsrisiken bei den betroffenen Personen verbunden.[131]

Abbildung 4: Existierende Kombilohnansätze[132]

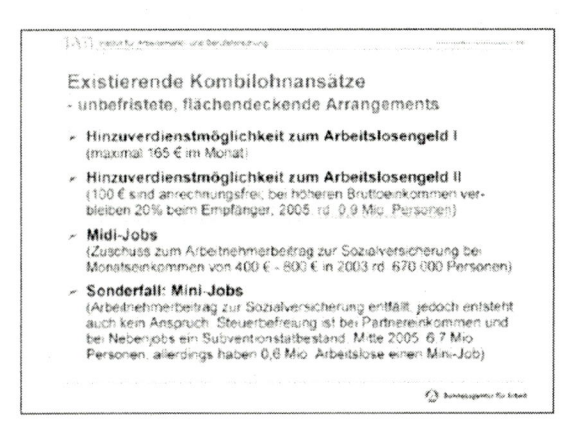

```
Existierende Kombilohnansätze
- unbefristete, flächendeckende Arrangements

▸ Hinzuverdienstmöglichkeit zum Arbeitslosengeld I
  (maximal 165 € im Monat)
▸ Hinzuverdienstmöglichkeit zum Arbeitslosengeld II
  (100 € sind anrechnungsfrei; bei höheren Bruttoeinkommen ver-
  bleiben 20% beim Empfänger, 2005 rd. 0,9 Mio. Personen)
▸ Midi-Jobs
  (Zuschuss zum Arbeitnehmerbeitrag zur Sozialversicherung bei
  Monatseinkommen von 400 € - 800 € in 2003 rd. 670.000 Personen)
▸ Sonderfall: Mini-Jobs
  (Arbeitnehmerbeitrag zur Sozialversicherung entfällt, jedoch entsteht
  auch kein Anspruch. Steuerbefreiung ist bei Partnereinkommen und
  bei Nebenjobs ein Subventionstatbestand. Mitte 2005 6,7 Mio.
  Personen, allerdings haben 0,8 Mio. Arbeitslose einen Mini-Job)
```

2. Magdeburger Alternativmodell[133]

Das Konzept des Magdeburger Modells zielt darauf ab, den betroffenen Personen Anreize zu vermitteln und gleichzeitig die Kosten für die Arbeitgeber zu senken, ohne dass die Geringqualifizierten einen realen Nettolohnverlust in Kauf nehmen müssen. Um die Kosten für den Arbeitgeber zu senken, werden bei einer Neueinstellung von ALG II-Empfängern, die den tariflichen Mindestlohn erhalten, die gesamten Sozialversicherungsbeiträge auf der Arbeitnehmer- und der Arbeitgeberseite

---

[130] Vgl.: Fachtagung „Arbeitsplätze schaffen durch Kombilöhne?", 2006, S. 18.
[131] Vgl.: Fachtagung „Arbeitsplätze schaffen durch Kombilöhne?", 2006, S. 18.
[132] Vgl.: Fachtagung „Arbeitsplätze schaffen durch Kombilöhne?", 2006, S. 26.
[133] Vgl.: Fachtagung „Arbeitsplätze schaffen durch Kombilöhne?", 2006, S. 60–62.

vollkommen erstattet. Dies würde eine Reduzierung der Arbeitskosten um 35 % bedeuten. Um Verdrängungseffekte regulär entlohnter Beschäftigter im Unternehmen zu vermeiden, muss die Zahl neu angestellter ALG II- oder Sozialhilfebezieher gegenüber einem festgelegten Stichtag ansteigen. Die Sozialversicherungsbeiträge werden nur dann erstattet, wenn die Anzahl der Beschäftigten de facto ansteigt. Diese Subventionsmaßnahme kann nur derjenige in Anspruch nehmen, der tatsächlich keine Arbeit findet. Wer in der Lage ist zu arbeiten, diese Arbeit aber aus nicht zulässigen Gründen ablehnt, muss dagegen mit drastischen Konsequenzen seitens der zuständigen Behörde rechnen. Eine Modellrechnung für Deutschland hat ergeben, dass das *Magdeburger Modell* insgesamt 1,7 Mio. Arbeitsplätze schaffen kann. Die Subventionierung eines Arbeitsplatzes, der neu geschaffen und durch den Einsatz eines ALG II-Empfängers besetzt wird, kostet den Staat keine zusätzlichen Ausgaben. Die Leistungsansprüche gegenüber der Sozialversicherung ändern sich nicht, es werden jedoch Kosten bei der Unterkunft und beim Bezug von ALG II eingespart. Jeder Bezieher von Transferleistungen, der eine neu geschaffene Arbeitsstelle besetzt, führt zu einer Ersparnis von jährlich 11.300€.[134] Demgegenüber stehen Kosten durch die Subventionierung der Sozialversicherungsbeiträge in Höhe von 7.600€.[135] Ohne Berücksichtigung des möglichen Einsparpotentials kommt es zu einer Nettoentlastung von jährlich 4,8 Milliarden €.[136] Dieses Modell zielt auf einen Umbau der sozialen Systeme ab. Es liegen zwei ausgearbeitete Konzepte vor, die eine Erprobung in Schleswig-Holstein und Nord-Vorpommern vorsehen. Andere Bundesländer wollen nachziehen. Bei diesen Modellversuchen ergeben sich aber auch folgende Probleme:

1. Es kann zu Wettbewerbsvorteilen in der Modellregion kommen.
2. Es kann zur Verdrängung regulärer Arbeitsplätze außerhalb des Modellversuchs kommen.

---

[134] Vgl.: Fachtagung „Arbeitsplätze schaffen durch Kombilöhne?", 2006, S. 61.
[135] Vgl.: Fachtagung „Arbeitsplätze schaffen durch Kombilöhne?", 2006, S. 61.
[136] Vgl.: Fachtagung „Arbeitsplätze schaffen durch Kombilöhne?", 2006, S. 61.

3. Die Modellversuche sind zeitlich befristet und ergeben keinen Anreiz zur dauerhaften Schaffung von neuen Arbeitsplätzen.

4. Der Finanzüberschuss verteilt sich auf verschiedene Gebietskörperschaften und erfordert einen „*kleinen Finanzausgleich.*"

3. Das Investivlohnmodell

Die Konjunkturlage in der Bundesrepublik unterliegt Schwankungen. Ähnlich verhält es sich mit den Vorschlägen zur Arbeitsmarktregulierung. Bereits in den 1950er Jahren war das Thema „*Investivlohn*" ‚aufgeflammt'.[137] Bundespräsident Horst Köhler sagte Ende 2005 im Magazin *Stern*, er halte die Zeit für gekommen, die Ertragsbeteiligung der Arbeitnehmer oder ihre Beteiligung am Produktivvermögen wieder auf den Tisch zu bringen.[138] Bundeskanzlerin Angela Merkel sieht dies ähnlich: „*Durch Beteiligung an der Wertsteigerung des Kapitals den Arbeitnehmern eine neue Teilhabe am Wohlstand zu geben, das heißt, Kapitalentwicklung als Teil des Lohns zu haben.*"[139] Beim Investivlohn handelt es sich um zusätzlichen Lohn neben dem normalen Lohn. Dieser soll nicht ausbezahlt werden, sondern in einen Vermögensfonds fließen, oder er wird zur Finanzierung von Investitionen in der Firma verwendet. Die Beschäftigten erhalten zur Entschädigung Belegschaftsaktien (Vorzugsaktien) des Unternehmens oder Anteilsscheine der Kapitalgesellschaften.[140] Entscheidend dabei ist, ob Investivlöhne zusätzlich zu dem tariflich gesicherten Lohn gezahlt werden oder ob die Arbeitnehmerinnen und Arbeitnehmer aufgrund der Zahlung des Investivlohns auf Lohnsteigerungen verzichten sollen. „*So finanzierte Investivlöhne würden eine Umverteilung von den Gewinnen und Vermögenseinkommen hin zu den Arbeitseinkommen bedeuten.*".[141]

---

[137] Vgl.: Investivlohn-Trostpflaster für Lohnverzicht?, 2006, S. 2.
[138] Vgl.: Stern Artikel erschienen in: **Investivlohn – Trostpflaster für Lohnverzicht?**, 2006, S. 2.
[139] Vgl.: **Handelsblatt**, 18. November 2006.
[140] Vgl.: Investivlohn – Trostpflaster für Lohnverzicht?, 2006, S. 3.
[141] Vgl.: Investivlohn – Trostpflaster für Lohnverzicht?, 2006, S. 3.

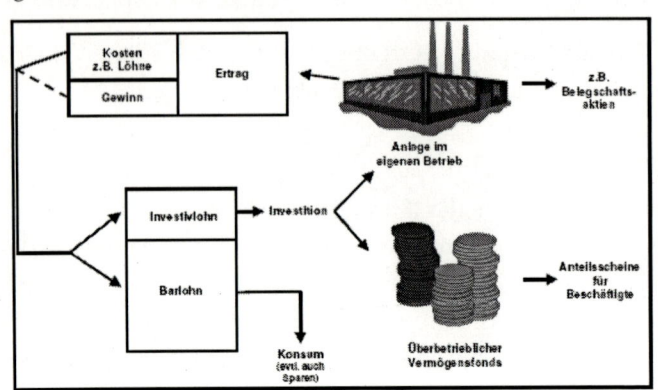

Abbildung 5: Investivlohnmodell[142]

„*Arbeitnehmerinnen und Arbeitnehmer müssen einen fairen Anteil am Volkseinkommen erhalten. Der internationale Wettbewerb macht zur Sicherung von Arbeitsplätzen Standortvereinbarungen und betriebliche Bündnisse notwendig. Deshalb sind Maßnahmen erforderlich, die die Teilhabe der Beschäftigten am Erwirtschafteten auf wettbewerbsverträgliche Weise gewährleisten.*"[143] Allerdings steht es ja jedem Beschäftigten frei, selbst Aktien zu kaufen oder sich in irgendeiner Form an dem Unternehmen zu beteiligen. Können Beschäftigte frei entscheiden, kaufen diese sich in der Regel keine Unternehmensbeteiligungen.[144]

Der Investivlohn soll die Beschäftigten zu Miteigentümern machen. Laut der Gewerkschaft *Ver.di* sehen die bis dato vorgestellten Investivlohnmodelle allerdings keine regelmäßigen Gewinnbeteiligungen oder -ausschüttungen vor. Probleme wirft solch ein Modell auf, wenn das Unternehmen vorzeitig Insolvenz anmeldet oder der Arbeitnehmer den Betrieb wechselt. *Ver.di* lehnt solche Modelle ab, wenn sie nur zum Zwecke des „*Lohndumpings*" eingeführt werden sollen.

---

[142] Vgl.: Investivlohn – Trostpflaster für Lohnverzicht?, 2006, S. 3.
[143] Vgl.: Antrag des CDU-Bundesvorstandes am 20. Parteitag in Dresden, S. 3.
[144] Vgl.: Investivlohn – Trostpflaster für Lohnverzicht?, 2006, S. 4.

In der folgenden Abbildung ist das Nettorealeinkommen der Arbeitnehmerinnen und Arbeitnehmer seit 1980 graphisch dargestellt. Sie zeigt sehr deutlich, wie die Einkommensschere zwischen den privaten Nettogewinnen und den Nettolöhnen und -gehältern auseinanderklafft.
Wie kann dabei ein Investivlohn- oder ein Kombilohnmodell helfen? In der darauf folgenden Graphik werden die bereits erprobten Kombilohnmodelle in einer Übersicht dargestellt.

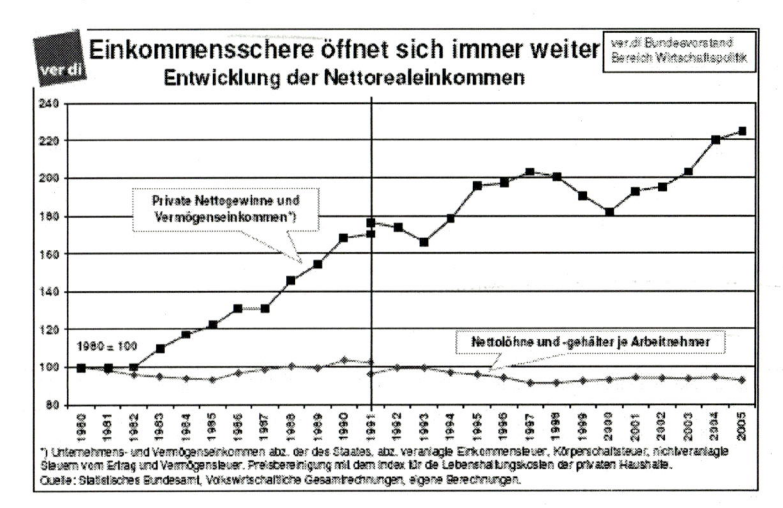

Abbildung 6: Entwicklung der Nettorealeinkommen[145]

In der Abbildung 7 ist unschwer zu erkennen, dass die verschiedenen bereits erprobten Modelle unterschiedliche Fokussierungen aufweisen. Das Mainzer Modell fördert die Arbeitnehmerseite, durch die Subventionierung der Sozialversicherungsbeiträge über einen Zeitraum von 36 Monaten, dahingegen werden Minijobs über die Sozialversicherungsbeiträge auf Arbeitgeber- und Arbeitnehmerseite, zeitlich unbegrenzt gefördert. Die verschiedenen Schwerpunktsetzungen sind sehr nützlich, da diese Modelle in unterschiedlichen Branchen und Regionen, auch unterschiedliche Wirkungen erzielen können.

---

[145] Vgl.: Investivlohn – Trostpflaster für Lohnverzicht?, 2006, S. 5.

Abbildung 7: Auswahl bereits erprobter Kombilohnmodelle[146]

Modell	Zielgruppe		Geförderte Arbeitsmarktpartei		Art der Förderung		Dauer der Förderung	
	spezifisch	allgemein	Arbeitgeber	Arbeitnehmer	Sozialversicherungsbeiträge	Löhne	befristet	dauerhaft
Mainzer Modell		Alg Geringverdiener		X	X		36 Monate	
Modell der Saar-Gemeinschaftsinitiative (SGI)	ursprünglich Geringqualifizierte und Langzeitarbeitslose, später uneingeschränkt		X		X		18 Monate	
Hamburger Modell	ursprünglich alle Arbeitslose, später nur ALG II-Empfänger			X	X		X	10 (6+4) Monate
Einstiegsgeld Baden-Württemberg	angezeitarbeitslose Sozialhilfeempfänger				X		X	12 Monate
Zuverdienst nach § 30 SGB II	ALG II-Empfänger			X		X		X
Einstiegsgeld Baden-Württemberg	angezeitarbeitslose Sozialhilfeempfänger				X		X	12 Monate
Lohnkostenzuschüsse nach § 217ff SGB III	Arbeitnehmer mit Vermittlungshemmnissen		X				X	12 bzw. 36 Monate
Entgeltsicherung nach §421j SGB III	Arbeitnehmer über 50			X	X		X	Restanspruch ALG
Beitragsbonus nach §421k SGB III	Arbeitslose über 55			X	X			X
Mini-/Midijobs		Geringverdiener und Nebenjobs	X	X	X			X

4. Kombilohnmodelle im europäischen Vergleich

Verschiedene Modelle wurden bereits vorgestellt. Dieses Kapitel stellt das Thema in einen europäischen Kontext. Es werden das britische *Working (Families) Tax Credit*-Modell (WFTC) sowie das französische Modell der *Arbeitgeberzuschüsse* und der *Beschäftigungsprämie* vorgestellt. Dies sind zwei divergente Modelle: das britische Modell zeigt eine ausgeprägte Nähe zum amerikanischen Modell *Earned Income Tax Credit*, auf dessen Grundprinzip sich die britische Regierung bei der Einführung des WFTC 1999 oder aktuell des WTC bezieht.

5. Das britische Modell: Working (Families) Tax Credit

Mit der Einführung des WFTC 1999 verfolgte die britische Regierung das Ziel, Arbeitslosen mit Kindern einen stärkeren Anreiz zu vermitteln, eine Beschäftigung anzunehmen. Zu diesem Zeitpunkt war in Großbritannien die Sozialhilfe für Haushalte mit Kindern bei einer Arbeitsaufnahme mit hohen *„Transfer-Entzugsraten"* verbunden. Dies hatte zur Folge, dass bei Haushalten mit Kindern der Transferbezug im Vergleich zu

---

[146] Vgl.: **IMK**: Nr. 8: 2006.

einem regulären Lohneinkommen deutlich lukrativer war. Es fand demnach eine zunehmende Entfremdung vom Arbeitsmarkt statt.[147] Der WFTC sollte dem entgegenwirken. Er besteht aus einer *Gutschrift*, die mit der Steuerschuld zu verrechnen ist. Seit dem Jahr 2003 gilt ein weitaus geringerer „*Grundbetrag*". Der WFTC wurde umgewandelt in den *Working Tax Credit* (WTC), nunmehr erhalten auch kinderlose Arbeitnehmerinnen und Arbeitnehmer die Gutschrift. Gleichzeitig wurde die Kinderkomponente umgewandelt in den *Child Tax Credit* (CTC). Diese Steuergutschrift erhalten nun Haushalte mit Kindern, deren Mitglieder nicht erwerbstätig sind, diese Gutschrift sinkt bei steigendem Einkommen.[148] „*Der WTC bemisst sich am Einkommen des Haushalts, also bei verheirateten Steuerpflichtigen am gemeinsamen Einkommen der Ehegatten.*"[149] Die Auszahlung erfolgt in einem zweiwöchigen Rhythmus. Das WTC hat eine „*Geringfügigkeitsschwelle*", die Anreize setzen soll, dass die geförderten Haushalte nicht in Teilzeitbeschäftigungen verharren. Es setzt eine wöchentliche Mindestarbeitszeit bei Haushalten mit Kindern von 16 Stunden und bei Haushalten ohne Kinder von 30 Stunden voraus. Geht man davon aus, dass die Bezieher der Gutschrift im Jahr 2006 den nationalen Mindestlohn erzielt haben, wird ein Lohnzuschuss im kommenden Jahr erst unter einem Einkommen von 4.000£ pro Jahr gewährt.[150]

Die Auswirkungen der Maßnahmen in Großbritannien bestehen darin, dass sich in der Gruppe der allein erziehenden Frauen die Beschäftigungsquote sowie die Anzahl der Arbeitsstunden bei den bereits Beschäftigten erhöht hat.[151] Nahezu alle Untersuchungen haben ergeben,

---

[147] Vgl.: Sachverständigenrat zur Begutachtung der gesamtwirtschaftlichen Entwicklung: 2006, S. 53.
[148] Vgl.: Sachverständigenrat zur Begutachtung der gesamtwirtschaftlichen Entwicklung: 2006, S. 53–54.
[149] Vgl.: Sachverständigenrat zur Begutachtung der gesamtwirtschaftlichen Entwicklung: 2006, S. 54.
[150] Vgl.: Sachverständigenrat zur Begutachtung der gesamtwirtschaftlichen Entwicklung: 2006, S. 54.
[151] Vgl.: Sachverständigenrat zur Begutachtung der gesamtwirtschaftlichen Entwicklung: 2006, S. 55.

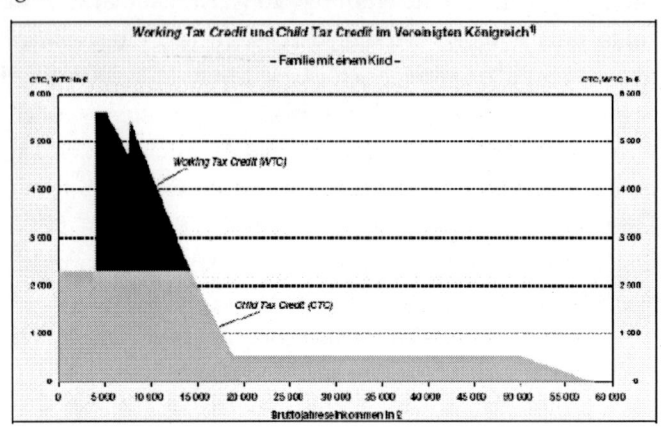

Abbildung 8: WTC und CTC in Großbritannien[152]

dass der WFTC bei Alleinerziehenden mit kleinen Kindern größere Wirkung entfaltet als bei Alleinerziehenden mit älteren Kindern.[153] Bei Beobachtungen von Paarhaushalten mit Kindern kamen dagegen sehr ernüchternde Ergebnisse zustande: sowohl der Umfang des Arbeitsangebotes des Zweitverdieners als auch der Anteil der Haushalte mit zwei Verdienern wurde nicht signifikant gesteigert.[154] Dies kann man mit den geringen Arbeitsanreizen für Zweitverdiener erklären, da sich die Bemessungsgrundlage zur Förderung nach dem gemeinsamen Einkommen richtet. Die britischen Erfahrungen beim Kombilohnmodell sind sehr aufschlussreich für eine mögliche Modifizierung eines Kombilohnmodells in Deutschland. Trotz einiger Hindernisse wurde die Arbeitslosenquote gesenkt.[155] Das Augenmerk ist auf die Einführung einer *„Geringfü-*

---

[152] Vgl.: Sachverständigenrat zur Begutachtung der gesamtwirtschaftlichen Entwicklung: 2006, S. 54.
[153] Vgl.: Sachverständigenrat zur Begutachtung der gesamtwirtschaftlichen Entwicklung: 2006, S. 55.
[154] Vgl.: Sachverständigenrat zur Begutachtung der gesamtwirtschaftlichen Entwicklung: 2006, S. 55.
[155] Vgl.: **Brewer und Brown**: 2006

gigkeitsschwelle" zu richten. Mitnahmeeffekte und der Verbleib in Teilzeitbeschäftigung werden dadurch zumindest teilweise verhindert.

6. Das französische Modell: Arbeitgeberzuschüsse und Beschäftigungsprämie

Im Vergleich zu den britischen oder US-amerikanischen Modellen weisen die kontinentaleuropäischen Modelle eine starke Einbettung in das *„Steuer-Transfer-System"* auf. Viele europäische Länder haben mit dem Recht auf ein Existenzminimum ein weitaus großzügiger praktiziertes Grundsicherungssystem als zum Beispiel die Bundesrepublik Deutschland. *„Die Bereitschaft, das Mindestsicherungsniveau zu verringern und die expliziten oder impliziten Mindestlöhne abzusenken, ist in diesen Ländern weniger stark ausgeprägt."*[156] In der Konsequenz setzen die Kombilohnmodelle hier eher auf eine Entlastung der Arbeitgeber und Arbeitnehmer durch Steuern und Sozialabgaben. Seit Anfang der 1990er Jahre wird auch in Frankreich ein Kombilohnmodell in der Praxis eingesetzt. Dieses Angebot richtet sich ausschließlich auf neu geschaffene Arbeitsstellen im Niedriglohnbereich.

Der Niedriglohnempfänger erhält einen bis zu 26 % reduzierten Arbeitgeberanteil an den Sozialabgaben. *„Bei steigendem Lohneinkommen wird die Beitragsermäßigung progressiv abgeschmolzen; ab einem Lohnsatz in Höhe des 1,6-fachen des Mindestlohns wird kein Zuschuss mehr gewährt."*[157] Im Jahr 2001 wurde eine *Beschäftigungsprämie (prime pour l' emploi)* eingeführt. Alle diejenigen, die im Niedriglohnsektor arbeiten, erhalten eine Steuergutschrift. Selbstverständlich ist diese Gutschrift an das Einkommen der zu fördernden Person und an die Größe des Haushalts gekoppelt. *„Darüber hinaus werden Partner- und Kinderzuschläge bis zu einem Einkommen von 25.376 € gewährt".*[158] Erwähnenswert ist, dass analog zum britischen

---

[156] Vgl.: Sachverständigenrat zur Begutachtung der gesamtwirtschaftlichen Entwicklung: 2006, S. 56.
[157] Vgl.: Sachverständigenrat zur Begutachtung der gesamtwirtschaftlichen Entwicklung: 2006, S. 57.
[158] Vgl.: Sachverständigenrat zur Begutachtung der gesamtwirtschaftlichen Entwicklung: 2006, S. 58.

Abbildung 9: Schaubild Beschäftigungsprämie[159]

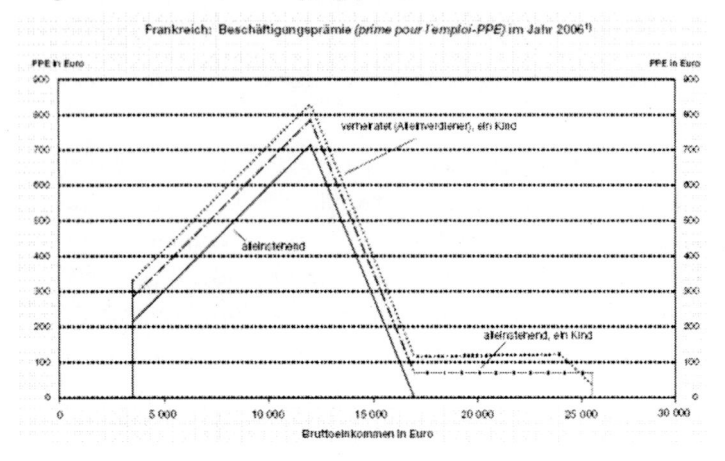

Frankreich: Beschäftigungsprämie (prime pour l'emploi-PPE) im Jahr 2006[1]

Modell eine „*Geringfügigkeitsschwelle*" existiert. Die Gutschrift wird erst bei einem Einkommen von mindestens 30 % des Mindesteinkommens gezahlt. Bei der Anzahl der zu leistenden Arbeitsstunden wurden keine Mindestanforderungen an die zu fördernden Personen gerichtet. Im Hinblick auf die Effekte, die diese den Arbeitsmarkt regulierende Maßnahme entfalten sollte, kam man bei der Untersuchung zu einem eher negativen Ergebnis.[160] Positive Ergebnisse gab es allerdings bei der Partizipation von allein stehenden Frauen mit Kindern. Die Ergebnisse zur Förderung von Sozialabgaben seitens des Arbeitgebers fallen ebenfalls positiv aus.[161] Schätzungen zufolge gab es bei einer Untersuchung Mitte der 1990er Jahre einen Beschäftigungszuwachs von 250.000 Personen. Zu berücksichtigen sind aber die immensen Kosten, die der Staat bei einer solchen Förderung zu tragen hat. „*Insgesamt ist dennoch zu schlussfolgern, dass eine Stimulierung der Arbeitsnachfrage im Niedriglohnbereich über finanzielle Anreize – vor dem Hintergrund eines vergleichsweise hohen Niveaus der*

---

[159] Vgl.: Sachverständigenrat zur Begutachtung der gesamtwirtschaftlichen Entwicklung: 2006, S. 56.
[160] Vgl.: **OECD: 2003**.
[161] Vgl.: OECD: 2003.

staatlichen Grundsicherung und einer hohen Belastung niedriger Lohneinkommen mit Steuern und Abgaben – eine Maßnahme darstellte, die in Frankreich gewisse Erfolge zeitigte."[162]

7. Die Kritik am Kombilohnmodell

Die Arbeitsmarktperspektive von Geringqualifizierten, Langzeitarbeitslosen oder Personen mit Vermittlungshindernissen ist zweifellos sehr angespannt. Mehrere Faktoren spielen hierfür eine evidente Rolle: schulische Bildung, Alter, Geschlecht, Qualifikationen und Gesundheitszustand. Diese Faktoren werden, wenn sie negativ ausfallen, im Fachjargon auch „*Vermittlungshindernisse*" genannt. Laut Claudia Weinkopf vom *Institut für Arbeitsmarkt und Berufsforschung* gibt es wenig Hinweise darauf, dass Geringqualifizierte eine einheitliche Problemlage aufweisen, der man mit einem einzigen Instrument begegnen könnte.

In der aktuellen Diskussion werden Kombilöhne als das Instrument zur Wiedereingliederung von Personen mit Vermittlungshindernissen propagiert. Ich verwende an dieser Stelle den Terminus „*Personen mit Vermittlungshindernissen*", da laut Ayla Satilmis in der Öffentlichkeit suggeriert werden soll, die Stellen im Niedriglohnsektor würden ausschließlich von Personen mit „*geringer Qualifikation*" besetzt, was aber in der Praxis nicht zutrifft. Hinter dieser These steckt die Annahme, dass ein großes Potenzial von unbesetzten Stellen auf dem Arbeitsmarkt existiert, die durch Personen mit Vermittlungshindernissen besetzt werden könnten. Die Unternehmen sind aber bis dato den Beweis der offenen Stellen in diesem Bereich schuldig geblieben.[163] Als zentrales Problem werden aus der Perspektive der Bezieher von Transferleistungen die mangelnden finanziellen Arbeitsanreize angesehen. Aus der Perspektive der Arbeitgeber sind es die zu hohen Arbeitskosten, die die Schaffung von Arbeitsplätzen mit niedriger Produktivität und geringer Qualifikationsanforderung verhindern.

---

[162] Vgl.: Sachverständigenrat zur Begutachtung der gesamtwirtschaftlichen Entwicklung: 2006, S. 58.
[163] Vgl.: Geringqualifizierte – Verlierer am Arbeitsmarkt? 2003, S. 51.

Laut Claudia Weinkopf spielen vier Faktoren eindeutig eine evidente Rolle, denen bei der Umsetzung und Konzeption der Modelle zu wenig Beachtung geschenkt wird:[164]

- die Heterogenität der Zielgruppe
- vorliegende Evaluationen zeigen (fast) übereinstimmend, dass flächendeckende und unbefristete Subventionen hohe Kosten verursachen
- die Schaffung neuer Arbeitsplätze in diesem Segment ist enorm schwierig
- zu wenig beachtet wird die vermeintlich geringe Qualifikationsanforderung bei den *„Einfacharbeitsplätzen"*

Ob es sich im Rahmen der Modellprojekte bei den neu geschaffenen Stellen um etablierte Stellen handelt und ob Mitnahmeeffekte tatsächlich vermieden werden, ist noch nicht empirisch geprüft worden. Gerne wird in der Diskussion zu diesem Thema das Beispiel des Segments der Dienstleistungsbranche aufgeführt, in dem sich viele Arbeitsplätze mit geringer Qualifikationsanforderung schaffen lassen könnten. Dabei ist jedoch zu beachten, dass die Arbeitszeiten im Dienstleitungsbereich an die Flexibilität der Beschäftigten gekoppelt sind. Die Leistungen werden zum Teil in direktem oder indirektem Kontakt (Call-Center, Verkauf, Kundenbetreuung usw.) mit dem Kunden erbracht. Dies erfordert dem Kunden gegenüber ein hohes Maß an Konfliktfähigkeit, Offenheit und Präsenz. Nicht außer Acht darf man auch lassen, dass von den in diesem Bereich arbeitenden Person flexibles und kompetentes Agieren ohne direkte Anweisung und Aufsicht verlangt wird. Der Bereich der Dienstleitungsbranche erfordert also ein hohes Maß körperlicher und geistiger Fitness sowie eine gewisse Selbstständigkeit. Das lange Stehen in Verkaufsberufen oder das Tragen und Ausfahren von Gütern belastet Psyche und Körper. *„Insgesamt erscheint es aus unserer Sicht dringend geboten, Abschied zu nehmen von der Illusion, dass vermeintlich einfache Dienstleistungstätigkeiten generell nur geringe Qualifikationsanforderungen beinhal-*

---

[164] Vgl.: Geringqualifizierte – Verlierer am Arbeitsmarkt? 2003, S. 48.

ten."¹⁶⁵ Die momentanen Koalitionspartner in der Regierung sind da jedoch unterschiedlicher Meinung: *„Die Union verspricht sich vom Kombilohnmodell mehr als drei Millionen neue Arbeitsplätze. Die SPD ist skeptisch."*¹⁶⁶

III. Neue Wege in der Arbeitsmarktpolitik: Der Niedriglohnsektor

In Deutschland ist seit den 1960er Jahren ein stufenweiser Anstieg der Arbeitslosigkeit zu erkennen (wenn man die aktuelle Entwicklung seit Ende 2006 außer Acht lässt, in der sich ein leichter Rückgang ergeben hat).

Abbildung 10: Arbeitslosigkeit in Deutschland¹⁶⁷

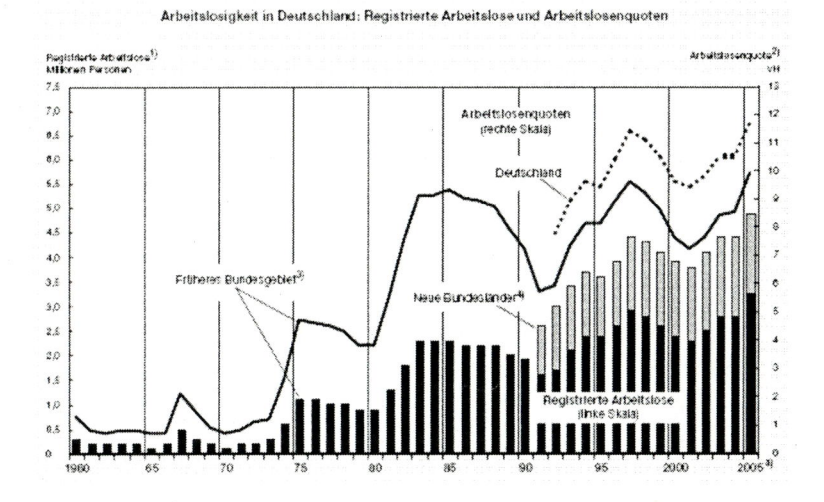

Vor allem sind Personen mit so genannten Vermittlungshindernissen betroffen. Die Arbeitslosenzahlen des Jahres 2005 verdeutlichen dies. Im

---

¹⁶⁵ Vgl.: Geringqualifizierte – Verlierer am Arbeitsmarkt? 2003, S. 55.
¹⁶⁶ Vgl.: **Die Zeit,** 2. Januar 2006.
¹⁶⁷ Vgl.: Sachverständigenrat zur Begutachtung der gesamtwirtschaftlichen Entwicklung: 2006, S. 7.

Durchschnitt waren 2005 ca. 4,86 Millionen Menschen bei der *Agentur für Arbeit* registriert. Das ergibt eine Arbeitslosenquote von 11,7 %.[168] Dies verdeutlicht sehr anschaulich, dass ein wirklicher Handlungsbedarf besteht. Von dieser Entwicklung sind vor allem Personen mit geringer oder keiner beruflichen oder schulischen Qualifikation betroffen.

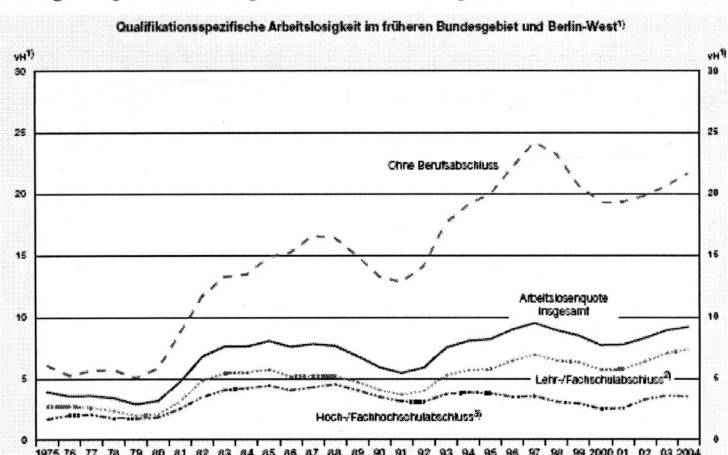

Abbildung 11: qualifikationsspezifische Arbeitslosigkeit[169]

Einhergehend mit der steigenden Arbeitslosigkeit stieg auch die Zahl der Langzeitarbeitslosen (also der Personen, die länger als ein Jahr arbeitslos sind) in absoluten Zahlen. Anders als in der Öffentlichkeit bisweilen diskutiert wird, ist der Anteil der beiden Gruppen (Geringqualifizierter und Langzeitarbeitsloser), die 60 % der Arbeitslosen ausmachen, keineswegs deckungsgleich.[170]

Diese beiden signifikanten Gruppen auf dem Arbeitsmarkt benötigen eine besondere Aufmerksamkeit. *„Festzuhalten bleibt damit, dass für viele gering qualifizierte Arbeitslose und Langzeitarbeitslose zumindest der Ein-*

---

[168] Vgl.: Quelle: BA.
[169] Vgl.: Sachverständigenrat zur Begutachtung der gesamtwirtschaftlichen Entwicklung: 2006, S. 8.
[170] Vgl.: Sachverständigenrat zur Begutachtung der gesamtwirtschaftlichen Entwicklung: 2006, S. 9.

stiegslohn auf dem ersten Arbeitsmarkt vermutlich gleichermaßen niedrig sein dürfte und insofern ähnliche Tätigkeitsbereiche im Niedriglohnbereich in Frage kommen."[171]

Abbildung 12: Dauer der Arbeitslosigkeit[172]

Dauer der Arbeitslosigkeit¹⁾ Stand: September 2005			
			Darunter: Arbeitslose ohne Ausbildung
	Alle Arbeitslose	Anteil an allen Arbeitslosen¹⁾	Anteil an allen Arbeitslosen ohne Ausbildung
		vH	
Unter 1 Monat	9,1	37,1	8,4
1 bis unter 2 Monate	7,5	36,0	6,7
2 bis unter 3 Monate	6,4	30,3	4,8
3 bis unter 6 Monate	13,6	39,6	13,4
6 Monate bis unter 1 Jahr	26,0	47,6	30,8
1 bis unter 2 Jahre	17,3	37,7	16,2
2 Jahre und länger	20,1	39,7	19,8
Insgesamt	100,0	40,3	100,0

1. **Neue Perspektiven für gering qualifizierte Arbeitnehmerinnen und Arbeitnehmer am deutschen Arbeitsmarkt**

Vor dem Hintergrund eines expandierenden Niedriglohnsektors wird in diesem ersten Abschnitt der deutsche Niedriglohnbereich folgendermaßen definiert. *„Im Allgemeinen wird die Niedriglohnschwelle anhand eines Lageparameters der Lohn- oder Einkommensverteilung definiert, meist ein bestimmter Prozentsatz des jeweiligen Medianeinkommens."*[173] Im Einklang mit verschiedenen OECD-Studien sowie der EU-Kommission wird ein niedrig entlohnter Beschäftigter als Arbeitnehmer definiert, der weniger als

---

[171] Vgl.: Sachverständigenrat zur Begutachtung der gesamtwirtschaftlichen Entwicklung: 2006, S. 14.
[172] Vgl.: Sachverständigenrat zur Begutachtung der gesamtwirtschaftlichen Entwicklung: 2006, S. 10.
[173] Vgl.: Sachverständigenrat zur Begutachtung der gesamtwirtschaftlichen Entwicklung: 2006, S. 14.

zwei Drittel des Medianverdienstes bezieht.[174] Die Niedriglohnschwelle in Deutschland lag im Jahr 2001 laut einer Studie der IAB (2005) auf der Basis des Bruttotagesentgelts bei 53,61€. Die Studie hat ebenfalls ergeben, dass ca. 4 Millionen Menschen im Niedriglohnsektor arbeiten.

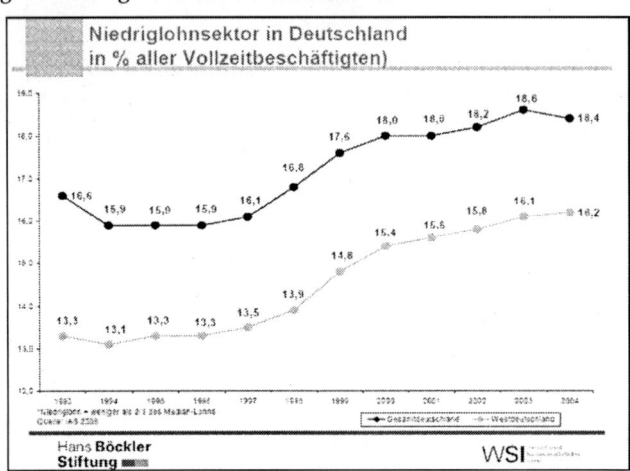

Abbildung 13: Niedriglohnsektor in Deutschland[175]

Der Verdienst im Niedriglohnbereich lag 2001 in Gesamtdeutschland bei ca. 1.630 €, in Westdeutschland bei ca. 1.700 €, im Osten bei ca. 1.300 €.[176] Das ganze Ausmaß dieser Situation wird jedoch erst bei der Betrachtung der Stundenlöhne in diesem Bereich deutlich.

Eine signifikante Rolle im Niedriglohnsektor spielen die Beschäftigten in Teilzeit- und Minijobs. Insbesondere ist der Anteil der im Niedriglohnsektor Beschäftigten im Minijob-Bereich hoch.

---

[174] Vgl.: Sachverständigenrat zur Begutachtung der gesamtwirtschaftlichen Entwicklung: 2006, S. 15.
[175] Vgl.: Anhörung im Bundesministerium für Arbeit und Soziales: 2006.
[176] Vgl.: **IAB: 2005**.

Abbildung 14: Niedrige Tariflöhne in € pro Stunde[177]

Niedrige Tariflöhne in Euro pro Stunde (jeweils unterste Tarifgruppe)	West	Ost
Öffentlicher Dienst	7,61	6,98
Zeitarbeit (BZA)	7,02	6,07
Einzelhandel	6,49	6,71
Privates Transportgewerbe	6,49	3,91
Bäckerhandwerk	6,22	4,64
Metallhandwerk	6,20	4,40
Floristik	5,94	4,35
Gebäudereinigung	5,80	3,87
Bewachungsgewerbe	5,30	4,15
Hotel- und Gaststätten	5,18	4,61
Erwerbsgartenbau	5,15	2,75
Friseurhandwerk	4,93	3,06
Landwirtschaft	4,71	4,52

Quelle: WSI-Tarifarchiv, eigene Berechnungen

Hans Böckler Stiftung — WSI

Abbildung 15: Arbeitsform im Niedriglohnsektor[178]

Arbeitsform für die Beschäftigten im Niedriglohnsektor und für alle Beschäftigten im Jahr 2004[1]	Beschäftigte im Niedriglohnsektor	Alle Beschäftigten
	Anteile in vH	
Vollzeit	51,5	72,1
„reguläre" Teilzeit	22,2	21,6
Minijobs	26,3	6,3

1) Auswertung mit dem Sozio-ökonomischen Panel (SOEP) 2004 (Quelle: Kalina und Weinkopf (2006))

Evident für Beschäftigte im Niedriglohnsektor ist deren Aufstiegsmobilität. Dies bedeutet für sie, nach einer gewissen Zeit über die Niedriglohnschwelle hinaus in eine höher entlohnte Beschäftigung zu gelangen. Signifikant ist dies vor dem Hintergrund, dass sich zahlreiche so genannte „qualifizierte Beschäftigte" in diesem Sektor bewegen.

---

[177] Vgl.: **WSI-Tarifarchiv der Hans Böckler Stiftung**.
[178] Vgl.: Sachverständigenrat zur Begutachtung der gesamtwirtschaftlichen Entwicklung: 2006, S. 17.

Abbildung 16: Arbeitsform und Ausbildung im Niedriglohnsektor im Jahr 2004[179]

Arbeitsform	Ausbildung			Nachrichtlich: Jeweilige Arbeitsform aller Beschäftigten im Niedriglohnsektor
	Ohne Berufsausbildung	Mit Berufsausbildung	Uni-/FH-Ausbildung	
	Anteile in vH			
Vollzeit	32,5	15,1	5,8	14,6
Teilzeit	40,2	22,4	11,1	21,1
Minijobs	88,7	86,3	75,8	15,8

Untersuchungen des IAB haben gezeigt, dass im Zeitraum zwischen 1996 bis 2001 ca. 32,5 % der Beschäftigten im Niedriglohnsektor den Sprung über die Niedriglohnschwelle geschafft haben. Relevant ist hier jedoch, dass zwei Drittel der Niedriglohnvollzeitarbeiter im Jahr 2001 immer noch zu den Geringverdienern gehörten.[180] Einer Untersuchung des RWI (2004) zufolge hat sich die Option der Aufstiegsmobilität aus dem Niedriglohnbereich tendenziell verschlechtert. *„… gibt es einen empirisch beobachteten reziproken Zusammenhang zwischen der Größe eines Niedriglohnsektors in einem Land und der Wahrscheinlichkeit, als Niedriglohnbeschäftigter die Niedriglohnschwelle zu überspringen"*.[181] Der Bereich der Minijobs ist jedenfalls keine geeignete Grundlage, um die Niedriglohnschwelle zu überspringen.[182] Nur gut ausgebildete, junge Männer bilden hier eine Ausnahme: *„Die Struktur der ‚Aufsteiger' aus dem Niedriglohnsektor weist das zu erwartende Muster auf. So ist insbesondere bei jungen Männern in Westdeutschland mit überdurchschnittlich guter Qualifikation eine hohe Aufstiegsmobilität festzustellen."*[183]

---

[179] Vgl.: Sachverständigenrat zur Begutachtung der gesamtwirtschaftlichen Entwicklung: 2006, S. 22.
[180] Vgl.: Sachverständigenrat zur Begutachtung der gesamtwirtschaftlichen Entwicklung: 2006, S. 25.
[181] Vgl.: Sachverständigenrat zur Begutachtung der gesamtwirtschaftlichen Entwicklung: 2006, S. 25.
[182] Vgl.: **RWI: 2004**.
[183] Vgl.: Sachverständigenrat zur Begutachtung der gesamtwirtschaftlichen Entwicklung: 2006, S. 26.

Abbildung 17: Aufstiegsmobilität zwischen 1996 und 2001[184]

Aufstiegsmobilität zwischen den Jahren 1996 und 2001 von im Jahr 1996 vollzeitbeschäftigten Niedrigverdienern[1)]

	Struktur der Grundgesamtheit	Aufstiegswahrscheinlichkeit[2)]
	vH	
Alle Personen	100,0	32,5
Geschlecht		
Männer	40,5	40,0
Frauen	59,5	27,3
Beschäftigt im Jahr 2001 in		
Westdeutschland	57,4	40,2
Ostdeutschland	42,6	22,0
Ausbildungsniveau im Jahr 2001		
Ohne Ausbildung	13,3	32,5
Berufsausbildung	67,5	32,1
Abitur sowie Abitur und Berufsausbildung	2,1	54,0
Universität oder Fachhochschule	1,6	62,5
Unbekannt	15,5	
Alter im Jahr 1996		
15 bis 24 Jahre	15,9	55,9
25 bis 54 Jahre	82,1	28,5
55 bis 64 Jahre	2,1	16,9
Betriebswechsler, 1996 bis 2001		
Ja	10,9	40,4
Nein	89,1	31,5

2. Kritik an der Diskussion zur Expansion des Niedriglohnsektors in Deutschland

Zur Verringerung der Arbeitslosigkeit werden immer wieder Instrumentarien in der Öffentlichkeit diskutiert, die eine Expansion des Niedriglohnsektors unterstützen sollen. Dabei wird zur Vermeidung von „*working poor*"-Effekten und zur Behandlung der Frage der sozialen Gerechtigkeit stets von einer Subventionierung des Einkommens gesprochen. „*Angesichts ihrer niedrigen Produktivität dürften die meisten Arbeitslosen aus den beiden genannten Problemgruppen auf dem Arbeitsmarkt vor allem bei einfachen und daher nur niedriger vergüteten Tätigkeiten die Chance auf einen Arbeitsplatz haben*".[185] Im internationalen Vergleich steht Deutschland mit seinen Geringqualifizierten und dem Niedriglohnsektor aller-

[184] Vgl.: Sachverständigenrat zur Begutachtung der gesamtwirtschaftlichen Entwicklung: 2006, S. 26.

[185] Vgl.: Sachverständigenrat zur Begutachtung der gesamtwirtschaftlichen Entwicklung: 2006, S. 28.

dings besser da, als in der breiten Öffentlichkeit zumeist angenommen wird.

„Hervorzuheben ist aber auch, dass, obgleich die Wahrscheinlichkeit für Einkommensarmut unter den Niedriglohnbeziehern deutlich höher ist, ein Niedriglohn in Deutschland nicht zwingend Einkommensarmut nach sich zieht."[186] Dies ist nämlich dann nicht der Fall, wenn im Haushalt eine weitere Person einer geregelten Erwerbsarbeit nachgeht und wenn diese nicht auch im Niedriglohnsektor arbeitet. An Abbildung 18 ist, neben der Tatsache, dass die Bedeutung des Niedriglohnsektors in Deutschland im europäischen Vergleich nur etwa durchschnittlich ist, auch zu erkennen, dass Deutschland neben den Niederlanden das einzige Land ist, in dem die Bedeutung des Niedriglohnsektors zwischen den Jahren 1997 und 2000 deutlich zugenommen hat.

---

[186] Vgl.: Sachverständigenrat zur Begutachtung der gesamtwirtschaftlichen Entwicklung: 2006, S. 28.

Abbildung 18: Bedeutung des Niedriglohnsektors im EU- Vergleich[187]

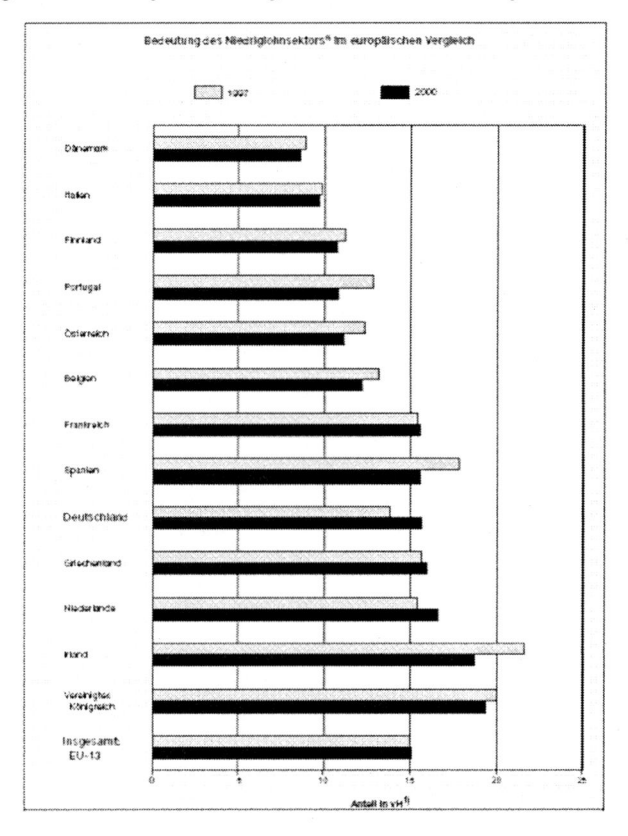

---

[187] Vgl.: Sachverständigenrat zur Begutachtung der gesamtwirtschaftlichen Entwicklung: 2006, S. 18.

Abbildung 19: Struktur der Vollzeitniedriglohnbeschäftigten in Deutschland 2001[188]

Struktur der Vollzeit-Niedriglohnbeschäftigung in Deutschland im Jahr 2001		
	Vollzeitbeschäftigte im Niedriglohnsektor	Alle Vollzeitbeschäftigten
	Anteile in vH	
Geschlecht		
Männer	43,0	65,1
Frauen	57,0	34,9
Ostdeutschland und Westdeutschland nach Geschlecht		
Ostdeutschland, insgesamt	37,8	17,6
Männer	53,9	58,0
Frauen	46,2	42,0
Westdeutschland, insgesamt	62,2	82,4
Männer	36,4	66,6
Frauen	63,6	33,4
Ausbildungsniveau		
Ohne Ausbildung	15,2	11,5
Berufsausbildung	60,0	63,3
Abitur	0,8	0,7
Abitur und Berufsausbildung	1,7	4,2
Fachhochschule	0,5	3,8
Hochschule	0,8	6,1
Unbekannt	21,0	10,5
Alter		
15 bis 24 Jahre	16,1	7,2
25 bis 54 Jahre	76,2	82,9
55 bis 64 Jahre	7,8	10,0

Beachtenswert ist, dass Frauen einen weitaus höheren Anteil im Niedriglohnsegment ausmachen als Männer. Nicht nur die ‚Gender-Frage' ist hier jedoch relevant, auch der Ost-West-Faktor ist nicht zu übersehen. „Zudem fällt bei der Betrachtung der geografischen Verteilung auf, dass Frauen in Westdeutschland ein höheres Niedriglohnrisiko als in Ostdeutschland aufweisen, denn der Unterschied zwischen dem Frauenanteil im Niedriglohnbereich und in der Gesamtwirtschaft ist in Westdeutschland deutlich höher als in Ostdeutschland".[189] Die meisten Debatten zielen darauf ab, bestehende Konzepte zu modifizieren und nicht etwa neu entwickelte Konzepte

---

[188] Vgl.: Sachverständigenrat zur Begutachtung der gesamtwirtschaftlichen Entwicklung: 2006, S. 21.
[189] Vgl.: Sachverständigenrat zur Begutachtung der gesamtwirtschaftlichen Entwicklung: 2006, S. 22.

umzusetzen. Die neuen Konzepte sind auf Dauer ausgelegt und konzentrieren sich auf eine staatliche Subventionierung der Arbeitgeber- und Arbeitnehmer-Sozialbeiträge. Ein solches Vorgehen kann jedoch zu erheblich höheren sog. *Klebeeffekten* bei Arbeitnehmerinnen und Arbeitnehmern führen, da diese langfristigen Konzepte Unternehmen und Arbeitnehmern eine Planungssicherheit gewährleisten und damit einen stärkeren Anreiz bieten zu investieren und dadurch zu einer Expansion, zumindest in einigen Segmenten des Arbeitsmarktes, führen können.

Abbildung 20: nicht erprobte Kombilohnkonzepte [190]

Modell	Zielgruppe	Geförderte Arbeitsmarktpartei		Art der Förderung		Dauer der Förderung	
		Arbeitgeber	Arbeitnehmer	Sozialversicherungsbeiträge	Löhne	befristet	dauerhaft
Ifo-Modell	ALG-II-Empfänger		Kürzung von Transferleistungen/ Steuergutschrift	x	x		x
Magdeburger Alternative Sachverständigenrat (Bofinger)	ALG-II-Empfänger	x		x	x		x
DGB-Freibetragsmodell	alle Geringverdiener	x	x	x			x
Progressiv-Modell B90/ Grüne	Beschäftigte mit Bruttoeinkommen unter 2000 Euro	x		x			x

Quelle: Zusammenstellung von WSI und IMK.

Abbildung 20 veranschaulicht die bereits bestehende Vielfalt an Optionen des Kombilohnmodells. Die unterschiedlichen Konzepte haben auch unterschiedliche Schwerpunkte in der Art der Förderung. Das „Magdeburger Modell" ist verstärkt an den Interessen der AG orientiert, im Gegensatz dazu richtet sich das DGB-Freibetragsmodell an alle Beschäftigten. Welches Modell das richtige ist, ist situativ zu bewerten. Nur durch ihre Anwendung in der Praxis lassen sich Spekulationen über ein Pro oder Contra der vorgeschlagenen Modelle verifizieren oder falsifizieren.

---

[190] Vgl.: **IMK Report Nr. 8**, 2006, S. 8.

IV. „Mindestlohn für alle!"

In der Europäischen Union hatten laut WSI im Oktober 2006 20 der 27 Mitgliedstaaten einen gesetzlichen Mindestlohn. Vergleiche hierzu die Graphik „Europäischer Mindestlohn".

Abbildung 21: Europäischer Mindestlohn[191]

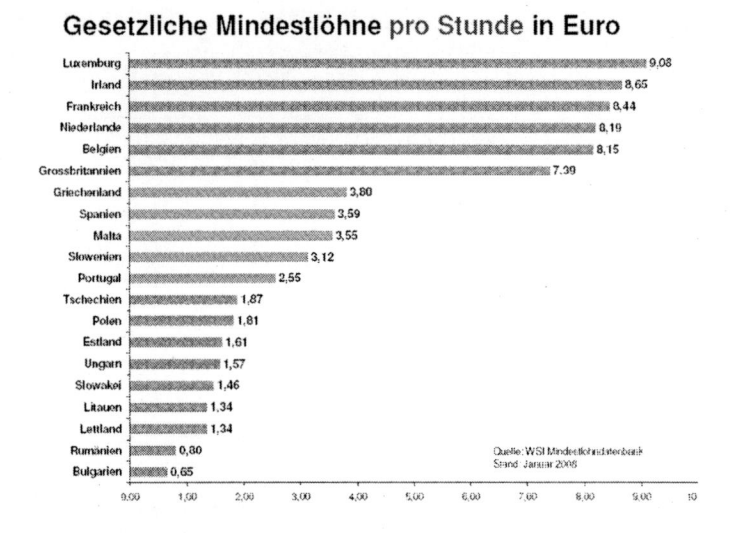

Gesetzliche Mindestlöhne pro Stunde in Euro

Land	Euro
Luxemburg	9,08
Irland	8,65
Frankreich	8,44
Niederlande	8,19
Belgien	8,15
Grossbritannien	7,39
Griechenland	3,80
Spanien	3,59
Malta	3,55
Slowenien	3,12
Portugal	2,55
Tschechien	1,87
Polen	1,81
Estland	1,61
Ungarn	1,57
Slowakei	1,46
Litauen	1,34
Lettland	1,34
Rumänien	0,80
Bulgarien	0,65

Quelle: WSI Mindestlohndatenbank, Stand: Januar 2008

Das Niveau der gesetzlichen Mindestlöhne zeigt eine breite Dispersion. Bulgarien steht mit 0,65 € in der Stunde am Ende dieser Tabelle, Luxemburg dagegen führt diese mit 9,08 € pro Stunde an. Wenn man zum Vergleich die vom DGB geforderten 7,50 € für Deutschland betrachtet, sind gewaltige Divergenzen zu erkennen. Laut Hartmut Seifert von der gewerkschaftsnahen *Hans Böckler Stiftung* in Düsseldorf verfügen Länder ohne Mindestlohn über funktionale, äquivalente gewerkschaftliche Funktionsgrade (Skandinavien). Dagegen geht die Tarifbindung in Deutschland stetig zurück. Wie die Erfahrungen mit gesetzlichen Mindestlöhnen zeigen, bietet dieses funktionale Äquivalent einen doppelten Schutz bei

---

[191] Vgl.: WSI-Folien, Hans Böckler Stiftung, Stand 2008.

der möglichen Einführung eines Mindestlohns in Deutschland. Sie schützen Arbeitgeber und Arbeitnehmer vor einem ausufernden Lohndumping, vgl. das Entsendegesetz der Regierung in der Baubranche. Seifert zufolge haben zahlreiche Studien ergeben, *„dass im Gegensatz zur neoklassischen Lehrbuchökonomie Mindestlöhne in der Regel keine negativen Auswirkungen auf die Beschäftigung haben. So wurde etwa in Großbritannien der gesetzliche Mindestlohn seit seiner Einführung im Jahre 1999 um mehr als 40% erhöht, während im gleichen Zeitraum die Arbeitslosigkeit um 25% zurückging".*[192] Durch die zunehmende Europäisierung des Arbeitsmarktes wird es immer schwieriger sein, dem Druck ausländischer Betriebe nicht nachzugeben, es werden zunehmd mehr Unternehmen in Deutschland aktiv sein. Diese müssten jedoch nicht zwangsläufig dem Arbeitgeberverband beitreten und haben deshalb auch keinerlei Tarifbindung. Nur die Niederlande und Deutschland haben ihre Entsendegesetze so gestaltet, dass diese nicht branchenübergreifend sind.[193] Seifert ist der Meinung, dass die Erfahrungen im Ausland seine Thesen bestätigen, Deutschland brauche einen national einheitlichen Mindestlohn, der sich dynamisch verhält. Ohnehin bestehen in Deutschland bereits verschiedene gesetzliche Regelungen zum Schutz der Bürger. Bei allein stehenden Personen darf beispielsweise erst ab einem monatlichen Einkommen über 989 € (Netto) gepfändet werden. Darüber hinaus schreibt der Staat einen Mindesturlaub und eine maximale Wochenarbeitszeit vor – nicht zu vergessen das Entsendegesetz. Ohnedies ist Seifert der Meinung, dass ein gesetzlich einheitlicher Mindestlohn über mehr Transparenz und eine weitaus bessere Kontrollierbarkeit verfüge als eine in allen Bundesländern unterschiedliche Regelung.

1. Der Mindestlohn im europäischen Vergleich

Dieses Kapitel setzt sich mit dem Thema Mindestlohn bei unseren europäischen Nachbarn am Beispiel der Niederlande und Großbritannien

---

[192] Vgl.: **Allgemeinverbindlichkeit und Mindestlohnregelung in Mitgliedstaaten der EU**: 2003, S. 4.
[193] Vgl.: Anhörung im Bundesministerium für Arbeit und Soziales: 2006, S. 4.

auseinander. Es wird durch Abbildungen sehr deutlich veranschaulicht, welche Entwicklung und welche Historie dem jeweiligen Mindestlohn zugrunde liegen.

Abbildung 22: gesetzliche Mindestlöhne in der EU 2004[194]

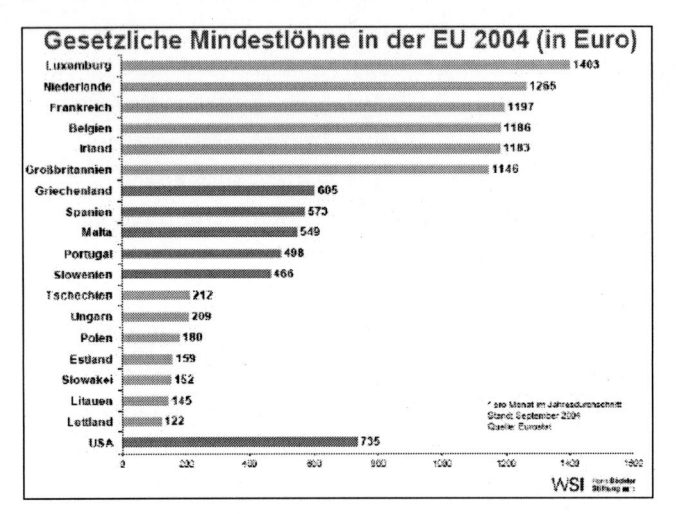

Gesetzliche Mindestlöhne in der EU 2004 (in Euro)

Land	Betrag
Luxemburg	1403
Niederlande	1265
Frankreich	1197
Belgien	1186
Irland	1183
Großbritannien	1146
Griechenland	605
Spanien	573
Malta	549
Portugal	498
Slowenien	466
Tschechien	212
Ungarn	209
Polen	180
Estland	159
Slowakei	152
Litauen	145
Lettland	122
USA	735

* pro Monat im Jahresdurchschnitt
Stand: September 2004
Quelle: Eurostat

WSI Hans Böckler Stiftung

2. Niederlande

Die Niederlande[195] haben schon vor mehreren Jahrzehnten in ihrem Wirtschaftssystem den Mindestlohn eingeführt. Seit 1964 wurde in der ‚tripartistischen' *Stiftung für Arbeit (Stichting van de Arbeid*, STAR) der Mindestlohn vereinbart. Zuerst galt dieser nur für Männer über 25 Jahre, die einer Beschäftigung nachgehen. Es wurde ein Betrag von 100 Niederländischen Gulden im Monat festgesetzt. Ab 1966 erhielten dann auch Frauen das Recht auf einen Mindestlohn. Zwei Jahre später (1968) wurde der einheitliche nationale Mindestlohn eingeführt (*Wet minimumloon en minimuvakantie bijslang* = Mindestlohn und Mindesturlaubs-

---

[194] Vgl.: WSI-Folien, Hans Böckler Stiftung, Stand 2004.
[195] Vgl.: Allgemeinverbindlichkeit und Mindestlohnregelung in Mitgliedstaaten der EU: 2003, S. 36–50.

gesetz), der 1969 in Kraft trat. In den kommenden Jahren fanden immer wieder Modifizierungen des Gesetzes statt. Jugendliche erhielten ab dem 15. Lebensjahr ca. 30 % des Mindestlohns für Erwachsene (1983). Es fand eine jährliche Dynamisierung um 7,5 % statt, so dass sich beim Erreichen des 22. Lebensjahres der Anspruch auf 85 % erhöht hatte. Dieses Gesetz berücksichtigt seit 1996 alle Beschäftigten, sowohl Teilzeitarbeitnehmer als auch geringfügig Beschäftigte und Personen, die eine so genannte Heimarbeit ausführen. Die Niederländer haben bei ihrer Mindestlohnregelung auch das Mindesturlaubsgeld in Höhe von 8 % des Jahresarbeitsentgeltes geregelt.

Abbildung 23: Entwicklung von Tariflohn und Mindestlohn der Niederlande im Vergleich[196]

Jahr	Mindestlohnerhöhung in %	Tariflohnerhöhung in % (Inflation in %)
2002	4,29 %	3,2 % (Mai 2002) (prognostizierte Inflation: 2,25 %)
2001	6,18 % (einschließlich 1,9 % als spezieller Sozialversicherungszuschlag)	4,5 % (4,5 %) (−1,9 % spezieller Sozialversicherungszuschlag)
2000	2,95 %	3,3 % (2,6 %)
1999	2,96 %	2,8 % (2,2 %)
1998	2,82 %	3,1 % (2 %)
1997	1,82 %	1,8 % (2,2 %)
1996	1,89 %	1,6 % (2,1 %)

Die obige Abbildung zeigt die Divergenzen zwischen der Erhöhung des Mindestlohns und der Erhöhung des Tariflohns. Die Zahlen von 2000 zeigen, dass in den Niederlanden 86 % aller Tarifverträge niedrigere Einstiegstarife vorsahen.[197] Bei der Erhebung der Zahlen stellte sich heraus, dass im Jahr 2000 lediglich 14 % der Unternehmen Arbeitnehmer eingestellt haben, die mit dem niedrigsten Tariflohn bezahlt wurden. Die

---

[196] Vgl.: Allgemeinverbindlichkeit und Mindestlohnregelung in Mitgliedstaaten der EU: 2003, S. 47.
[197] Vgl.: Allgemeinverbindlichkeit und Mindestlohnregelung in Mitgliedstaaten der EU: 2003, S. 50.

Begründung hierfür war sehr simpel: Es gab niemanden, der für die Stelle geeignet war, oder es gab überhaupt keine Mindestlohnstelle im Unternehmen.

3. Großbritannien

In Großbritannien existiert bereits seit 1999 ein gesetzlicher Mindestlohn, dieser wurde durch eine Initiative der damals neu gewählten Labour-Partei möglich.[198] ‚Naturgemäß' wurde auch in GB die Einführung eines Mindestlohns kontrovers diskutiert. Laut einer Studie der Hans Böckler Stiftung zum Thema: *„Allgemeinverbindlichkeit und Mindestlohnregelungen in den Mitgliedsstaaten der EU (2003)"* kann man zusammenfassend sagen, worauf es bei dieser Diskussion ankommt:

- Die Anerkennung der Tatsache, dass das Problem zu niedriger Löhne die betroffenen Personen in die Armut treibt
- Die aktive Partizipation der Gewerkschaften im öffentlichen Sektor im Kontext der Kampagnen für einen Wechsel hin zum Mindestlohn
- Die aktive Partizipation der Nichtregierungsorganisationen bei der Implementierung einer *„Lobby gegen Armut"*
- Der Widerstand einiger *„Facharbeitergewerkschaften und linker Gewerkschaften"* gegen die staatliche Intervention
- Die dramatisch abnehmende Tarifbindung in Großbritannien und die Abschaffung einiger Formen gesetzlicher Eingriffe überzeugten die Gewerkschaften vom Nutzwert eines national einheitlichen Mindestlohns
- Anzeichen der Arbeitgeberverbände zur Konsensbereitschaft angesichts des überwältigenden Sieges der Labour-Partei bei den Wahlen 1997

---

[198] Vgl.: Allgemeinverbindlichkeit und Mindestlohnregelung in Mitgliedstaaten der EU: 2003, S. 9.

Abbildung 24: Erhöhung des nationalen Mindestlohns in GB 1999-2002[199]

	Satz (£)	Erhöhung	Inflation seit dem Zeitpunkt der letzten Anpassung
Zum 1. April 1999	3,60	-	
Zum 1. Oktober 2000	3,70	2,8 %	3,9 %
Zum 1. Oktober 2001	4,10	10,8 %	1,6 %
Zum 1. Oktober 2002	4,20	2,4 %	Aktuelle Inflation ca. 1,5 %; p.a.

Die Rechtsgrundlage für den Mindestlohn ist der *National Minimum Wage Act* von 1998. Die Umsetzung erfolgte durch *Regulations* (Durchführungsverordnung) sowie mit der Unterstützung eines Leitfadens (*Guidance Document*).[200] Zur besseren Umsetzung des NMW (*National Minimum Wage*) gründete die Regierung die LPC (*Low Pay Commission*). *„Die LPC besteht aus jeweils drei Vertretern der Gewerkschaften und der Arbeitgeberorganisation, zwei führenden Wissenschaftlern und einem Vorsitzenden. Die Mitglieder der Kommission werden als Individuen vom Minister ernannt, was dazu dient, institutionspolitische Erwägungen innerhalb der LPC zu mäßigen."*[201] Die LPC muss dem Minister zuarbeiten. Ihre Aufgaben werden vom Minister klar definiert. Die *„Commission"* muss unter anderem Empfehlungen zur Erhöhung der Mindestlöhne unter Berücksichtung bestimmter Faktoren (Inflation, wirtschaftliche und soziale Faktoren usw.) aussprechen. *„Alle Arbeitnehmer haben einen Anspruch auf den nationalen Mindestlohn."*[202] Es existieren zwei NMW-Sätze:[203]

Ein Mindestlohn für erwachsene Beschäftigte (ausgenommen Auszubildende), sobald diese ihr 22. Lebensjahr vollendet haben (7,39 € pro Stunde).

---

[199] Vgl.: Allgemeinverbindlichkeit und Mindestlohnregelung in Mitgliedstaaten der EU: 2003, S. 24.

[200] Vgl.: Allgemeinverbindlichkeit und Mindestlohnregelung in Mitgliedstaaten der EU: 2003, S. 15.

[201] Vgl.: Allgemeinverbindlichkeit und Mindestlohnregelung in Mitgliedstaaten der EU: 2003, S. 15.

[202] Vgl.: Allgemeinverbindlichkeit und Mindestlohnregelung in Mitgliedstaaten der EU: 2003, S. 16.

[203] Vgl.: Allgemeinverbindlichkeit und Mindestlohnregelung in Mitgliedstaaten der EU: 2003, S. 18.

Der Einstiegssatz (5,54€ pro Stunde, vgl. HBS 2003) für alle Arbeitnehmer zwischen 18 und 21 Jahren sowie für alle Arbeitnehmer ab dem 22. Lebensjahr, die eine Tätigkeit bei einem neuen Arbeitgeber aufnehmen und eine anerkannte Ausbildung abgeschlossen haben.

Trotz regionaler Divergenzen bei den Lebenshaltungskosten wurde für alle Beschäftigten ein einheitlicher NMW festgelegt. Die einzige Ausnahme besteht in der Region zwischen London und Südostengland. Die in dieser Region geltenden Zuschläge ergeben sich durch betriebsinterne *„Belohnungsstrategien"* (diese variieren zwischen 2.000 £ und 3.500 £) oder durch tariflich vereinbarte Ortszuschläge (*„London Allowances"*). Es gibt keine automatische jährliche Dynamisierung des NMW. Der Minister setzt die Höhe des NMW anhand der Vorschläge der LPC fest. Diese Empfehlungen werden in einem Zweijahreszyklus abgegeben, die Anpassung kann jedoch, wie in der Abbildung 24 dargestellt, auch jährlich geschehen. Untersuchungen haben ergeben, dass der NMW keine erkennbaren Auswirkungen auf die Gesamtbeschäftigung oder die wichtigsten betroffenen Arbeitnehmergruppen hat. *„Allerdings lassen die Ergebnisse der LPC-Umfrage darauf schließen, dass die Einführung des NMW in einigen Sektoren signifikante Auswirkungen hat, und ein geringer Teil der befragten Unternehmen berichtet von einem starken Personalabbau."*[204] Welche signifikanten Auswirkungen das sind und in welchen Sektoren sie sich auswirken, geht aus dieser Studie leider nicht eindeutig hervor.

4. Die Einführung des Mindestlohns in der Postbranche

Die große Koalition in Deutschland hat sich – insbesondere wurde dieses Vorhaben durch die SPD und den damaligen Bundesarbeitsminister Müntefering forciert – entschlossen, bevor der Briefmarkt liberalisiert wird und das Postmonopol fallen würde, den Mindestlohn in dieser Branche einzuführen. Die Gewerkschaft Ver.di hat mit dem Arbeitge-

---

[204] Vgl.: Allgemeinverbindlichkeit und Mindestlohnregelung in Mitgliedstaaten der EU: 2003, S. 27.

berverband Postdienste für alle Beschäftigten eine Lohnuntergrenze[205] in Höhe von 8,00 € bis 9,80 € pro Stunde festgelegt. Geht es nach dem Willen der Konkurrenz der Post, soll dieser Tarifvertrag angefochten und neu verhandelt werden. Zu diesem Zweck wurde ein neuer Arbeitgeberverband und eine neue Gewerkschaft gegründet, die Gewerkschaft der Neuen Brief- und Zustelldienste (GNBZ).[206]

Die im Jahr 1998 vollzogene Öffnung des deutschen Briefmarktes war nur der Höhepunkt eines in den 1980er und 1990er Jahren durch die damalige konservativ-liberale Regierung initiierten Prozesses. Dieser Prozess nahm bereits 1994 mit der so genannten Postreform II seinen Anfang, die eine Privatisierung der Post, eine spätere Liberalisierung des Briefmarktes und die daraus resultierende Abschaffung des Postmonopols zur Folge hatte. Die Verhandlungen zur rechtlichen Grundlage der Marktöffnung begannen im Jahr 1997 und im Konsens der großen Parteien wurde das so genannte Postgesetz verabschiedet, das im Jahr 1998 in Kraft trat. Dadurch wurde die rechtliche Grundlage zur Marktöffnung geschaffen und die Normen wurden festgelegt. Deutschland war in der EU ein Vorreiter in dieser Branche und war dementsprechend anderen EU-Mitgliedstaaten, was das Tempo der Umsetzung zur Liberalisierung des Marktes anbelangt, weit voraus. Im Jahr 1998 wurde bereits das Briefmonopol der Deutschen Post auf Sendungen bis 200 Gramm gesenkt. Die EU verlangte jedoch von ihren Mitgliedstaaten ein weitaus geringeres Tempo bei der Umsetzung der neuen Richtlinien. Die rot-grüne Regierung verlangsamte bei der Regierungsübernahme durch Kanzler Schröder das Tempo des Prozesses und passte es unseren euro-

---

[205] Vgl.: Onlinedokumentation **SPIEGEL,** http://www.spiegel.de/wirtschaft/0,15 18,520450,00.html (Zugriff am: 15.06.2008).

[206] Vgl.: Onlinedokumentation ABENDBLATT, „**Briefzusteller PIN unter Bestechungsverdacht** – Die Gewerkschaft der Neuen Brief- und Zustelldienste (GNBZ) ist möglicherweise von dem inzwischen insolventen Postzustelldienst PIN Group finanziert worden. Der Insolvenzverwalter von PIN hat Unterlagen an die Staatsanwaltschaft weitergeleitet, die darauf hinweisen, dass das Unternehmen die gegen einen Mindestlohn von 7,50 Euro kämpfende Gewerkschaft mit mehr als 130 000 Euro unterstützt habe." http://www.abendblatt.de/daten/ 2008/03/22/860999.html (Zugriff am: 17.06.2008).

päischen Nachbarn an. Im Jahr 2003 wurde die Exklusivlizenz der Post auf Briefsendungen bis 100 Gramm und ab 2006 auf bis 50 Gramm reduziert.[207] Beim letzten Schritt zur Liberalisierung des Postmarktes hat sich Deutschland jedoch von der synchronisierten europäischen Politik verabschiedet und sich auf das Ende des Postmonopols zum 31. Dezember 2007 festgelegt. Die anderen EU-Staaten öffnen ihren Markt erst 2011 und in einigen EU-Staaten ist sogar eine Übergangsfrist bis 2013 eingeräumt worden.

Ein Wettbewerb in der Briefbranche ist im Sinne der freien Marktwirtschaft durchaus anzustreben und sinnvoll. Jedoch sollten faire Bedingungen herrschen und es darf kein Wettbewerb über die Lohnkosten geführt werden. Die Bundesregierung hat beschlossen, den Markt ab dem 1. Januar 2008 für Briefdienstleistungen zu öffnen. Der bereits teilliberalisierte Briefmarkt führte aber bis heute bei der Konkurrenz der Post nicht zu einem besseren Service und mehr Angebot, dieser Markteintritt wurde vielmehr nur über den Preis geführt. Diese Form des Wettbewerbs ist als unfair und unsozial zu bezeichnen, weil sich ökonomische Vorteile im personalintensiven Briefmarkt nur zu Lasten der Beschäftigten realisieren lassen. Um diese Gewinne überhaupt zu generieren, liegen die Entgelte bei der Postkonkurrenz deutlich unter dem Tarifniveau[208] der Deutschen Post AG. Die Post, eines der wenigen Unternehmen, das in dieser Branche einen angemessenen Lohn zahlt, steht also einem Wettbewerb gegenüber, dessen Druck zwangsläufig dazu füh-

---

[207] Vgl.: Ver.di, **Für einen Lohn, von dem man Leben kann!** Fakten und Argumente zum Post-Mindestlohn, Bundesvorstand, Fachbereich Postdienste, Spedition und Logistik, Berlin, S. 7. http://www.mindestlohn.de/argument/brief markt_braucht_mindestlohn/post_mindestlohn_info.pdf (Zugriff am: 17.06.2008).

[208] Vgl.: Onlinedokumentation: **SWR**, „Demnach verdient ein Jurex-Berlin-Mitarbeiter laut Arbeitsvertrag nur 1.159 Euro brutto im Monat. Und nicht 1.400, wie Jurex behauptet. In Westdeutschland liegen die Löhne bei den neuen Briefdienstleistern im Durchschnitt bei 1.169 Euro brutto, im Osten sogar nur bei 985 Euro. Zum Vergleich, die Post zahlt Tariflöhne von 1.978 Euro. Die Dumpinglöhne der Konkurrenz sind Postpersonalvorstand Walter Scheuerle ein Dorn im Auge." http://www.swr.de/report/-/id=233454/nid=233454/did=1910880/s3 ghh1/index.html (Zugriff am: 22.06.2008).

ren wird, dass auch dieses Unternehmen sich gezwungenermaßen an der Lohnabwärtsspirale beteiligen wird. Es besteht die Gefahr, dass der Briefmarkt zum Niedriglohnsegment verkommt, in dem prekäre Arbeitsbedingungen herrschen und der gezahlte Lohn nicht mehr zum Lebensunterhalt ausreicht. Der Mindestlohn gewährleistet den Beschäftigten in der Postbranche zumindest ein existenzsicherndes Einkommen. Florian Gerster[209] ist der Meinung, dass der durch Ver.di ausgehandelte Mindestlohn in der Postbranche keine Lohnuntergrenze darstellt und die Gewerkschaft sich durch die Deutsche Post AG beeinflussen ließ, um die lästige Konkurrenz loszuwerden.[210] Diese Aussage wird durch Dr. Schwarz-Schilling[211] unterstützt. In einem persönlichen Interview[212] äußerte sich Schwarz-Schilling zu der Frage, wie er zur Einführung des Mindestlohns in der Postbranche steht, folgendermaßen: „Sehr kritisch, weil hier sich Arbeitnehmer und Arbeitgeber mit der gleichen Zielsetzung getroffen haben."[213] Schwarz-Schilling geht bei der Einführung des Mindestlohns in der Postbranche von einer Kooperation zwischen der Post AG und der Gewerkschaft Ver.di aus, von der sich die Post verspricht, vermeintlich lästige Konkurrenz in diesem Segment loszuwerden. An dieser Stelle ist zu berücksichtigen, dass bei der Deutschen Post AG vergleichsweise hohe Stundenlöhne gezahlt werden. Die Wettbewerbsfähigkeit der neuen Briefdienstleister wird durch den von Ver.di ausgehandelten Tarifvertrag respektive Mindestlohn also keineswegs

---

[209] Vgl.: **Florian Gerster**; SPD-Mitglied und ehemaliger Chef der Bundesagentur für Arbeit von 2002 bis 2004. Gründungsmitglied der Initiative Neue Soziale Marktwirtschaft, Präsident des Arbeitgeberverbandes Neue Brief- und Zustelldienste.

[210] Vgl.: Onlinedokumentation: **Tagesspiegel,** http://www.tagesspiegel.de/poli tik/div/;art771,2435063 (Zugriff am: 22.06.2008).

[211] Vgl.: **Dr. Schwarz-Schilling** (CDU) von 1982 bis 1992 Bundesminister für Post und Telekommunikation unter Bundeskanzler Kohl. Zwischen 2006 und 2007 war er 17 Monate lang der Hohe Repräsentant für Bosnien und Herzegowina und damit verantwortlich für die Überwachung des Friedensabkommens von Dayton Seit 1993 leitet er eine erfolgreiche Unternehmensberatung in Büdingen (Hessen).

[212] Vgl.: **Interview** mit Dr. Schwarz-Schilling am 10. Juli 2008 in Büdingen (Hessen).

[213] Vgl.: **Interview,** Schwarz-Schilling, 2008.

gefährdet. Ein Postangestellter in der mittleren Entgeltgruppe erhält im 7. Beschäftigungsjahr einen Stundenlohn von ca. 13 €.[214] Damit liegt der vereinbarte Mindestlohn von 9,80 € für Briefzusteller im Westen immer noch ca. 25 % unter dem Tarifniveau der Deutschen Post AG, im Osten beläuft sich die Differenz sogar auf 30 %. Die Differenz wird noch deutlich größer, wenn man die Stundenlöhne der Beschäftigten der Post, die im arithmetischen Mittel ca. 16,78 € betragen, mit der Besitzstandsregelung[215] vergleicht, das sind immerhin 80 % der Arbeitnehmerinnen und Arbeitnehmer.[216] Daher hat die Konkurrenz trotz des Mindestlohns einen ausreichenden Spielraum für eine ausgewogene Lohn- und Preisgestaltung deutlich unter dem Niveau des marktbeherrschenden Unternehmens. Ein Kostenvorteil von ca. 25 % muss der Konkurrenz ausreichen, um sich am Markt zu positionieren. Rudolf Hausmann[217] ist der Meinung: *„Mindestlöhne sind ein Gebot der Gerechtigkeit. Wer den ganzen Tag arbeitet, muss sich und seine Familie von dem erarbeiteten Lohn auch ernähren können. Mindestlöhne sind auch ein Gebot der ökonomischen Vernunft. Denn Lohndrückerei schwächt die Kaufkraft der Menschen und gefährdet damit die Konjunktur."*[218] Florian Gerster fordert dennoch auf der Homepage

---

[214] Vgl.: Ver.di, **Für einen Lohn, von dem man Leben kann!** Fakten und Argumente zum Post-Mindestlohn, Bundesvorstand, Fachbereich Postdienste, Spedition und Logistik, Berlin, S. 42, http://www.mindestlohn.de/argument/brief markt_braucht_mindestlohn/post_mindestlohn_info.pdf (Zugriff am: 17.06.2008).

[215] Vgl.: Besitzstandsregelung bedeutet: Das, was durch den vorherigen Tarif erworben oder zugesagt wurde, wird auch in dem neuen Tarif fortgeführt.

[216] Vgl.: Ver.di, **Für einen Lohn, von dem man Leben kann!** Fakten und Argumente zum Post-Mindestlohn, Bundesvorstand, Fachbereich Postdienste, Spedition und Logistik, Berlin, S. 42, 2. Absatz. http://www.mindestlohn.de/argument/briefmarkt_braucht_mindestlohn/post_mindestlohn_info.pdf (Zugriff am: 17.06.2008).

[217] Vgl.: SPD-Mitglied und MdL in Baden Württemberg, **Arbeitmarktexperte**. http://www.rudolf-hausmann.de/index.php?menu1=1&mid=1 (Zugriff am: 24.06.2008).

[218] Vgl.: Rudolf Hausmann, **Mindestlohn für Briefzusteller**, S. 1. http://www.spd.landtag-bw.de/index.php?docid=3250&pdf=default. (Zugriff am: 24.06.2008).

des Arbeitgeberverbandes Neue Brief- und Zustelldienste[219] eine Aussetzung des Mindestlohns.

5. Die Kritik an der Diskussion zur möglichen Einführung von Mindestlöhnen in Deutschland

In der vom Bundesministerium für Wirtschaft und Technologie in Auftrag gegebenen Expertise *„Arbeitslosengeld II reformieren: Ein zielgerichtetes Kombilohnmodell"* vom August 2006 wird eine klare Ablehnung des von den Gewerkschaften geforderten Mindestlohns in Höhe von 7,50 € deutlich. *„Kurzum, ein Mindestlohn zur Verhinderung einer weiteren Lohnspreizung steht in diametralem Gegensatz zu den Intentionen eines arbeitnehmerseitigen Kombilohns und ist daher strikt abzulehnen."*[220] Das erste Argument gegen die Einführung von Mindestlöhnen ist, dass durch sie die Verhandlungsposition der Arbeitnehmer geschwächt werde und sich dadurch die Arbeitgeberseite einen größeren Anteil am aufteilbaren Gewinn sichere. *„Bei dieser Argumentation würden in Ergänzung zu Kombilöhnen eingeführte Mindestlöhne keine negativen Beschäftigungseffekte bewirken, aber eine Verschlechterung der Einkommensposition der Arbeitnehmer aufgrund verringerter Verhandlungsmacht verhindern."*[221] Dies könnte die Imparität der Tarifpartner fördern. Der Sachverständigenrat fordert jedoch einen Mindestlohn, der deutlich unter den diskutierten 7,50 € liegt. Dies allerdings nur im Kontext der so genannten sittenwidrigen Löhne, damit der Tendenz zu sittenwidrigen Löhnen etwas entgegengesetzt werden kann. Einige Akteure bedienen sich gerne bei ihrer Argumentation dem Terminus ‚Konkurrenzdruck aus dem Ausland (EU)'. Der Sachverständigenrat gibt zu, dass Verluste von Arbeitsplätzen in einigen Branchen durch osteuropäische Dumpinglöhne nicht vermieden werden können, er plädiert aber nicht für eine Wiedereinführung von *„Warenzöllen"* in

---

[219] Vgl.: Homepage, **Neue Brief- und Zustelldienste**, http://www.agv-nbz.de/index.php?option=com_frontpage&Itemid=1 (Zugriff am: 24.06.2008).
[220] Vgl.: Sachverständigenrat zur Begutachtung der gesamtwirtschaftlichen Entwicklung: 2006, S. 135.
[221] Vgl.: Sachverständigenrat zur Begutachtung der gesamtwirtschaftlichen Entwicklung: 2006, S. 136.

der EU, denn ein Mindestlohn, kombiniert mit einem branchenübergreifenden Entsendegesetz, stelle so etwas dar. Ohnedies wäre das Entsendegesetz bei selbstständig agierenden Personen wirkungslos, da diese keinen tarifvertraglichen oder gesetzlichen Lohnuntergrenzen unterworfen sind. Die Beschäftigungseffekte von Mindestlöhnen werden ebenfalls kontrovers diskutiert. *„Bei einem Mindestlohn oberhalb des Gleichgewichtslohns kommt es zwingend zu einem Beschäftigungsrückgang".*[222] Diese kritische Einschätzung führte zu einer modifizierten Form des Mindestlohns, die ebenfalls debattiert wurde, dem branchenspezifischen Mindestlohn. Dieser würde jedoch, laut dem Sachverständigenrat, zu einer Stärkung der Gewerkschaften führen, insbesondere bei Branchen mit schwacher Tarifbindung. Außerdem befürchtet der Sachverständigenrat negative Auswirkungen auf die Beschäftigung. *„Da dort häufig der Anteil der Niedriglohnbeschäftigten hoch ist, besteht die Gefahr, dass sich das Beschäftigungspotenzial für Geringqualifizierte nicht ausweitet, sondern verringert."*.[223]

Bei einer Einführung des branchenübergreifenden Mindestlohns in Deutschland besteht die „Gefahr", dass der Niedriglohnsektor in seiner Funktion, als Auffangbecken für geringe oder unqualifizierte Arbeitnehmer nicht mehr lukrativ für Arbeitgeber sein wird, da ihnen die Option des Markteinstieges über die Lohnkosten genommen wird.

6. Zwischenfazit: Illusion oder Chance für Langzeitarbeitslose?

Jenseits aller ideologischen Betrachtungen oder Bewertungen der verschiedenen Konzepte muss die Frage gestellt werden: Rechnen sich diese Vorschläge und bereits implementierten Konzepte für eine Arbeitnehmerin oder einen Arbeitnehmer? Beim bis jetzt vorgestellten Konzept des Investivlohns trägt der Arbeitnehmer auch das Risiko des Verlusts, ergo ist dies nicht unbedingt ein Anreiz, seiner Arbeit besonders moti-

---

[222] Vgl.: Sachverständigenrat zur Begutachtung der gesamtwirtschaftlichen Entwicklung: 2006, S. 139.
[223] Vgl.: Sachverständigenrat zur Begutachtung der gesamtwirtschaftlichen Entwicklung: 2006, S. 141.

viert nachzugehen. Ein wesentliches Kriterium bei der Bewertung ist also, ob der Investivlohn *tatsächlich* zusätzlich zum Lohn oder Gehalt gewährt wird oder ob damit *nur suggeriert* werden soll, dass es ein zusätzlicher Verdienst ist. Dass dieses Konzept Arbeitnehmerinnen und Arbeitnehmer einen höheren Anreiz bietet, bessere oder mehr Leistung zu bringen, ist jedenfalls zu bezweifeln. Eine Lösung, bei der Arbeitnehmerinnen und Arbeitnehmer einen geringeren Stundenlohn in Kauf nehmen müssen und durch den Investivlohn entschädigt werden sollen, ist daher weder akzeptabel noch sozial gerecht.

Die öffentlichen Debatten zum Thema Mindestlohn zeigen eindrucksvoll, welch ein breites Spektrum an Optionen verwirklicht werden könnte. Jedoch ist, mit Blick auf die Chronik und die Erfahrungen unserer niederländischen Nachbarn, die schon seit den 1960er Jahren den Mindestlohn eingeführt haben, sehr darauf zu achten, wie kontrovers und mit welchem ideologischen Hintergrund diese Debatten geführt werden. Dennoch überwiegen die positiven Erfahrungen der Niederländer und zeigen ganz deutlich, dass ein Mindestlohn auch in unserem Steuertransfersystem realisierbar wäre. Der Expansion des Niedriglohnsektors ist entgegenzuwirken, ein adäquates Instrument stellt der Mindestlohn dar. Es ist nicht zu verantworten, dass Menschen arbeiten und sich trotzdem kein Existenzminimum sichern können. Die Tendenz zu sittenwidrigen Löhnen in manchen Branchen, wie etwa im Dienstleistungsbereich, muss bekämpft werden. Die Beschäftigungsanreize für Unternehmer dürfen nicht nur über staatliche Subventionen sichergestellt werden. Ein Umdenken in den Vorständen und Chefetagen in Richtung mehr sozialer Gerechtigkeit und die daraus resultierende Partizipation der Mitarbeiterinnen und Mitarbeiter am Gewinn des Unternehmens führt langfristig zum Wohlstand der gesamten Gesellschaft. Die Staatsausgaben, wie im Text erwähnt, dadurch zu senken, dass man die Höhe der Grundsicherung neu verhandelt, ist das falsche Signal an die Bürgerinnen und Bürger. Ein menschenwürdiges Existenzminimum muss staatlich garantiert werden. Die zum Teil eklatanten Verteilungsprobleme in der Wirtschaft zwischen Unternehmen und Angestellten müssen in dieser Debatte in den Vordergrund rücken. Laut einer Studie des WSI, die von der Hans-Böckler-Stiftung in Auftrag gegeben wurde, werden in Deutschland, bspw. im Friseurhandwerk, Stundenlöhne von 4,93 € im Westen und 3,06 € im Osten gezahlt. Solche sittenwidrigen Löhne müssen in naher Zukunft abgeschafft werden. Die vorgeschlagenen Modelle zur Regulierung des deutschen Arbeitsmarktes werden diesen verändern, ob dies jedoch eine signifikante Veränderung zu Gunsten der Beschäftigten sein wird oder doch eher zu Gunsten der Arbeitgeber, hängt von der Bereitschaft der politischen Akteure ab, also dem Umstand, inwieweit diese sich nicht von der Wirtschaft beeinflussen lassen werden.

Teil 3   Die Auswertung der empirischen Erhebung

Diese empirische Erhebung soll verdeutlichen, welche Resonanz die anstehenden Arbeitsmarktreformen bei den betroffenen Bürgerinnen und Bürgern erzielt haben. Die entsprechende These lautet:
Die vorgeschlagenen Modelle zur Reformierung des deutschen Arbeitsmarktes führen zu einem Konsens bei den Bürgerinnen und Bürgern.
Diese These gilt es zu verifizieren, indem Makrostudien mit dieser Mikrostudie verglichen werden. Die Erhebung wurde mittels eines Fragebogens in vier hessischen Städten durchgeführt. Der Fokus des Fragebogens richtete sich hierbei auf das Thema: Mindestlohn, Kombilohn und Investivlohn. Es sollten 22 Fragen beantwortet werden. Der Fragebogen enthielt geschlossene sowie offene Fragen. Die Erhebung wurde anonym durchgeführt. Es wurden 121 potenzielle Kooperationspartner in Hessen angefragt, um die Fragebögen vor Ort auszulegen. Darunter befanden sich Sozialhilfeinitiativen, Arbeitsloseninitiativen, Betriebsseelsorger, Mobbingberatungsstellen, Tafel e. V, Diakonie und Caritas Frankfurt am Main sowie verschiedene Unternehmen. Eine positive Rückmeldung gab es von der Deutschen Vermögensberatung[224], Direktion Frankfurt am Main, Herrn J. Lanc, der Hanauer Tafel[225], der Darmstädter Tafel, der Langener Tafel und der Diakonie in Frankfurt am Main.[226] Die Fragebögen wurden nach einer kurzen Erläuterung bei den einzelnen Kooperationspartnern hinterlegt. Die Erhebung fand im Zeitraum zwischen Mai und Juli 2008 statt. Die Bögen wurden nach ca. 4–6 Wochen wieder abgeholt. Es wurden jeweils 5 Pakete mit je 20 Fragebögen hinterlegt, die von Kunden, Angestellten oder Besuchern ausgefüllt werden sollten. Nach Ablauf der Frist wurden diese wieder eingesammelt und ausgewertet. Die Rücklaufquote der Fragebögen belief sich auf 67 %.

---

[224] Vgl.: http://www.dvag.com
[225] Vgl.: http://www.tafel.de
[226] Vgl.: Die Diakonie in Frankfurt betreut 160 so genannte 1 €-Jobber. http://www.diakonischeswerk-frankfurt.de.

Die kooperierenden Tafeln beschäftigen zwischen 20 und 30 ehrenamtliche Helfer. Die Öffnungszeiten sind vormittags, an 3–5 Werktagen. Zu diesen Öffnungszeiten kommen zwischen 60 bis 120 Besucher. Die Gesamtzahl der ausgefüllten Fragebögen, die von den Tafeln zurückgegeben wurden, belief sich auf 26 Bögen (26 %). Diese ernüchternde Zahl ist darauf zurückzuführen, dass es keine direkte Ansprache der Besucher durch das Personal gab. Die Bögen wurden nur auf Anfrage ausgehändigt oder man gab die Fragebögen den Pobanden mit nach Hause. Auf Nachfrage bei den Verantwortlichen, warum es nur so wenig Resonanz gab, wurde mir mitgeteilt, dass das hektische Tagesgeschäft es nicht erlaubt habe, sich verstärkt um diese Erhebung zu kümmern. Ohnehin sei der Fragebogen zu komplex, als dass die Besucher diesen hätten nachvollziehen können. Bei einer Evaluation wurde der Fragebogen von den Probandinnen und Probanden mit einer Durchschnittsnote von 1,7 bewertet. Der Fragebogen generierte sich aus 11 Pre-Tests, die im Vorfeld durchgeführt wurden. Den Teilnehmerinnen und Teilnehmern in den Pre-Tests wurde ein Bogen ausgehändigt, dieser wurde ausgefüllt, und im Anschluss sollte er reflektiert werden. Die Probandinnen und Probanden konnten Kritik und Anregungen äußern, die maßgeblich zur Gestaltung des Fragebogens beigetragen haben. Die durchschnittliche Dauer, um den Fragebogen auszufüllen, betrug, je nach Kenntnisstand, zwischen 5 und 8 Minuten.

Ergänzend zu dieser Erhebung wurden Experteninterviews durchgeführt. Angefragt wurden hessische Arbeitgeberverbände, Mandatsträger der SPD und der CDU, Industrie- und Handelskammer Frankfurt am Main, Richter des Oberlandesgerichts Frankfurt am Main, die Regionalstelle der Agentur für Arbeit in Frankfurt am Main, der IG Metall-Vorstand, die Mitglieder des Sachverständigenrates, Prof. Bofinger und Prof. Rürup, Professoren der Johann Wolfgang Goethe-Universität und renommierte Unternehmensberatungen. Bereit zu einem Interview waren der ehemalige Bundesminister für das Post- und Meldewesen unter Helmut Kohl, Dr. Schwarz-Schilling, der Hessische Ministerpräsident Roland Koch, Herr Antas von der IG Metall, Professor Kempen, Universität Frankfurt am Main, Gernot Grumbach, Vorsitzender der SPD in Frankfurt.

Die Probandinnen und Probanden bildeten eine heterogene Gruppe aus Arbeitslosen, Rentnern, Studenten, Arbeitnehmern, Selbstständigen, Akademikern und Auszubildenden. Von den Befragten waren 67,19 % Männer und 32,81 % Frauen. Die Befragten hatten einen Altersdurchschnitt von 37,85 Jahren und waren zwischen 19 und 70 Jahre alt. Die Frage 17 im Bogen erfragte den Familienstand, eine deutliche Mehrheit von 38,8 % war nicht verheiratet, 29,85 % der Probanden waren verheiratet, 4,47 % waren verwitwet, 17,91 % waren geschieden, 2,98 % lebten in einer eheähnlichen Partnerschaft und 5,97 % lebten getrennt von ihren Partnern. Vergleiche hierzu Abbildung: 25, Frage 17

17. Sind Sie verheiratet?
Opt. 1☐ ja
Opt. 2☐ nein
Opt. 3☐ verwitwet
Opt. 4☐ geschieden
Opt. 5☐ eheähnliche Partnerschaften
Opt. 6☐ getrennt lebend

Abbildung 25: Graphische Darstellung zur Frage 17

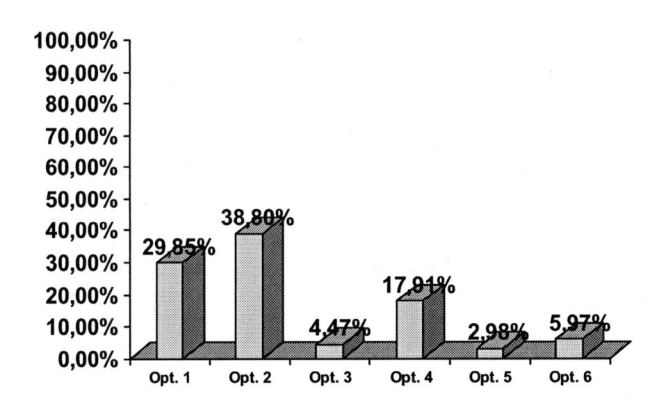

Quelle: Eigene Erhebung und Darstellung

Eine große Mehrheit der Befragten wohnte zum Zeitpunkt der Befragung zur Miete, 77,61 %, jedoch besaßen auch 13,43 % ein Eigenheim, ohne festen Wohnsitz war niemand. Einen Ausbildungsberuf hatten 64,17 % erlernt, einen Hauptschulabschluss besaßen 26,86 %, einen Realschulabschluss 20,89 %, die Hochschulreife 17,91 %. Die Zahlen des Sozioökonomischen Panels (SOEP) in Deutschland belegen in einer bundesweit repräsentativen Studie, dass 76 % der befragten Probanden eine Berufsausbildung abgeschlossen hatten.[227] Laut SOEP Monitors von 2007[228] haben 36,4 % der Menschen in Deutschland einen Hauptschulabschluss, 25,29 % einen Realschulabschluss und 26,05 % Abitur. Dieser Vergleich mit einer bundesweiten Erhebung zeigt deutlich, dass auch so genannte Geringqualifizierte häufig über eine fundierte Ausbildung verfügen. Der Sachverständigenrat hat 2006 bereits in einer Erhebung festgestellt, dass 60 % der Arbeitnehmerinnen und Arbeitnehmer im Niedriglohnsektor über eine Berufsausbildung verfügen.[229] Welcher Maßstab wird erhoben, wenn also von gering qualifizierten Personen im Niedriglohnsektor gesprochen wird? Ab wann ist jemand nicht mehr gering qualifiziert? Bei einer Einstufung nach dem ISCED[230] Niveau 3 sollten demnach die arbeitslosen Probandinnen und Probanden in der Lage sein, eine Arbeitsstelle zu finden, und würden nach dieser Einstufung nicht als gering qualifiziert gelten. In Deutschland lag aber die Er-

---

[227] Vgl.: **SOEP 2008**, http://de.statista.org/statistik/diagramm/studie/558/umfrage/berufsausbildung-studium-in-deutschland-abgeschlossen/ (Zugriff am: 21.08.2008).

[228] Vgl.: **SOEP Monitor 2007**, http://www.diw.de/documents/dokumentenarchiv/17/87721/soepmonitor_person2007-linked_de.pdf (Zugriff am: 21.08.2008)

[229] Vgl. **Sachverständigenrat zur Begutachtung der gesamtwirtschaftlichen Entwicklung: 2006**, S. 21

[230] Vgl.: **ISCED**, International Standard Classification of Education ist ein von der UNESCO eingeführtes System, um mehr Transparenz und Vergleichsmöglichkeiten im internationalen Bildungssystem zu erhalten. Dabei werden die Schulabschlüsse nach zwei Hauptkriterien unterteilt: Bildungsniveau und Bildungsbereich. Dieses System umfasst sechs Niveaustufen, von der allgemeinen Schulbildung bis zur Hochschulbildung. Nähere Infos unter: http://www.gesis.org/publikationen/Berichte/ZUMA_Methodenberichte/documents/pdfs/2006/06_08_Schroedter.pdf (Zugriff am: 21.08.2008).

werbslosenquote im Jahr 2005, laut einer Übersicht des Statistischen Bundesamtes[231], auf einem einfachen Bildungsniveau (2)[232] bei 16,2 %, auf Bildungsniveau (3) lag die Zahl bei 9,2 % und bei höherem Bildungsniveau (4) bei 5,3 %. Die Slowakische Republik weist im europäischen Kontext die höchsten Werte auf, Niveau (2) lag bei 53,2 %, Niveau (3) lag bei 14,4 % und auf Niveau (4) lag die Erwerbslosenquote bei 5,1 %. Zypern ist das Land in Europa, das nach dieser Einstufung durchweg erfreuliche Erwerbslosenzahlen aufweisen kann, Niveau (2) lag bei 5,9 %, Niveau (3) bei 5,6 % und auf Niveau (4) lagen die Zahlen bei 4,5 %. In Deutschland gibt es eine Tendenz zu Zweit- und Dritt-Berufsausbildungen. Nach der Hochschulreform genügt es heute oft nicht mehr, einen Bachelor-Abschluss zu besitzen, der Maßstab wird höher angesetzt und es wird zusätzlich der Master gefordert. Diesen Abschluss anzustreben, kostet jedoch nicht nur Zeit, sondern ist auch mit finanziellen Risiken verbunden. Nicht jeder hat die Ambitionen oder die Rahmenbedingungen, erfolgreich ein Hochschulstudium zu absolvieren oder mit der notwendigen Unterstützung eine Berufsausbildung erfolgreich zu beenden, um im Anschluss auf dem ersten Arbeitsmarkt einem existenzsichernden Beruf nachzugehen.

---

[231] Vgl.: **ILO Übersicht,** http://www.destatis.de/jetspeed/portal/cms/Sites/de statis/Internet/DE/Presse/pm/2006/09/PD06__384__133,templateId=renderPr int.psml (Zugriff am: 21.08.2008).

[232] Vgl.: http://www.destatis.de/jetspeed/portal/cms/Sites/destatis/Internet/DE /Presse/pm/2006/09/PD06__384__133,templateId=renderPrint.psml
1) „**Ergebnisse der ILO-Arbeitsmarktstatistik des Statistischen Bundesamtes.** Angaben der nationalen statistischen Ämter und Eurostats nach vergleichbarer Definition. 2) Niveau 0–2 (Vorschule, Primarbereich und Sekundarstufe 1) auf der international vergleichbaren Bildungsklassifikation ISCED (International Standard Classification of Education); entspricht in Deutschland einem Bildungsniveau bis höchstens Realschulabschluss. 3) ISCED-Niveau 3–4 (Sekundarstufe 2 und Postsekundarbereich); entspricht in Deutschland dem Abitur oder einer Berufsausbildung im dualen System oder an einer Berufsfachschule. 4) ISCED-Niveau 5–6 (Tertiärbereich); entspricht in Deutschland einer höheren berufsfachlichen Ausbildung oder einem Hochschul- oder Fachhochschulabschluss."

I. Lohnmodelle

1. Das Investivlohnmodell

Die erste Frage des Fragebogens beschäftigte sich mit dem Investivlohnmodell.[233] Die Probandinnen und Probanden wurden nach ihrem Kenntnisstand zu diesem Modell befragt. Für fast zwei Drittel, 58,2 %, war dieses Modell gänzlich unbekannt, lediglich 31,34 % haben angekreuzt, das Modell überhaupt zu kennen. Frage 2 ging näher auf das Modell ein, die Befragten sollten das Modell bewerten. Es gab 5 verschiedene Antwortoptionen. Auszug aus dem Fragebogen:

2. **Beim Investivlohn handelt es sich um zusätzlichen Lohn neben dem normalen Lohn. Dieser Lohn soll nicht jeden Monat ausbezahlt werden, sondern zur Finanzierung von Investitionen in der Firma verwendet werden. Es wird auf eine Lohnerhöhung verzichtet. Die Beschäftigten erhalten zur Entschädigung Belegschaftsaktien (Vorzugsaktien) des Unternehmens oder Anteilsscheine der Kapitalgesellschaften. Es findet nur einmal jährlich eine Auszahlung statt. Wie finden Sie solch eine Regelung?**

Nur eine Antwort möglich

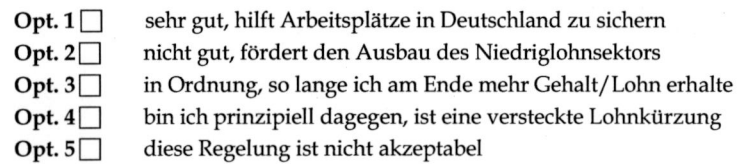

Opt. 1 ☐ sehr gut, hilft Arbeitsplätze in Deutschland zu sichern
Opt. 2 ☐ nicht gut, fördert den Ausbau des Niedriglohnsektors
Opt. 3 ☐ in Ordnung, so lange ich am Ende mehr Gehalt/Lohn erhalte
Opt. 4 ☐ bin ich prinzipiell dagegen, ist eine versteckte Lohnkürzung
Opt. 5 ☐ diese Regelung ist nicht akzeptabel

Die Probandinnen und Probanden taten sich schwer mit einer eindeutigen Tendenz. Dies ist wohlmöglich darauf zurückzuführen, dass fast zwei Drittel dieses Modell gar nicht kannten. Das Modell unter diesen Voraussetzungen eindeutig zu bewerten fiel naturgemäß sehr schwer. Die Opt. 1 lag, gemeinsam mit der Opt. 3, mit je 22,38 % der Antworten an erster Stelle (addiert ergibt dies 44,76 %). Es lässt sich daraus schlussfolgern, dass eine gewisse Grundakzeptanz des Modells besteht. Man

---

[233] Vgl.: Stefan Stracke, Erko Martins, Birgit K. Peters, Friedman W. Nerdinger, in **Mitarbeit und Investivlohn: Wirtschaft und Finanzen**, 1. Auflage, Hans Böckler Stiftung, Düsseldorf 2007.

darf aber nicht darüber hinwegsehen, dass ein fast gleichgroßer Anteil der Befragten das Modell ablehnt. Wenn man die Prozentzahlen der Opt. 5 mit 16,41 %, der Opt. 2 mit 13,43 %, dicht gefolgt von der Opt. 4 mit 11,94 % addiert, ergibt dies 41,78 %.

Abbildung 26: Graphische Darstellung zur Frage 2

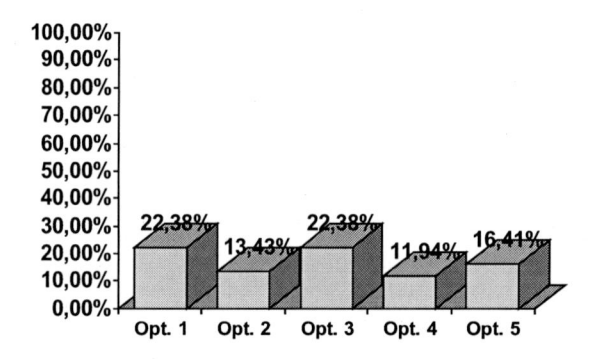

[Balkendiagramm: Opt. 1: 22,38%; Opt. 2: 13,43%; Opt. 3: 22,38%; Opt. 4: 11,94%; Opt. 5: 16,41%]

Quelle: Eigene Erhebung und Darstellung

Dieses uneindeutige Ergebnis schlug sich auch in der 3. Frage nieder. Frage 3 forderte die Probanden auf, sich zu äußern, ob sie persönlich mit diesem Modell einverstanden seien. Es gab ein Pattergebnis, 44,77 % waren einverstanden und 44,77 % lehnten es ab. Sicherlich hat zu diesen unterschiedlichen Antworten beigetragen, dass kein eindeutiges Modell von den Experten vorgeschlagen wurde. Verschiedene Modelle sollte es geben, die einen forderten einen Staatsfonds, der die Risiken minimiert, die andere Seite wollte Direktinvestitionen im Unternehmen, damit neues Kapital einfacher zur Verfügung gestellt werden kann, um notwendige Anschaffungen zu tätigen. Beim zweiten Modell besteht jedoch ein deutlich höherer Risikofaktor, dass Unternehmen könnte bei einer schlechten Wirtschaftslage Insolvenz anmelden, damit würden die Gelder zur Konkursmasse gehören und wären für die Angestellten verloren. Es ist auch nicht erläutert worden, was mit den eingezahlten Geldern passiert, wenn der Beschäftigte das Unternehmen verlässt. Solche Unsicherheiten könnten bei den Befragten zu ambivalenten Einstellungen und damit ebensolchen Ergebnissen bei der Bewertung des vorgeschlagenen Modells führen.

2. Das Kombilohnmodell

Ähnlich wie beim Investivlohnmodell gab es bei der Frage 8 des Fragebogens nach dem Kombilohnmodell[234] fast einen Gleichstand beim Ergebnis. 46,26 % der Befragten hatten das Modell bereits zur Kenntnis genommen und 47,76 % der Befragten waren der Meinung, das Modell nicht zu kennen. Dieses Ergebnis ist durchaus erstaunlich, zudem dieses Modell kein Novum darstellt und schon seit längerem in Deutschland praktiziert wird. Auszug aus dem Fragebogen:

9. Beim Kombilohnmodel handelt es sich um ein Instrument, bei dem der Arbeitgeber und der Staat anteilig am Lohn des Arbeitnehmers beteiligt sind. Der Staat zahlt den Arbeitgebern etwas zum Lohn des Arbeitnehmers hinzu. Beispiel: Ein Langzeitarbeitsloser erhält eine Arbeitsstelle in einem Unternehmen, das Jobcenter übernimmt einen Teil des Lohns, den anderen Teil muss der Arbeitgeber zahlen.
    Wie finden Sie dieses Modell?

Nur eine Antwort möglich

Opt. 1 ☐   sehr gut, fördert Anreize für Unternehmen mehr Personal einzustellen
Opt. 2 ☐   nicht akzeptabel, fördert die Lohnsenkung der Arbeitnehmerinnen und Arbeitnehmer
Opt. 3 ☐   finde ich gut, besser einen geförderten Job als gar keinen
Opt. 4 ☐   damit bin ich nicht einverstanden, die Lohnkosten der Unternehmen werden auf die Allgemeinheit umverteilt

---

[234] Vgl.: Sabine Dann, Andrea Kirchmann, Alexander Spermann in: **Kombi-Einkommen – Ein Weg aus der Sozialhilfe**, Nomos Verlag Auflage 1, Baden-Baden 2002.

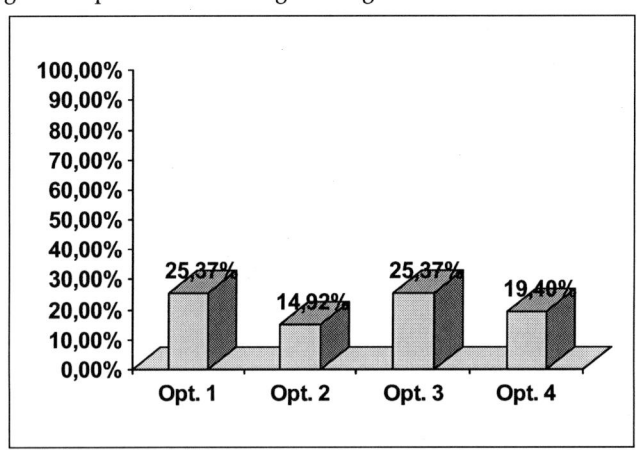

Abbildung 27: Graphische Darstellung zur Frage 9

	Opt. 1	Opt. 2	Opt. 3	Opt. 4
	25,37%	14,92%	25,37%	19,40%

Quelle: Eigene Erhebung und Darstellung

Die graphische Darstellung zur Frage 9 verdeutlicht, wenn man die Prozentergebnisse von Opt. 1 und Opt. 3 addiert, dass eine knappe Mehrheit von 50,74 % dieses Modell akzeptiert. Die befragten Personen waren mehrheitlich der Meinung, dass es durch das Kombilohnmodell zur Förderung von Anreizen für die Unternehmen kommt, mehr Personal einzustellen. Man muss bei diesem Modell jedoch vorsichtig sein. Die Unternehmen dürfen nicht dazu tendieren, Stammpersonal abzubauen und durch staatlich geförderte Jobs zu ersetzen. Es ist außerdem fraglich, ob und inwieweit Klebeeffekte in den einzelnen Unternehmen bei den vom Staat geförderten Jobs entstehen. Bestehen für die Kombilohnjobber reale Chancen, nach dem Ende der staatlichen Förderung einen normalen Arbeitsvertrag im Unternehmen zu erhalten, oder eben nicht? Bei diesem Modell müssen klare Normen eingeführt werden, um Missbrauch zu vermeiden. Das Unternehmen darf nur Langzeitarbeitslose zusätzlich zur vorhandenen Stammbelegschaft einstellen, und diese auch nur nach einem festgelegten Stichtag, der mit der zuständigen Agentur für Arbeit vereinbart wurde. Das neue Personal muss nach einem regional gültigen Tarifvertrag bezahlt werden, damit keine Verdrängungseffekte bei den anderen Arbeitnehmerinnen und Arbeitnehmern im Unternehmen entstehen können. Ohne diese Normen ist dieser Modellvorschlag fragwürdig, denn ansonsten subventioniert die Allgemeinheit tatsächlich die Profite von Unternehmen durch Transferleistungen. Einige der Befragten, 25,37 % (Opt. 3), fanden es dennoch besser, lieber einen geförderten Job zu haben als überhaupt keinen. Hierzu muss gesagt werden, dass solch eine Notlage schnell zu prekären Arbeitsbedingungen führen kann. Ohne jegliche Vereinbarung oder Schutz durch eine Arbeitnehmervertretung kann es in manchen Fällen dazu kommen, dass Personen ihre durch die Gesetzgebung sichergestellten Rechte nicht in Anspruch nehmen können oder sogar eingeschüchtert werden und dann auf diese verzichten. Ein Beispiel hierfür ist die Kameraüberwachung in Lebensmitteldiscountern, die primär dazu genutzt werden kann, um die eigenen Angestellten zu überwachen und um diese nach der Auswertung der Aufnahmen unter Druck zu setzen.[235]

Von den Befragten waren nach der Bewertung des Modells 47,76 % persönlich mit diesem Modell einverstanden und 38,8 % von ihnen blieben skeptisch und lehnten das Modell für sich persönlich ab.

3. Der Mindestlohn

Der Mindeststundenlohn[236] wird in der Öffentlichkeit und von Experten kontrovers diskutiert. Frage 5 des Bogens setzt sich mit diesem Thema auseinander. Die Probandinnen und Probanden sollten anhand von 7 Antwortoptionen die Einführung des Mindestlohns in Höhe eines Stundenlohns von 7,50 € bewerten. Vergleiche Frage 5.

---

[235] Vgl.: **Internetportal von Ver.di zum Thema Lidl.** http://www.verdi.de/lidl/(Zugriff am: 24.08.2008).
[236] Vgl.: Hrsg. Gabriele Stärkel, **Mindestlöhne gegen Lohndumping,** VSA Verlag Hamburg 2006.

5. **Was halten Sie von einem Mindeststundenlohn in Höhe von 7,50 €?**

Nur eine Antwort möglich

Opt. 1 ☐ sehr gut, hilft Arbeitsplätze in Deutschland zu sichern
Opt. 2 ☐ nicht gut, fördert den Ausbau des Niedriglohnsektors
Opt. 3 ☐ in Ordnung, so lange ich am Ende mehr Gehalt/Lohn erhalte
Opt. 4 ☐ diese Regelung ist nicht akzeptabel
Opt. 5 ☐ zu hoch, vernichtet den Niedriglohnsektor
Opt. 6 ☐ fördert die soziale Gerechtigkeit und dämmt die Ausbeutung der Arbeitnehmer ein
Opt. 7 ☐ zu niedrig, davon kann kein Mensch leben

Die Antwortoptionen waren teilweise in positive und teilweise in negative Bewertungsmuster unterteilt. Eine eindeutige Tendenz für ein Pro- oder Contra zum Mindestlohn konnte man nach der Auswertung der Ergebnisse nicht feststellen. Vergleiche Abbildung 28.

Abbildung 28: Graphische Darstellung zur Frage 5

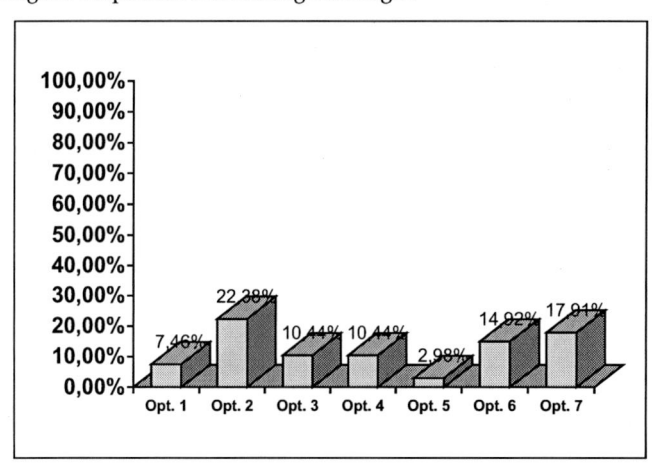

Opt.	%
Opt. 1	7,46%
Opt. 2	22,38%
Opt. 3	10,44%
Opt. 4	10,44%
Opt. 5	2,98%
Opt. 6	14,92%
Opt. 7	17,91%

Quelle: Eigene Erhebung und Darstellung

Eine geringe Mehrheit von 22,38 % war gegen den Mindestlohn, da sie einen Ausbau des Niedriglohnsektors befürchtet. Gefolgt von der Antwortoption 7 (17,91 %), nach der die Befragten den vorgeschlagenen Mindestlohn von 7,50 € als zu niedrig befanden. Laut einer Emnid-Umfrage des Nachrichtensenders N 24 votierten 60 % der Bevölkerung für einen Mindestlohn.[237] Dieses Ergebnis wird durch eine Umfrage der Handwerkskammer Berlin unterstützt, 66,3 % der Berliner Handwerksbetriebe fordern dessen Einführung.[238]

Dem Probandinnen und Probanden wurde bei Frage 4 die Möglichkeit eingeräumt, selbst einen Mindeststundenlohn anzugeben, für den sie bereit wären, einer Beschäftigung nachzugehen. Das Ergebnis liegt mit durchschnittlich 8,67 € im europäischen Kontext im oberen Drittel. Das Land Luxemburg hat nach einer Graphik der Hans Böckler-Stiftung einen Mindeststundenlohn von 9,08 €, Irland von 8,65 € und Frankreich von 8,44 €.[239] Die Forderung des DGB liegt mit 7,50 € an sechster Stelle. Der niedrigste Wert kam aus Bulgarien, er lag bei 0,65 €. In dieser Mikrostudie war der geringste Wert, den eine Person eingetragen hat, 5 €, der höchste Wert lag bei 35 € die Stunde, es muss jedoch die Heterogenität der befragten Gruppe berücksichtigt werden, von Arbeitslosen bis zu Selbstständigen und Akademikern waren alle Personengruppen vertreten.

Unter den befragten Personen gab es eine knappe Mehrheit, 50,74 %, die bei einer Einführung eines Mindestlohns keine Gefährdung der Gewerkschaften befürchten, 43,28 % sehen die Einführung des Mindestlohns als durchaus bedenklich für die eine oder andere Gewerkschaft an. Herr Antas[240] sieht die Einführung etwas zwiespältig. Positiv bewertet er, dass in der öffentlichen Debatte das Verhältnis zwischen Arbeit und einem adäquaten Entgelt diskutiert wird, andererseits sieht er darin jedoch einen Eingriff in die Tarifautonomie, die sich seiner Meinung nach

---

[237] Vgl.: **N 24 Emnidumfrage vom 30.04.2007.** http://www.mindestlohn.de/meinung/umfragen/umfrage_2007/. (Zugriff am: 2.09.2008).

[238] Vgl.: **Ergebnisse der Sonderumfrage Pro und Contra Mindestlohn, Handwerksammer Berlin, März 2008.** http://www.hwk-berlin.de/fileadmin/user_upload/Dateien/Presse_2007/Umfrage_Mindestlohn.pdf (Zugriff am: 2.09.2008).

[239] Vgl.: **Graphik der Hans Böckler Stiftung, Mindestlohn in Europa.** http://www.boeckler.de/32015_90029.html (Zugriff am: 24.08.2008).

[240] Vgl.: **Herr Juan Carlos Rios Antas, Abteilung Tarifpolitik der IG Metall**, Herr Antas nahm im Frühjahr 2008 an den Tarifverhandlungen zwischen der DGB-Tarifgemeinschaft und dem BZA teil. Interview vom 7. August 2008, IG Metall Frankfurt am Main.

in den letzten Dekaden etabliert und bewährt hat. Ein Eingriff des Staates wird nur toleriert, wenn der Mindestlohn eine Unterstützung der Tarifautonomie darstellen sollte. Der Mindestlohn wird von der IG Metall akzeptiert, solange untragbare Zustände durch diesen verbessert werden können. Tarifverträge stellen immer nur einen Kompromiss dar, es ist utopisch zu glauben, dass es in Zukunft keine kontroversen Debatten zum Thema Arbeitnehmerentgelt geben wird. Die Probandinnen und Probanden sind der Meinung, dass es zu keinem Arbeitsplatzabbau nach Einführung des Mindestlohns kommen wird. Vergleiche Frage 7.

7. **Sind Sie der Meinung, dass die Einführung von Mindestlöhnen Arbeitsplätze kostet?**

Nur eine Antwort möglich

☐ Ja ☐ Nein

Abbildung 29: Graphische Darstellung zur Frage 7

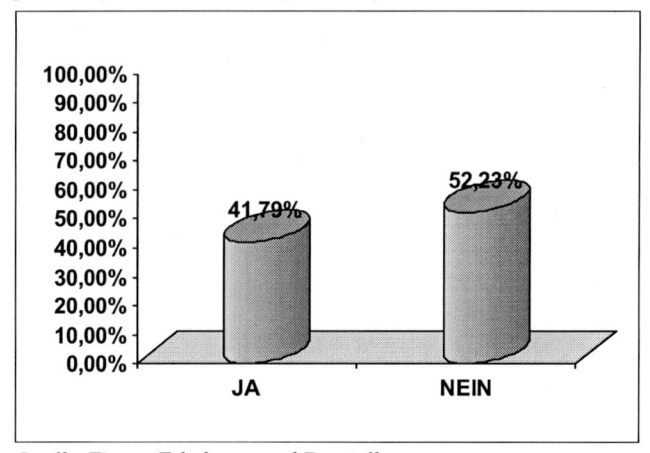

[Balkendiagramm: JA 41,79%, NEIN 52,23%]

Quelle: Eigene Erhebung und Darstellung

Diese These wird auch von Herrn Antas unterstützt. Er ist ebenfalls dieser Ansicht, dass es durch die Einführung des Mindestlohns in Deutschland nicht zu einem signifikanten Abbau von Arbeitplätzen im Niedriglohnsektor kommen wird.[241]

---

[241] Vgl.: **Antas Interview vom 7.08.2008**, Frankfurt am Main.

Selbstverständlich wird es zu Veränderungen kommen, jedoch zeigen europäische Beispiele wie das der Niederlande, dass es nach einer gewissen Phase zu Kompensationen auf dem Arbeitsmarkt kommen wird. Die niederländische Wirtschaft funktioniert seit den 1960er Jahren mit einem etablierten Mindestlohn, aktuell in Höhe von 8,19 €.

Die Arbeitgeberseite ist gespalten, was die Einführung eines Mindestlohns anbelangt. In einer Umfrage der WGZ Bank vom 28.02.2008 unter 900 mittelständischen Unternehmen in NRW lehnen 39 % der befragten Unternehmen den Mindestlohn ab, 41 % befürworten diesen.[242]

Dieses Ergebnis beweist, dass das in der Öffentlichkeit kontrovers diskutierte Thema gleichermaßen auf der Arbeitgeberseite existent ist. Von den befragten Unternehmen sprechen sich 75 % für einen branchenspezifischen und 25 % für einen branchenübergreifenden Mindestlohn aus.

Ein vereinbarter Tarifvertrag stellt einen Kompromiss zweier Interessenlager da. Die Einführung eines Mindestlohns ändert nichts an dieser Tatsache. Die Diskussionen zum Thema Lohnpolitik sind zu deutlich interessenbestimmt, als dass man annehmen könnte, sie würden durch den Mindestlohn zukünftig eine neue Tendenz aufweisen. Bei dieser Mikrostudie votierten 52,23 % der Befragten für ein Nein, es wird nicht zu einem Arbeitsplatzabbau kommen, wenn der Mindestlohn eingeführt wird, 41,79 % teilten diese Ansicht nicht.[243] Die Umfrage der WGZ Bank kam zu dem Ergebnis, dass 24 % der Unternehmen eine Notwendigkeit sehen, Personal abzubauen. Zudem würden 34 % der Unternehmen nach der Einführung zumindest kein neues Personal einstellen. 25 % erwarten Gewinneinbußen und 30 % würden bei der Einführung verstärkt mit Rationalisierungsmaßnahmen reagieren. Ein Viertel (25 %) rechnet sogar mit Gewinneinbußen. Trotz der Aktualität und der offensichtlichen Brisanz des Themas befanden 50 % der Befragten die Höhe des Mindestlohns als angemessen.

---

[242] Vgl.: **Umfrage der WGZ Bank vom 28.02.2008**, Düsseldorf. http://www.wgz-bank.de/de/wgzbank/unternehmen/presse/pressemitteilungen/2008/080228.html (Zugriff am: 2.09.2008).

[243] Vgl.: **Frage 7 des Fragebogens**.

Die Einführung des gesetzlichen Mindestlohns in Deutschland

Abbildung 30: Graphische Darstellung der Mindestlöhne in Europa[244]

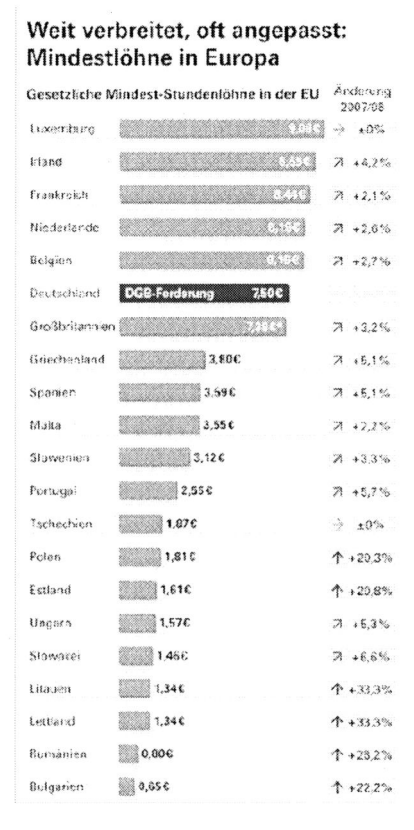

Weit verbreitet, oft angepasst: Mindestlöhne in Europa

Gesetzliche Mindest-Stundenlöhne in der EU, Änderung 2007/08

Land	Lohn	Änderung
Luxemburg	9,08 €	↗ +0%
Irland	8,65 €	↗ +4,2%
Frankreich	8,44 €	↗ +2,1%
Niederlande	8,19 €	↗ +2,6%
Belgien	8,02 €	↗ +2,7%
Deutschland	DGB-Forderung 7,50 €	
Großbritannien	7,49 €	↗ +3,2%
Griechenland	3,80 €	↗ +5,1%
Spanien	3,59 €	↗ +5,1%
Malta	3,55 €	↗ +2,2%
Slowenien	3,12 €	↗ +3,3%
Portugal	2,55 €	↗ +5,7%
Tschechien	1,87 €	↘ ±0%
Polen	1,81 €	↑ +20,3%
Estland	1,61 €	↑ +20,8%
Ungarn	1,57 €	↗ +5,3%
Slowakei	1,46 €	↗ +6,6%
Litauen	1,34 €	↑ +33,3%
Lettland	1,34 €	↑ +33,3%
Rumänien	0,00 €	↑ +28,2%
Bulgarien	0,65 €	↑ +22,2%

Ist ein Auswandern der deutschen Unternehmen zu befürchten? Ein Beispiel hierfür ist die Auslagerung von Unternehmen ins „billigere" Ausland, trotz hoher Gewinne. Ein namhafter Elektrogerätehersteller[245] mit Produktionsstandort Nürnberg und ein Mobilfunkgerätehersteller[246] mit

---

[244] Vgl.: **Graphik der Hans Böckler Stiftung, Mindestlohn in Europa.** http://www.boeckler.de/32015_90029.html (Zugriff am: 24.08.2008).
[245] Vgl.: **Internetportal des Manager Magazins zum Thema Electrolux-AEG,** http://www.manager-magazin.de/unternehmen/artikel/0,2828,389964,00.html (Zugriff am: 26.08.2008).
[246] Vgl.: **Internetportal vom Spiegel-Online zum Thema Nokia,** http://www.spiegel.de/wirtschaft/0,1518,528713,00.html (Zugriff am: 26.08.2008).

Standort Bochum sind in letzter Zeit stark in die Kritik geraten, weil diese ihren Standort trotz der schwarzen Zahlen, die diese Unternehmen schrieben, ins Ausland verlagert haben.

Bei der Erhebung kam heraus, dass eine große Mehrheit der Befragten keinerlei Verständnis für eine Verlagerung der Produktion ins Ausland hat. Die Mehrheit von 47,76 % (vgl. Opt. 2) fand diese nicht akzeptabel und forderte ein Eingreifen der politischen Akteure, 31,34 % (vgl. Opt. 3). Eine gewisse Akzeptanz liegt nur dann vor, wenn der Standort innerhalb Deutschlands verlagert würde, 26,86 % (Opt. 6). Vergleiche Frage 12.

12. **Ein Unternehmen beschließt trotz hoher Gewinne, den Firmenstandort zu verlagern. Was halten Sie davon?**

Mehrere Antworten möglich

Opt. 1 ☐ ist mir egal, solange ich nicht davon betroffen bin
Opt. 2 ☐ nicht akzeptabel
Opt. 3 ☐ die Politik muss etwas dagegen unternehmen
Opt. 4 ☐ kann ich gut verstehen, der Gewinn eines Unternehmens muss wachsen
Opt. 5 ☐ das schafft woanders neue Arbeitsplätze
Opt. 6 ☐ finde ich OK, solange der Standort nur in Deutschland verlagert wird

Bei dieser Frage war eine deutliche Tendenz zu erkennen. Die Probandinnen und Probanden waren sich mehrheitlich einig. Nur 2,98 % der Befragten zeigten Verständnis für die ökonomische Rechtfertigung für solch ein Vorgehen. Ein geringer Prozentsatz von 5,97 % fand es gut, wenn ein Unternehmen seinen Standort verlagert, da dadurch am neuen Standort wiederum neue Arbeitsplätze geschaffen werden können. Eine geringe Minderheit von 7,46 % interessierte eine Verlagerung des Standorts eines Unternehmens nicht, solange ausschließlich andere Personen davon betroffen sind und das persönliche Schicksal unberührt bleibt. Vergleiche Graphische Darstellung zur Frage 12.

Eine Verlagerung der Produktion ins Ausland muss intensiv durchdacht werden. Sie birgt nicht nur Vorteile, sondern auch Risiken, die berücksichtigt werden müssen. Es ist nicht ratsam, alle Bereiche der Wirtschaft generell aus Gründen des Profits auszulagern. Vergleiche hierzu die Graphik des Fraunhofer-Instituts.[247]

Abbildung 31: Graphische Darstellung zur Frage 12

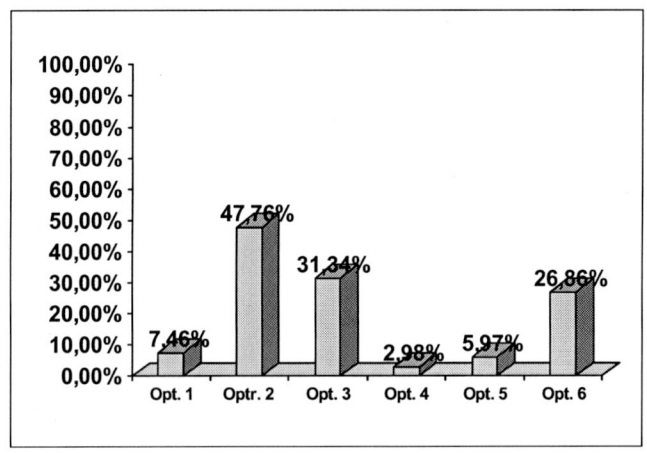

[Balkendiagramm: Opt. 1: 7,46%; Optr. 2: 47,76%; Opt. 3: 31,34%; Opt. 4: 2,98%; Opt. 5: 5,97%; Opt. 6: 26,86%]

Quelle: Eigene Erhebung und Darstellung

Abbildung 32: Vollzogene oder geplante Verlagerung ins Ausland

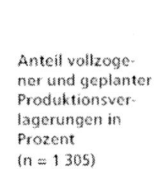

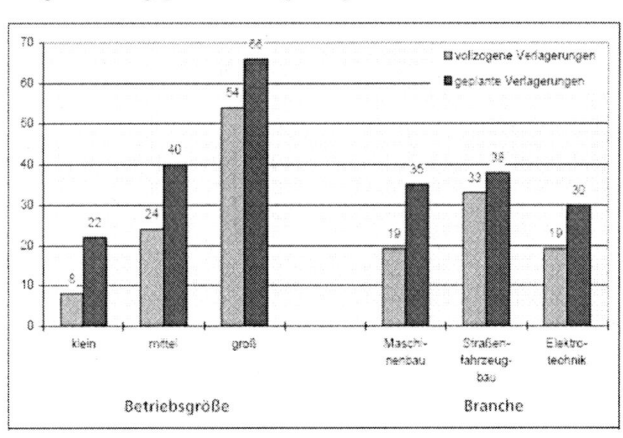

[Balkendiagramm: Anteil vollzogener und geplanter Produktionsverlagerungen in Prozent (n = 1 305). Betriebsgröße: klein 8/22, mittel 24/40, groß 54/66. Branche: Maschinenbau 19/35, Straßenfahrzeugbau 33/38, Elektrotechnik 19/30. Legende: vollzogene Verlagerungen, geplante Verlagerungen]

---

[247] Vgl.: **Graphik der geplanten oder vollzogenen Verlagerungen ins Ausland.** http://www.isi.fraunhofer.de/i/dokumente/pi2.pdf (Zugriff am: 26.08.08).

Diese Abbildung zeigt die geplanten oder bereits vollzogenen Auslagerungen von Unternehmen, gestaffelt nach Betriebesgröße und Branche. Eine deutliche Tendenz von großen Unternehmen, die Straßenfahrzeuge produzieren, ist ersichtlich. Es gibt verschiedene Formen der Auslagerung, man lagert vermeintlich unrentable Abteilungen aus oder man verlagert das ganze Unternehmen. Es muss berücksichtigt werden, wie man die Produktivität am effizientesten steigern kann. Dies kann durchaus mit einer Standortverlagerung verbunden sein, die ist jedoch nicht zwangsläufig die beste Lösung, wie Abbildung 33 veranschaulicht.[248]

Abbildung 33: Graphische Darstellung von Produktionsvolumen im In- und Ausland

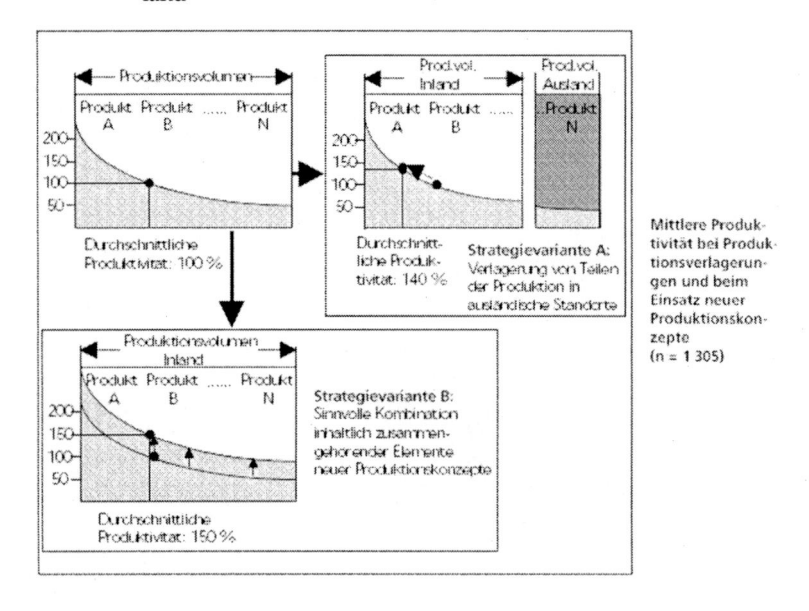

---

[248] Vgl.: **Graphische Darstellung von Produktionsvolumen im In- und Ausland des Fraunhofer-Instituts.** Das Frauenhofer-Institut für Systemtechnik und Innovationsforschung hat im Jahr 1995 eine schriftliche Umfrage zu den Produktionsstrukturen in der Investitionsgüterindustrie in Deutschland durchgeführt. http://www.isi.fraunhofer.de/i/dokumente/pi2.pdf (26.08.08).
Vgl.: **Outsourcing: Deutsche Unternehmen haben Angst vor dem Ausland. Unfrage der Mummert Consulting** 2004. http://www.innovations-report.de/html/berichte/wirtschaft_finanzen/bericht-33044.html (Zugriff am: 29.08.2008).

Eine Verlagerung einer bestimmten Abteilung kann durchaus sinnvoll sein, um die Produktivität zu steigern, siehe Strategievariante A in der Graphik. Diese sieht vor, unrentable Abteilungen ins Ausland zu verlagern. Im Ausland, so wird gehofft, sind die Lohnnebenkosten nicht so hoch und das Arbeitsrecht weniger streng, resp. es besteht fast gar keines. Überraschenderweise zeigt die Graphik, dass, Variante B, das Produktionsvolumen des Unternehmens beim Verbleib im Inland durch neue Konzepte und Investitionen in die technische Infrastruktur, dasjenige des Unternehmens mit der Strategievariante A übertreffen kann. Eine mögliche Erklärung könnte sein, dass bei der Verlagerung koordinierende, administrative und planende Aufgaben beim Einsatz neuer Produktionskonzepte anfallen können, unabhängig vom Produktionsvolumen. Beim Verbleib in Deutschland können dagegen Synergieeffekte entstehen, die die neuen Aufgaben kompensieren. Bei der Option, ins Ausland zu gehen, werden neue Schnittstellen entstehen, die einen zusätzlichen Koordinations- und Verwaltungsaufwand erfordern. Eine Verlagerung unproduktiver Produktlinien oder Fertigungsprozesse erhöht die mittlere Produktivität am Standort Deutschland, jedoch ohne dass die in Deutschland verbliebenen Produktionsprozesse signifikant verbessert werden. Der Nachteil bei einer Verlagerung ins Ausland ist jedenfalls der, dass der Produzent nicht mehr so flexibel auf die Kundenwünsche eingehen kann. Für sehr stark spezialisierte Unternehmen kann eine Verlagerung auch zu einem Know-how-Verlust führen. Wenn diese ihre Kernkompetenz im High-Tech-Bereich haben und nur speziell ausgebildete Mitarbeiter beschäftigen, kann dies zu erheblichem Mehraufwand und zu nicht vorhersehbaren Komplikationen führen, wenn im Ausland die benötigten Fachleute nicht zur Verfügung stehen. Der Verbleib in Deutschland hat bei systematischer Verbesserung des Produktionsprozesses keine negativen Auswirkungen auf den Standort Deutschland, im Gegenteil wird dieser dadurch gefestigt und Arbeitsplätze werden gesichert. In der Umfrage der WGZ Bank votierten lediglich 2 % der

Unternehmen für das Auslagern einzelner Standorte bei einer Einführung des Mindestlohns.[249]

Der Bundesstaat Kalifornien in den USA hat Überlegungen darüber angestellt, Staatsaufträge nur noch an Unternehmen zu vergeben, die sich dazu verpflichten, ausschließlich auf Personal aus den USA zurückzugreifen.[250] Dieser Gesetzesvorschlag wurde Gouverneur Arnold Schwarzenegger im Jahr 2004 vorgelegt, der Ausgang seiner Entscheidung konnte jedoch nicht recherchiert werden. Dennoch ist dieser Gesetzesentwurf sehr interessant und sollte in der öffentlichen Debatte auch in Deutschland diskutiert werden. Öffentliche Bauherren, wie Kommunen oder das Land, haben sich ohnehin dazu verpflichtet, bei Ausschreibungen nur Aufträge an Unternehmen zu vergeben, die einen in ihrer Branche gültigen Tariflohn an ihre Mitarbeiter zahlen.

Die Lohnspreizung in Deutschland zeigt nach neuen Erkenntnissen ein immer schnelleres Voranschreiten dieses Prozesses an. Immer mehr Menschen müssen mit einem geringeren Einkommen im Monat auskommen. Das Gehalt der Topverdiener steigt unterdessen überproportional an.[251] Um dieser Tendenz entgegenzuwirken und um soziale Gerechtigkeit zu fördern, gibt es den Vorschlag, ein bedingungsloses Grundeinkommen für die Bürgerinnen und Bürger in Deutschland einzuführen.[252] Dieser Vorschlag wurde in die Erhebung mit aufgenommen. Vergleiche hierzu die Frage 11.

---

[249] Vgl.: **Umfrage der WGZ Bank vom 28.02.2008,** Düsseldorf. http://www.wgzbank.de/de/wgzbank/unternehmen/presse/pressemitteilungen/2008/080228.html (Zugriff am: 2.09.2008).

[250] Vgl.: **Kalifornisches Gesetz über Outsourcing ins Ausland.** http://www.heise.de/bin/tp/issue/r4/dl-artikel2.cgi?artikelnr=18206&mode=html&zeilenlaenge=72 (Zugriff am: 29.08.2008).

[251] Vgl.: **Onlineportal der Zeitschrift Spiegel. Lohnschere geht in Deutschland immer weiter auseinander.** Artikel vom 19. Juni 2007. http://www.spiegel.de/wirtschaft/0,1518,489512,00.html (Zugriff am: 29.08.2008).

Vgl.: Lohnspreizung: Mythen und Fakten von Ronald Schettkat, im Auftrag der Hans Böckler Stiftung Düsseldorf, 2006. http://www.boeckler.de/pdf/p_edition_hbs_183.pdf (Zugriff am: 29.08.2008).

[252] Vgl.: **Bedingungsloses Grundeinkommen als Antwort auf die Krise der Arbeitsgesellschaft.** Diskussion über Chancen, Risiken und Folgeprobleme. „Öf-

11. Was halten Sie von dem Vorschlag, ein bedingungsloses Grundeinkommen einzuführen (jeder Bürger erhält ein monatliches Einkommen ohne eine Gegenleistung zu erbringen)?

Nur eine Antwort möglich

Opt. 1 ☐ sehr gut, es soll jedem selbst überlassen werden, ob er arbeiten möchte oder nicht
Opt. 2 ☐ damit bin ich einverstanden, mich interessieren die anderen nicht
Opt. 3 ☐ nicht akzeptabel, jeder soll seiner Leistung entsprechend bezahlt werden

Das Ergebnis ist eindeutig, der Vorschlag stößt mit einer großen Mehrheit von 65,67 % auf Ablehnung (Opt. 3). Vergleiche Abbildung 34.

Abbildung 34: Graphische Darstellung zur Frage 11

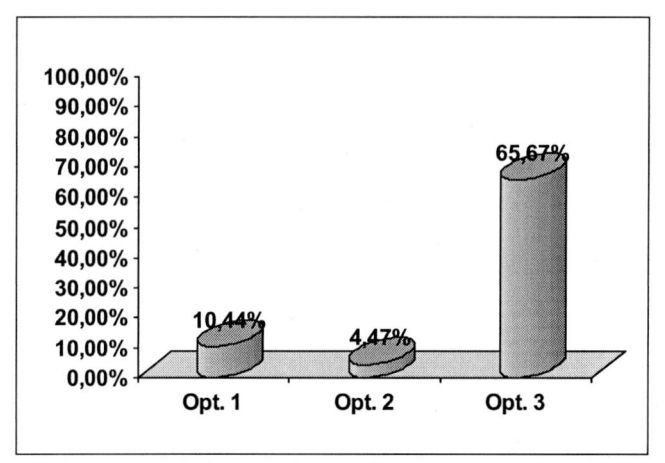

Quelle: Eigene Erhebung und Darstellung

Nur 10,44 % (Opt. 1) der Befragten fanden den Vorschlag sehr gut und waren der Meinung, es sollte jedem selbst überlassen werden, ob er/sie arbeiten möchte oder nicht. Dieser Meinung schlossen sich weitere 4,47 % (Opt. 2) an. Im Anschluss sollte festgestellt werden, welche Reformen in Deutschland notwendig sind, um Disparitäten in der Gesell-

---

fentliche Diskussionsveranstaltung an der Johann Wolfgang Goethe-Universität Frankfurt am Main, 14. Juli 2006. http://bedingungsloses-grundeinkommen. de/podium/seite1.html (Zugriff am: 29.08.2008).

schaft zu verhindern oder zu kompensieren. Das Modell eines bedingungslosen Grundeinkommens genießt keinen Zuspruch. Also sollten die Probandinnen und Probanden anhand von 10 verschiedenen Vorschlägen gemäß ihrer Meinung ankreuzen, was zur sozialen Gerechtigkeit in der Gesellschaft beitragen könnte. Vergleiche Frage 13.

13. Was könnte Ihrer Meinung nach dazu beitragen, die soziale Gerechtigkeit in Deutschland zu fördern?

Mehrere Antworten möglich

Opt. 1 ☐ die Erhöhung des Wohngeldzuschusses
Opt. 2 ☐ die Erhöhung des Arbeitslosengeldes II
Opt. 3 ☐ die Erhöhung der Renten
Opt. 4 ☐ die Abschaffung der Studiengebühren
Opt. 5 ☐ die Erhöhung des Arbeitslosengeldes I
Opt. 6 ☐ eine Steuerreform, die Geringverdiener entlastet
Opt. 7 ☐ die Reform der Erbschaftssteuer
Opt. 8 ☐ eine stärkere Besteuerung der Reichen
Opt. 9 ☐ die Erhöhung der Sozialhilfe
Opt. 10 ☐ die Senkung der Lohnnebenkosten

Diese Antwortoptionen sind aus den Vorschlägen in der öffentlichen Debatte zusammengefasst und spiegeln im Kern die Grundaussagen der Modellvorschläge wider. Der erste Vorschlag (Opt. 1), der eine Erhöhung des Wohngeldzuschusses[253] vorsieht, lag mit 16,41 % an vorletzter Stelle. Und dies, obwohl laut der Zeitschrift Tagesspiegel anstatt 600.000 Menschen nunmehr ca. 850.000 Menschen von dieser Erhöhung profitieren sollen, insbesondere Familien mit einem geringen Einkommen. Trotzdem erfährt dieser Vorschlag keine hohe Resonanz. Die Prioritäten sind bei den Befragten offensichtlich anders gelagert und die Subventionierung von Mietwohnungen steht dabei hinten an. Nur eine Erhöhung

---

[253] Vgl.: **Onlinedokumentation des Tagesspiegels vom 22.02.2008. Wohngeld soll kräftig erhöht werden"** Ein guter Tag für einkommensschwache Haushalte", jubelt der Mieterbund, „Bauminister Tiefensee will das Wohngeld um zwei Drittel erhöhen. Jetzt soll das neue Gesetz noch in diesem Jahr auf den Weg gebracht werden." http://www.tagesspiegel.de/politik/deutschland/Wohngeld; art122,2481657 (Zugriff am: 29.08.2008).

des Arbeitslosengeldes I[254] (Opt. 5) schnitt mit einer Bewertung von 10,44 % noch schlechter ab. Die befragten Personen sahen in diesem Vorschlag keinen adäquaten Weg, um Disparitäten auszugleichen.

Abbildung 35: Graphische Darstellung zur Frage 13

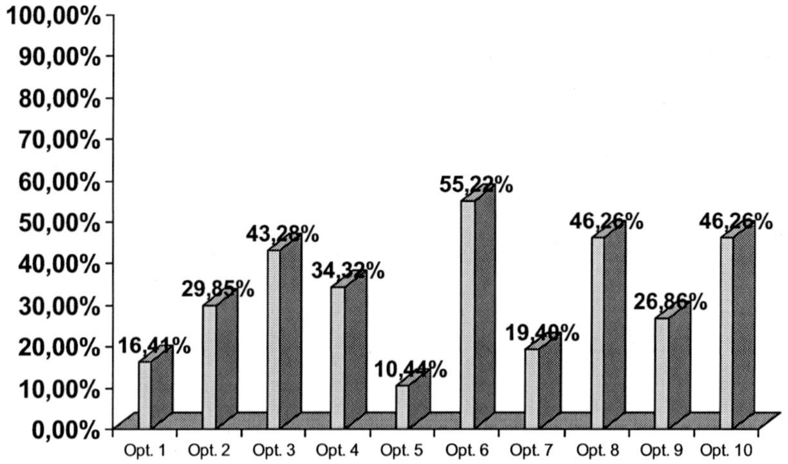

Quelle: Eigene Erhebung und Darstellung

Dieser Vorschlag soll vermehrt Personen zugute kommen, die lange in die Arbeitslosenversicherung eingezahlt haben und laut der Agentur für Arbeit aufgrund ihres Alters schwer zu vermitteln sind. Anders wurde jedoch die Opt. 2 bewertet. Einer Erhöhung des Arbeitslosengeldes II stimmten 29,85 % der Probandinnen und Probanden zu. Dies sehen mehrere Paritätische Wohlfahrtsverbände ähnlich. Wenn es nach den

254 Vgl.: **Onlinedokumentation der Zeitschrift Focus vom 15.10.2007. „Arbeitslosengeld I Münteferings Vorschlag erntet Zustimmung.** Der jüngste Kompromissvorschlag von Arbeitsminister Müntefering zur verlängerten Auszahlung des Arbeitslosengeldes I an Ältere stößt in der SPD auf einige Sympathie. Die Hoffnung auf eine Einigung mit Parteichef Beck wächst." http://www.focus.de/politik/deutschland/arbeitslosengeld-i_aid_135891.html (Zugriff am: 29.08.2008).

Verbänden ginge, müsste das Existenzminimum auf 415 € angehoben werden.[255] Eine Koppelung des ALG II an eine Rentenerhöhung ist dagegen kritisch zu bewerten. Die Erhöhung sollte von einem unabhängigen Ausschuss beraten und alle 2 bis 3 Jahre durch einen bindenden Beschluss vorgenommen werden. Eine prozentuale Erhöhung sollte sich, zumindest, an der Inflationsrate orientieren.

Einen höheren Stellenwert bei der Befragung genießt der Vorschlag, eine Rentenerhöhung durchzuführen, 43,28 % (Opt. 3). Die erste Rentenerhöhung seit 2003 beschert den ca. 20 Millionen Rentnern in Deutschland einen Rentenzuwachs in Höhe von 0,54 %.[256] Dieser Zuwachs fällt so gering aus, dass ein Beitragszahler, der 45 Jahre eingezahlt hat und 1100 € Rente bezieht, gerade mal 6 € im Monat mehr zur Verfügung hat.[257] Alleine die Inflation hat in den letzten Jahren maßgeblich zu einer faktischen Rentenkürzung beigetragen, ohne die Reformen im Gesundheitswesen überhaupt zu berücksichtigen. Diese und andere Erkenntnisse gaben den politischen Akteuren dann den Anstoß, eine Verdoppelung der Rentenerhöhung auf 1,1 % anzustreben.[258]. Man muss jetzt jedoch abwarten, ob dieses womöglich auch wahltaktische Kalkül der Koalition aufgeht oder ob sich der Unmut vieler Rentner bei der nächsten Bundestagswahl 2009 im Ergebnis widerspiegeln wird.

Ein seit dem Bologna-Prozess[259] häufiger kontrovers diskutiertes Thema in Deutschland ist die Einführung der Studiengebühren in eini-

---

[255] Vgl.: **Onlineportal Sozialleistungen.de vom 9.05.2007. „Arbeitslosengeld II Erhöhung in der Kritik."** http://www.sozialleistungen.info/news/09.05.2007-arbeitslosengeld-ii-erhoehung-in-der-kritik/ (Zugriff am: 1.09.2008).

[256] Vgl.: **Onlinedokumentation der Tagesschau vom 25.04.2007. „Mehr Geld für 20 Millionen Rentner"** http://www.tagesschau.de/inland/meldung37206.html (Zugriff am: 30.08.2008).

[257] Vgl.: ebd.

[258] Vgl.: **Onlinedokumentation der Süddeutschen Zeitung vom 15.03.2008.** http://www.sueddeutsche.de/deutschland/artikel/90/163632/ (Zugriff am: 30.08.2008).

[259] Vgl.: **Onlinedokumentation des Ministeriums für Bildung und Forschung. „Der Bologna-Prozess".** http://www.bmbf.de/de/3336.php (Zugriff am: 30.08.2008).

gen Bundesländern. Diese Gebühr soll die Kosten des Studiums bei den Trägern der Hochschule reduzieren. Ihre Einführung selektiert jedoch bereits im Vorfeld Personen aus, die es sich nicht leisten können, 500 € im Semester zusätzlich aufzubringen. Selbst eingeführte Modelle, wie der Studienkredit der Landesbanken, die diese Gebühr während des Studiums übernehmen, treiben die Studentinnen und Studenten nach ihrem Abschluss in eine Schuldenfalle. Deshalb waren 34,32 % (Opt. 4) der befragten Personen gegen die Erhebung der Studiengebühren und forderten ihre Abschaffung.

Die Antwortoption mit dem größten Zuspruch in der Befragung war die Option 6 mit 55,22 % der Stimmen. Diese sieht eine Reform des Steuertransfersystems in Deutschland vor. Dieser Meinung schloss sich auch Bundeskanzlerin Merkel in einem Interview der Zeitschrift „Neue Presse Hannover"[260] an: *„Wir wollen dafür sorgen, dass die Menschen wieder mehr Netto von ihrem Brutto erhalten. Es geht darum, vor allem die Mittelschicht, Geringverdiener und Familien zu entlasten und mehr für Kinder zu tun."*[261] Jedoch möchte Frau Merkel an den Einkommensteuersätzen in der aktuellen Legislaturperiode nichts ändern. Der Parteichef der CSU, Erwin Huber, forderte: *„Es sollten die Menschen entlastet werden, die jeden Tag fleißig sind und arbeiten gehen".*[262] Huber ist der Meinung, dass vor allem wegen gestiegener Lebenshaltungskosten eine Reform zwingend notwendig sei. Angesichts einer womöglich bevorstehenden Rezessionsgefahr[263] in Deutschland im Winter 2008 sollten die einkommensschwa-

---

[260] Vgl.: **Onlinedokumentation der Bundesregierung, 9.05.2008. „Merkel – Die Mittelschicht und Geringverdiener entlasten."** http://www.bundesregierung.de/nn_1500/Content/DE/Interview/2008/05/2008-05-09-merkel-passauer-neue-presse.html (Zugriff am: 30.08.2008)

[261] Vgl.: ebd.

[262] Vgl.: **Onlinedokumentation der PAZ vom 20.04.2008. „CSU dringt auf Steuersenkungen für Geringverdiener."** http://www.paz-online.de/newsroom/politik/zentral/politik/art1013,576275 (Zugriff am: 30.08.2008).

[263] Vgl.: **Onlinedokumentation der Zeitschrift Spiegel vom 5.08.2008. „Angst vor Rezession erreicht Deutschland."** http://www.google.de/search?hl=de&q=steuerreform+die+geringverdiener+entlastet&start=0&sa=N (Zugriff am: 30.08.2008).

chen Haushalte stärker entlastet werden. Diese tragen durch ihr Konsumverhalten signifikant zum wirtschaftlichen Aufschwung, bei. Hierbei muss darauf geachtet werden, ob diese Aussage ein rein parteipolitisches Kalkül ist oder ob in naher Zukunft tatsächlich eine Reform des deutschen Steuersystems vorgenommen wird. Verschiedene Vorschläge zur Reform gab es in der Vergangenheit, keiner wurde bis jetzt jedoch in einer Weise umgesetzt, dass sich ein signifikanter Zuwachs beim Netto der Bürgerinnen und Bürgern ergab.[264] Eine Option, um eine Steuererleichterung für Geringverdiener wirtschaftlich zu kompensieren, ist der Vorschlag, eine Erbschaftssteuerreform durchzuführen. Dieses Modell ist jedoch anders umgesetzt worden als erhofft. Es werden zukünftig weniger Menschen von dieser Steuer betroffen sein, die Steuereinnahmen bleiben jedoch identisch hoch, ca. 4 Milliarden Euro.[265] Natürlich hat die Koalition im Vertrag nie den Anspruch gehabt, mit dieser Reform Geringverdiener zu entlasten, es sollten dagegen Firmenerben stärker entlastet werden.

Mit einem Prozentsatz von 46,26 (Opt. 8) haben sich die befragten Personen für eine stärkere Besteuerung von „Reichen" ausgesprochen. Die SPD möchte den Kreis der Betroffenen auf Besserverdiener ausweiten und den maximalen Steuertarif ab einem Einkommen von 125.000 € einführen.[266] Dies wäre eine Kehrtwende zur Politik Schröder. Die rotgrüne Regierungskoalition hatte den Spitzensteuersatz von 53 % auf 42 % gesenkt. Ver.di geht sogar noch einen Schritt weiter und fordert den Spitzensteuersatz schon ab einem Einkommen von 60.000 €, bei einem Prozentsatz von 47 %. Die Staatseinkünfte wären mit dieser Reform jedoch immer noch zu gering, deshalb plädiert Ver.di für die Einführung

---

[264] Vgl.: **Onlineportal: Steuerreform – total**. http://www.steuerreform-total.de/index.html (Zugriff am: 1.09.2008).

[265] Vgl.: **Onlineportal der Zeitschrift Focus vom 7.11.2007. „Die Gewinner und Verlierer der Reform."** http://www.focus.de/finanzen/steuern/erbschaftsteuer/tid-7903/freibetraege_aid_138199.html (Zugriff am: 1.09.2008).

[266] Vgl.: **Onlineportal der Zeitschrift Welt vom 27.05.2008**, Jan Dams. „Wie die SPD die Mittelschicht schröpfen will" http://www.welt.de/wirtschaft/article2039979/Wie_die_SPD_die_Mittelschicht_schroepfen_will.html (Zugriff am: 1.09.2008)

einer Vermögenssteuer.[267] Die CDU, die FDP und Wirtschaftsverbände äußern jedoch Bedenken und empfinden die Reichensteuer als unangemessen.[268] Im Gegensatz zu den 46,26 %, die sich für eine stärkere Besteuerung der „Reichen" aussprachen, sind nur 26,86 % der Befragten (Opt. 9) für eine Erhöhung der Sozialhilfe. Der Gesetzgeber sieht verschiedene Minima vor. Einem alleinstehenden Arbeitnehmer ohne Kinder steht gemäß § 850c ZPO ein Pfändungsfreibetrag von 989,00 € zur Verfügung.[269] Der Hartz IV-Regelsatz gemäß SGB II sieht 345 € vor, zuzüglich einen Mietkostenzuschuss, der je nach Wohnlage und Kommune differenzieren kann. Der Sozialhilfesatz wird nur an Personen gewährt, die dem Arbeitsmarkt nicht zur Verfügung stehen. SGB XII sieht einen Satz von 345 € vor. Es können Zusatzleistungen beantragt werden und ein Mietkostenzuschuss wird gestattet. Nach der Darstellung der drei vorgegebenen Existenzminima ist die Sozialhilfe mir ihren Zusatzleistungen das „attraktivste implementierte Existenzminimum" im deutschen Steuertransfersystem. Die Einführung eines Mindestlohns signifikant über diesen Minima würde den Bezieherinnen und Beziehern von Leistungen einen stärkeren Arbeitsanreiz vermitteln als eine Erhöhung der Regelsätze.

Es gibt den Vorschlag, von Arbeitnehmerverbänden, nicht die Regelsätze zu erhöhen, sondern die Lohnnebenkosten in Deutschland zu senken. Dieser These stimmten 46,26 % (Opt. 10) der Befragten zu. So glauben einige, dass bei einer Senkung der Lohnnebenkosten eine Einführung des Mindestlohns nicht mehr notwendig sei. Eine Tabelle von Eu-

---

[267] Vgl.: **Onlinedokumentation von Ver.di. „Reichensteuer aber richtig!".** http://wipo.verdi.de/wirtschaftspolitik_aktuell/data/reichensteuer_-_aber_richtig_ (Zugriff am: 1.09.2008).

[268] Vgl.: **Onlineportal der Tagesschau 3.05.2006. „Ist die Reichensteuer verfassungswidrig."** http://www.tagesschau.de/inland/meldung119774.html (Zugriff am: 1.09.2008).

[269] Vgl.: **Onlinedokumentation: Pfändungstabelle 2005.** http://www.akademie.de/private-finanzen/ueberschuldung-und-verbraucherinsolvenz/tipps/ueberschuldung-und-verbraucherinsolvenz/neue-pfaendungstabelle-2005.html#asd (Zugriff am: 1.09.2008).

rostat verdeutlicht anschaulich, dass Deutschland mit seinen Lohnnebenkosten im europäischen Vergleich im unteren Mittelfeld rangiert.[270] Vergleiche Abbildung 36.

Abbildung 36: Graphische Darstellung der Lohnnebenkosten im europäischen Vergleich

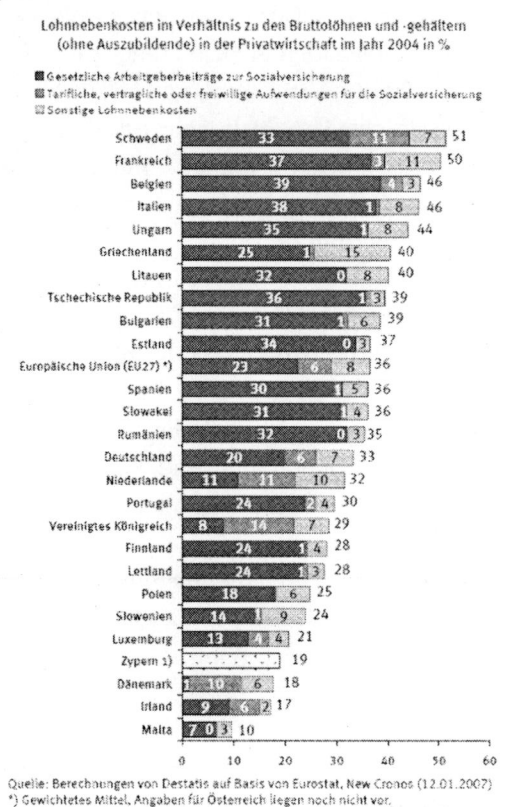

Lohnnebenkosten im Verhältnis zu den Bruttolöhnen und -gehältern (ohne Auszubildende) in der Privatwirtschaft im Jahr 2004 in %

- Gesetzliche Arbeitgeberbeiträge zur Sozialversicherung
- Tarifliche, vertragliche oder freiwillige Aufwendungen für die Sozialversicherung
- Sonstige Lohnnebenkosten

Land	Gesetzl.	Tarifl.	Sonstige	Gesamt
Schweden	33	11	7	51
Frankreich	37		11	50
Belgien	39	4	3	46
Italien	38	1	8	46
Ungarn	35	1	8	44
Griechenland	25	1	15	40
Litauen	32	0	8	40
Tschechische Republik	36	1	3	39
Bulgarien	31	1	6	39
Estland	34	0	3	37
Europäische Union (EU27) *)	23	6	8	36
Spanien	30	1	5	36
Slowakei	31	1	4	36
Rumänien	32	0	3	35
Deutschland	20	6	7	33
Niederlande	11	11	10	32
Portugal	24	2	4	30
Vereinigtes Königreich	8	14	7	29
Finnland	24	1	4	28
Lettland	24	1	3	28
Polen	18		6	25
Slowenien	14	1	9	24
Luxemburg	13	4	4	21
Zypern 1)				19
Dänemark	1	10	6	18
Irland	9	6	2	17
Malta	7	0	3	10

Quelle: Berechnungen von Destatis auf Basis von Eurostat, New Cronos (12.01.2007)
*) Gewichtetes Mittel, Angaben für Österreich liegen noch nicht vor.
1) Eine Untergliederung der Lohnnebenkosten in Zypern war nicht möglich.

---

[270] Vgl.: **Onlinedokumentation: Statistisches Bundesamt. Graphik: „Lohnnebenkosten im europäischen Vergleich."** http://www.destatis.de/jetspeed/portal/cms/Sites/destatis/Internet/DE/Content/Statistiken/VerdiensteArbeitskosten/ThemenkastenLohnnebenkostenEuropa,property=file.pdf (Zugriff am: 1.09. 2008).

In Deutschland zahlen die Arbeitgeber in der Privatwirtschaft bei einem Brutto von 100 € zusätzlich 33 € an Lohnnebenkosten. Das arithmetische Mittel in der EU lag bei 36 €. Die Schweden zahlen bei einem Brutto von 100 € Lohnnebenkosten von 51 €, gefolgt von den Franzosen mit 50 €. Auf Malta waren die Lohnnebenkosten, die ein Arbeitgeber zu entrichten hat, mit 10 € am geringsten. Diese deutlich unterschiedlichen Werte hängen von den differenzierenden Beiträgen zur Sozialversicherung ab. Diese variieren von Land zu Land sehr stark. Die Arbeitgeberbeiträge zur Sozialversicherung belaufen sich in Deutschland auf 20 €, bei einem Brutto von 100 €. In der EU liegt das arithmetische Mittel bei 23 €, die gezahlt werden müssen. Im Vergleich dazu sind die Arbeitgeberbeiträge in Großbritannien mit 8 € und in den Niederlanden mit 11 € vergleichsweise niedrig. Dafür haben die tarifvertraglich oder gesetzlich festgeschriebenen Aufwendungen, vor allem die Altersvorsorge spielt hierbei eine große Rolle in diesen Ländern. Ein höherer Anteil bei der Altersvorsorge besteht in Großbritannien, dort liegt er bei 14 €, bei einem Brutto von 100 €, in Deutschland ist dieser Anteil geringer bemessen, gerade einmal 6 €.

In Deutschland muss man die Kosten für Aus- und Weiterbildung, Lohnfortzahlung im Krankheitsfall, Arbeitsbekleidung, Abfindungszahlungen bei Entlassungen und die Berufsausbildung zur Lohnsumme dazurechnen.[271]

Die Frage nach der sozialen Gerechtigkeit lässt sich nur schwer beantworten. Man muss differenzieren zwischen einer Bedarfs- und einer Leistungsgerechtigkeit. Unter dem Druck der Globalisierung und dem internationalen Wettbewerb ist ein neuer gesellschaftlicher Konsens notwendig geworden. Es sollte verstärkt eine Rückbesinnung auf die soziale Marktwirtschaft vorgenommen werden. Um soziale Gerechtigkeit zu fördern, müssen prekäre Arbeitsbedingungen bekämpft werden. Nur

---

[271] Vgl.: **Onlinedokumentation des Statistischen Bundesamts Wiesbaden 2007. „Anteil der Lohnnebenkosten in Deutschland unter EU Durchschnitt."** http://www.destatis.de/jetspeed/portal/cms/Sites/destatis/Internet/DE/Content/Statistiken/VerdiensteArbeitskosten/ThemenkastenLohnnebenkostenEuropa,property=file.pdf (Zugriff am: 1.06.2008).

wer ein gesichertes Existenzminimum durch Erwerbsarbeit erzielen kann, der ist auch in der Lage, in der Gesellschaft zu partizipieren und Probleme zu lösen. In Deutschland gibt es nicht zu wenig Arbeit, es gibt zu wenige Arbeitsplätze, die signifikant zur sozialen Gerechtigkeit beitragen könnten.

4. Die Schlussfolgerung

Es lässt sich unschwer erkennen, dass noch sehr viel Arbeit auf die politischen Akteure zukommen wird. Die Bürgerinnen und Bürger in Deutschland sind gespalten, wenn es um so brisante Themen wie die Einführung des Mindestlohns geht. Aber nicht nur bei den Bürgerinnen und Bürgern bestehen unterschiedliche Lager. Die Studien der WGZ Bank[272] und der Handwerkskammer Berlin[273] haben nachgewiesen, dass auch die Arbeitnehmerseite beim Umgang mit diesem Thema eine zwiespältige Herangehensweise hat.

Die vorgeschlagenen Modelle zur Reformierung des deutschen Arbeitsmarktes führen zu einem Konsens bei den Bürgerinnen und Bürgern. Diese These konnte bei dieser Mikrostudie nicht verifiziert werden. Das Investivlohnmodell kannten 58,2 % der Befragten überhaupt nicht, nur 44,76 %[274] ließen eine gewisse Grundakzeptanz bei diesem Modell erkennen. Man darf aber nicht die fast genauso große Ablehnung des Modells übersehen, 41,78 %.[275] Mit diesem als einem möglichen persönlichen Arbeitsmodell erklärten sich 44,77 % einverstanden, genauso viele blieben skeptisch und lehnten es ab. Das Modell spaltet die Bürgerinnen und Bürger. Die vorgeschlagenen Investivlohnmodelle, sei es ein Staatsfonds oder Direktinvestitionen im Betrieb, scheinen zu verunsichern und es

---

[272] Vgl.: **Umfrage der WGZ Bank vom 28.02.2008, Düsseldorf.** http://www.wgz-bank.de/de/wgzbank/unternehmen/presse/pressemitteilungen/2008/080228.html (Zugriff am: 2.09.2008).

[273] Vgl.: **Ergebnisse der Sonderumfrage Pro und Contra Mindestlohn, Handwerkskammer Berlin, März 2008.** http://www.hwk-berlin.de/fileadmin/user_up load/Dateien/Presse_2007/Umfrage_Mindestlohn.pdf (Zugriff am: 2.09.2008).

[274] Vgl.: Graphische Darstellung der Frage 2, Abb. 2, Opt. 1+2.

[275] Vgl.: Graphische Darstellung der Frage 2, Abb. 2, Opt. 5+2+4.

gibt dazu keine eindeutige Haltung. Ähnlich wie beim Investivlohnmodell, sind die Ergebnisse beim Kombilohnmodell ebenfalls zwiespältig, 46,26 % kreuzten an, das Modell zu kennen, und 47,76 % gaben an, das Modell sei ihnen gänzlich unbekannt. Kombilohnmodelle genießen in Deutschland eine lange Tradition und stellen kein Novum da. Ein Beispiel hierfür ist der Minijob, man darf neben seinem regulären Verdienst einen Zweitjob annehmen und bis zu 400 € steuerfrei hinzuverdienen. Eine knappe Mehrheit von 50,74 %[276] votierte für einen Kombilohn. Die Befragten waren mehrheitlich der Meinung, dass sie lieber einen geförderten Job hätten, als überhaupt keinen. Jedoch lehnten 38,8 % das Kombilohnmodell als potentielles persönliches Arbeitsmodell ab, 47,76 % der Befragten sind mit diesem Modell einverstanden. Hierbei ist eine klare dichotome Tendenz zu erkennen und kein Konsens in der Bevölkerung ersichtlich. Der in der Öffentlichkeit debattierte Mindestlohn wurde in dieser Erhebung mit 32,82 %[277] der Stimmen positiv bewertet. Bei einer Umfrage der WGZ Bank war die positive Resonanz auf die Einführung eines Mindestlohns deutlich höher.[278] Bei den befragten Unternehmen stimmten 41 % für die Einführung, 39 % lehnten den Mindestlohn ab. Bei den potentiellen Betroffenen stieß der Mindestlohn mit einem Prozentsatz von 53,71 %[279] auf Ablehnung. Ganz anders verhielt es sich jedoch bei einer Umfrage der Handwerkskammer Berlin, dort waren 66,3 % der befragten Betriebe ganz eindeutig für die Einführung des Mindestlohns. Angesichts der Dumpinglöhne, die im Handwerk teilweise gezahlt werden, ist dies ein nachvollziehbarer Schritt in die richtige Richtung.[280] Durch eine Untergrenze kann die Abwärtsspirale der Löhne gestoppt werden. Laut einer Emnid-Umfrage des Nachrichtensenders N 24 waren

---

[276] Vgl.: Graphische Darstellung der Frage 9, Abb. 3, Opt. 1+2.
[277] Vgl.: Graphische Darstellung der Frage 5, Abb. 4, Opt. 1+3+6.
[278] Vgl.: **Umfrage der WGZ Bank vom 28.02.2008**, Düsseldorf. http://www.wgzbank.de/de/wgzbank/unternehmen/presse/pressemitteilungen/2008/080228.html (Zugriff am: 2.09.2008).
[279] Vgl.: Graphische Darstellung der Frage 5, Abb. 4, Opt. 2+4+5+7.
[280] Vgl.: **WSI Tarifarchiv, Hans Böckler Stiftung,** Friseurhandwerk im Westen 4,93 €.

60 % der Probandinnen und Probanden für einen Mindestlohn.[281] Das hieße jedoch im Umkehrschluss, dass immerhin 40 % gegen die Einführung sind. Auch dieses Beispiel hat nicht nur deutlich gemacht, dass in der Bevölkerung kein erkennbarer Konsens zu diesem Thema besteht, selbst in der Wirtschaft sind die Lager gespalten. Dieses sensible und zugleich brisante Thema löst kontroverse Debatten unter Experten und potentiellen Betroffenen aus. Die Lohnpolitik ist zu stark interessengeleitet, als dass man Disparitäten mit der Einführung des Mindestlohns wirklich überwinden könnte. Verluste von Arbeitsplätzen durch diese bevorstehende Reform sind aktuell nicht nachweisbar. Natürlich wird es auf dem Arbeitsmarkt zu Umstrukturierungen kommen. Jedoch zeigen die Beispiele in anderen europäischen Ländern, wie Frankreich und den Niederlanden, dass die Wirtschaft keine Angst vor einer gesetzlichen Regelung haben muss. Eine klare Abgrenzung nach unten fördert das Konsumverhalten der Bürgerinnen und Bürger. Ein gesteigertes Einkommen führt signifikant zu einem Wachsen des BIP und dadurch zu mehr Wohlstand in der Gesellschaft.

II. Warum ein Mindestlohn?

Das Kernproblem des deutschen Arbeitsmarktes bildet die Massenarbeitslosigkeit, vor allem von gering qualifizierten und älteren Personen. Die enge Verzahnung zwischen der Wirtschafts- und der Sozialordnung wird immer dann besonders präsent, wenn die Wirtschaft in der Krise steckt.[282] Die Erwerbsarbeit dient dem Menschen nicht nur als Sicherung seiner Existenz, vor allem identifiziert sich eine Person über die Erwerbsarbeit und repräsentiert dadurch ihren Status. Dieser Status soll dem Menschen zu gesellschaftlicher Anerkennung verhelfen. Arbeitslosigkeit birgt dagegen die Gefahr des sozialen Abstieges, sowohl finanziell als auch gesellschaftlich. Massenarbeitslosigkeit überträgt diese Konsequenzen auf einen großen Teil der Bevölkerung, dies kann wie-

---

[281] Vgl.: **N 24 Emnidumfrage vom 30.04.2007**.
[282] Vgl.: Weltwirtschaftskrise von 1929 und die globale Bankenkrise von 2008.

derum zu sozialen Spannungen führen. Die Implementierung sozialer Standards unter Bismarck war ein Resultat der unter der arbeitenden Bevölkerung herrschenden Unzufriedenheit, da die vorherrschende soziale Absicherung in der Praxis nur vorlag, solange jemand in der Familie ein Einkommen bezog. Selbstverständlich waren nicht nur prekäre Arbeitsverhältnisse an der damaligen Misere schuld, auch eine Vielzahl von Erwerbslosen tat ihren Unmut über die Zustände in der Republik bei großen Demonstrationen in der Öffentlichkeit kund. In Deutschland ist es mittlerweile relativ lange her, dass die dauerhafte Massenarbeitslosigkeit unter den Betroffenen zu einer Radikalisierung geführt hat. Es gab vereinzelte Aufmärsche, die so genannten Hartz IV-Demonstrationen, die versucht haben, auf den ihrer Meinung nach neoliberalen Vormarsch in der Wirtschafts- und Arbeitsmarktpolitik kritisch aufmerksam zu machen. Wie in Deutschland die fast schon manifestierte Massenarbeitslosigkeit unter der Bevölkerung vermindert werden kann, darüber besteht unter den Experten ein Richtungsstreit. Es werden verschiedene „Paradigmen" proklamiert. Die Neoliberalen setzen darauf, dass das Wirtschaftssystem sich selbst reguliert, Konjunkturkrisen und Schocks werden in einer katharsisähnlichen Prozedur überwunden. Darauf verweisen vor allem Angebotstheoretiker. Wird jedoch die Nachfrage stärker in den Fokus gerückt, verweisen Keynesianer auf erhebliche Stabilisierungsprobleme und fordern eine konjunktur- und wachstumspolitische Steuerung durch den Staat.[283] Offenbar setzt sich dieser Trend aktuell, auch aufgrund der globalen Finanzkrise, immer mehr durch. Vereinzelt haben die Länder, um ihre Systeme zu erhalten und um neues Vertrauen zu schaffen, Hilfspakte in Milliardenhöhe konzipiert. Diese sind aber an weit reichende Bedingungen geknüpft, die dem Staat mehr Einfluss in der Bankenbranche sichern sollen. Solch ein Eingriff in eine Wirtschaftsbranche wäre vor kurzem noch undenkbar gewesen.

---

[283] Vgl.: Mehr zu diesem Thema in: **Neumann, F. Lothar, Schaper, Klaus**, Die Sozialordnung der Bundesrepublik Deutschland, Campus Verlag Frankfurt/NY, 5. Auflage 2008.

Viele neoliberale Experten verweisen dagegen häufig auf die hohen Löhne in Deutschland, die hohen Lohnnebenkosten und der zu hohe soziale Standard seien schuld an der Massenarbeitslosigkeit. Der konjunkturelle Aufschwung vor der globalen Finanzkrise bewies jedoch etwas anderes. Massenarbeitslosigkeit hängt zwar offenbar durchaus von der konjunkturellen Wirtschaftssituation ab. Das Kernproblem sind jedoch die Langzeitarbeitslosen, als langzeitarbeitslos wird eine Person bezeichnet, die länger als ein Jahr arbeitslos ist. Man muss jedoch bei der Arbeitslosigkeit differenzieren. Es gibt verschiedene Formen der Arbeitslosigkeit, beispielsweise die strukturell bedingte Arbeitslosigkeit. Der Betrieb muss möglicherweise Insolvenz anmelden oder seine Produktion reduzieren, da aufgrund technischer Innovationen eine nachhaltige Veränderung in der Nachfrage ausgelöst haben. Strukturelle Arbeitslosigkeit ist meist langfristig, da der Umstellungsprozess in der Wirtschaftsbranche langwierig sein kann. Ein Ansatzpunkt, um dieser Form der Arbeitslosigkeit entgegenzuwirken, ist der forcierte Einsatz von Umschulungen und Weiterbildungsangeboten sowie Eingliederungszuschüssen, damit die betroffenen Personen nicht zu lange in der Arbeitslosigkeit verbleiben. Die konjunkturelle Arbeitslosigkeit wird verursacht durch zyklische Schwankungen der Gesamtwirtschaft, in Zeiten der globalen Vernetzung muss dies nicht einmal zwangsläufig die Wirtschaft des eigenen Landes betreffen. Diese Nachfrageschwankungen führen zu Produktionsrückgängen, die wiederum Massenentlassungen zur Folge haben können. Um derartige Konjunkturschwankungen zu kompensieren, benötigt man eine stabile Wirtschaftspolitik und einen nahezu ausgeglichen Staatshaushalt. Es müssen Gelder in den Wirtschaftskreislauf fließen, damit es gar nicht erst zu Massenentlassungen kommt. Gegen die saisonale Arbeitslosigkeit, vor allem in der Baubranche oder auf dem Land, gibt es nur die Möglichkeit des so genannten Schlechtwettergeldes. Die Agentur für Arbeit übernimmt dabei sozusagen einen Teil des Lohnes der betroffenen Personen in der Phase außerhalb der Saison. Die Sucharbeitslosigkeit oder die friktionelle Arbeitslosigkeit ist unvermeidbar, jede erwerbstätige Person wird vermutlich in ihrem Leben einmal in die Situation kommen, sich einen neuen Arbeitsplatz suchen zu müssen.

Hierbei muss die Agentur für Arbeit möglichst effizient arbeiten, um die betroffenen Personen so schnell wie möglich in ein Unternehmen zu vermitteln. Die Langzeitarbeitslosigkeit unter so genannten Problemgruppen, wie den gering qualifizierten und älteren Personen, gilt es in den Fokus zu rücken. Die Zahl der Langzeitarbeitslosen steigt in Deutschland stetig an. Im Jahr 1994 lag der Anteil noch bei 44 %, im Jahr 2007 lag er bereits bei 57 % aller Arbeitslosen.[284]

1. Die Nachwirkungen einer arbeitsmarktspezifischen Entwicklungskrise

Die arbeitsmarktspezifische Krise trifft die europäischen Länder unterschiedlich. Eine schleppende Konjunktur, Finanzierungsprobleme und die stetig wachsende Zahl von armen Menschen in Deutschland haben den Druck auf die Regierung verstärkt, gegensteuernde Reformen voranzutreiben. Die Problematik variiert in Europa von Land zu Land und hat teilweise unterschiedliche Konzepte hervorgebracht. Eine wachsende Schicht von Menschen, die als arm bezeichnet werden, stellt das größte Risiko in einer Gesellschaft dar. Laut Armuts- und Reichtumsbericht der Regierung ist in Deutschland jeder 8. arm.[285] Um die Natur dieser Problematik und die notwendigen Reformerfordernisse verstehen zu können, müssen die Einwirkungen der zentralen langfristigen ökonomischen und sozialen Wandlungsprozesse im Wohlfahrtsstaat berücksichtigt werden. Der heutige Wohlfahrtsstaat ist ein Produkt der institutionellen Form eines Sozialstaates der Nachkriegsjahre. Diese Form eines Wohlfahrtsstaates muss als Lösung der sozialen Gegebenheiten und Probleme der damaligen Jahre verstanden werden. Der Sozialstaat sah

---

[284] Vgl.: Onlineportal: **Tagesschau,** Zu viele Langzeitarbeitslose, zu wenig Chancengleichheit, http://www.tagesschau.de/wirtschaft/oecd24.html (Zugriff am: 21.10.08).
Vgl.: Onlineportal: **Welt,** In Deutschland gibt es viele Langzeitarbeitslose, http://www.welt.de/wirtschaft/article1098402/In_Deutschland_gibt_es_viele_Langzeitarbeitslose.html (Zugriff am: 21.10.08).

[285] Vgl.: Onlinedokumentation: Der Linksfraktion, **Entwurf des dritten Armuts- und Reichtumsbericht der Regierung,** http://dokumente.linksfraktion.net/pdfdownloads/7789156138.pdf (Zugriff am: 25.10.08).

sich seit seiner Konzipierung wirtschaftlichen und sozialen Veränderungen ausgesetzt, die Konflikte schafften, für deren Lösung die klassischen sozialstaatlichen Programme nicht mehr ausreichend waren. Die zum Teil drastischen Veränderungen führten zu einem immensen Kostenaufwand, den der Staat zu kompensieren hatte, der aber zugleich seinen Handlungsspielraum signifikant einschränkte.[286] Soziale Spannungen in der Bevölkerung führen zu Unmut und können bei demokratischen Wahlen viele Protestwähler hervorrufen oder sogar die Gründung einer neuen Partei forcieren. Neue Parteien verursachen neue Koalitionskonstellationen, diese wiederum wirbeln die etablierte Parteienlandschaft kräftig durcheinander und können zu neuen Ansätzen in der Politik führen. Genau diesen Prozess erleben wir derzeit in Hessen mit der neuen Partei ‚Die Linke'. Er hat dazu geführt, dass nach der Landtagswahl 2008 keine Regierungsbildung möglich war. Dieselbe Konstellation gab es zuvor auch im Bund, hier hat sie zu einer großen Koalition von CDU/CSU und SPD geführt, die so vor der Bundestagswahl auch niemand gewollt hat. Dies ist aber nur ein Resultat des Veränderungsprozesses, die Ursachen einer neuen Struktur liegen jedoch in der Veränderung der Gesellschaft. Die entscheidenden Veränderungsprozesse in Deutschland waren der Beginn einer Transformation von einer Industriegesellschaft in eine Wissensgesellschaft, der Übergang zu einer Dienstleistungsgesellschaft, die stetig voranschreitende Alterung der Bevölkerung, die zu späte Erkenntnis, dass Deutschland sich zu einem Einwanderungsland gewandelt hat, eine Veränderung der Geschlechterrolle durch eine verstärkte Emanzipation der Frauen und nicht zuletzt die Internationalisierung der freien Märkte in der Welt.[287]

Als arbeitsmarktspezifische Ursachen der Arbeitslosigkeit, explizit der Langzeitarbeitslosigkeit, werden sechs Gründe aufgeführt: 1. die

---

[286] Vgl.: **Schommer, Martin,** Wohlfahrt im Wandel – Risiken, Verteilungskonflikte und sozialstaatliche Reformen in Deutschland und Großbritannien, VS Verlag für Sozialwissenschaften, 1. Auflage 2008.

[287] Vgl.: Mehr zu diesem Thema in: **Breyer, Friedrich u. Buchholz, Wolfgang,** Ökonomie des Sozialstaats, Springer Verlag Berlin/Heidelberg 2007.

Löhne sind zu hoch, 2. die Lohnnebenkosten sind zu hoch, 3. eine zu starke Regulierung des Arbeitsmarktes, 4. zu hohe Lohnersatzleistungen (z. Bsp. Lohnfortzahlung im Krankheitsfall), 5. eine zu geringe Qualifikation der Menschen ohne Arbeit, 6. das Alter und der Gesundheitszustand der Bevölkerung. Das Verhältnis der Löhne zur Beschäftigung, respektive zur Arbeitslosigkeit, ist jedoch teilweise paradox. Für das einzelne Unternehmen bedeuten Löhne und Gehälter Kosten, dies ist vor allem für Unternehmen wichtig, die vom Export ihrer Güter leben. Für andere Unternehmen bedeuten hohe oder niedrige Löhne eine hohe oder eben niedrige Nachfrage nach ihren Gütern, vor allem der Einzelhandel in Deutschland profitiert von einer gesteigerten Kaufkraft. Hohe Löhne können außerdem zu neuen Bildungsanstrengungen und Innovationen führen und dadurch die Wettbewerbsposition Deutschlands langfristig sichern helfen. Sie können jedoch auch, falls diese sich nicht in höheren Preisen ausdrücken, belastend wirken und vereinzelt Unternehmen in die Insolvenz treiben. Natürlich ist der Lohnfaktor nur ein Aspekt unter vielen, den man bei der Insolvenz eines Unternehmens berücksichtigen muss. Eine komprimierte Lohnstruktur hilft wettbewerbsstarken und kapitalintensiven Unternehmen, benachteiligt aber im Umkehrschluss die wettbewerbsschwachen und arbeitsintensiven Unternehmen. Eine Lösung dieses paradoxen Problems bedarf einer Einzellfallbetrachtung und einer Situationsanalyse der Sozialpartner. Das Thema Lohn oder Gehalt wird sich jedenfalls immer ambivalent in der tagespolitischen Debatte bewegen.

Der Mythos der zu hohen Lohnnebenkosten wurde bereits in Kapitel, Teil 3, Abschnitt 5.3, Abb. 36, erörtert. In einigen Studien wird als Hauptmerkmal der zu geringen Beschäftigungselastizität der zu hohe Anteil der Abgaben und Steuern am Arbeitseinkommen angeführt. Im ersten Moment klingt dies nachvollziehbar, Arbeitgeber reagieren auf eine zu hohe Belastung mit einer Substitution von Arbeit durch Kapital oder mit einer Verlagerung der Produktionsstätte ins Ausland. Die Bürgerinnen und Bürger reagieren auf diese Argumente mit illegaler Arbeit oder mit mehr Eigenleistung. Bei den vermeintlich zu hohen Abgaben ist jedoch anzumerken, dass mit diesen Abgaben die Sozialleistungs- und Bildungssysteme in Deutschland finanziert werden, die wiederum beschäftigungswirksam in den Wirtschaftskreislauf zurückfließen. Es ist außerordentlich schwer, den Zusammenhang zwischen Beschäftigungsquote, Arbeitslosenquote und der Steuer- und Abgabenlast empirisch präzise nachzuweisen. Deshalb ist es unter anderem in Deutschland so enorm schwierig, personenbezogene, bezahlbare und einfach qualifizierte Arbeitsstellen anzubieten. Darüber hinaus steht der Dienstleistungssektor, in dem die so genannten Einfacharbeitsplätze häufig zu finden sind, vor einem neuen Problem. Selbst hier scheinen die Vernetzung und die progressive Globalisierung durch neue Innovationen in der Informations- und Kommunikationstechnik den Dienstleistungssektor vor eine neue Hürde zu stellen. Die Verlagerung, z. B. von Callcentern, ins Ausland und der dadurch erhöhte Druck auf die Konkurrenz, ebenfalls die Kosten zu senken, führen in Deutschland auch in diesem Sektor zu einem erhöhten beschäftigungspolitischen Handlungsbedarf.

Ein weit verbreitetes Argument als Ursache für die negative Arbeitsmarktentwicklung ist der Kündigungsschutz in Deutschland. Die Mindestanforderungen des Kündigungsschutzgesetzes (KSchG) finden sich im BGB wieder. Die vermeintlich zu starke Regulierung dieses Gesetzes verhindert demnach Neueinstellungen und bei einer Rezession verzögert das KSchG zwar den Stellenabbau, es verringert aber zugleich auch die Mobilität der Arbeitnehmer, was zur Folge hat, dass Unternehmen die potentiellen Entlassungskosten antizipieren, indem sie bereits zuvor weniger Arbeitnehmer einstellen. Der Trend in Unternehmen geht zur Leiharbeit, die flexibler gestaltet ist und dem AG eine größere Flexibilität beim Mitarbeitereinsatz lässt. Diese Perspektive überschätzt jedoch die negativen Auswirkungen gegenüber dem positiven Effekt eines Kündigungsschutzes in der Personalpolitik der Unternehmen. Entlassungen aus ökonomischen Gründen sind und waren schon immer möglich. Die ökonomischen Vorteile des Beschäftigungsschutzes, ähnlich wie bei einem Tarifvertrag, bestehen in einer Planungssicherheit bei der Personalpolitik. Ein gesichertes Arbeitsverhältnis zwischen den Parteien fördert außerdem deren Kooperation. Eine funktionierende Kooperation fördert wiederum die Kumulierung von Fachwissen und erhöht die interne Flexibilität. Solche gut funktionierenden Beziehungen sorgen für eine Tolerierung des technischen Fortschritts und fördern die Bereitschaft der Mitarbeiter zur Weiterbildung. Der Kündigungsschutz vieler Unternehmen in Deutschland, die mit ihrem Sozialpartner einen Tarifvertrag abgeschlossen haben, gehen in den Vereinbarungen sogar über die Mindestanforderungen des Gesetzgebers hinaus. Es wird häufig eine verbesserte Vorruhestandsregelung oder ein erhöhter Kündigungsschutz bei älteren Mitarbeitern vereinbart, die schon länger im Betrieb beschäftigt sind. Die Folgen eines Kündigungsschutzes müssen daher immer von zwei Perspektiven aus betrachtet werden, den Stabilisierungseffekten und der Anpassungsrestriktion. Das Ergebnis dieser Effekte muss den situativen Gegebenheiten bezüglich der restriktiven Anwendung von Gesetzen und der Ausgestaltung der sozialen Sicherungssysteme angepasst werden. Den Kündigungsschutz darf man nicht nur über die Tatsache definieren, wie ein Arbeitsverhältnis beendet werden kann. Im Umkehrschluss bestimmt der Kündigungsschutz die inhaltliche Gestaltung eines Arbeitsvertrages gravierend mit. Unter anderem genießt das KSchG Schutzcharakter. AN sind damit nicht mehr der Willkür von Unternehmen unterworfen und haben die Möglichkeit, ungerechtfertigte Kündigungen vor Gericht prüfen zu lassen. Das Kündigungsrecht ist insgesamt zwingend notwendig und stellt den Kern der Arbeitnehmerrechte dar. Die wirtschafts- und arbeitsmarktpolitische Entwicklung hat in den letzten Jahren nicht mehr dem Kündigungsrecht entsprochen. Diese Norm kann heute daher nicht mehr adäquat auf die veränderten Beschäftigungsstrukturen einwirken. Die veränderte Beschäftigungsstruktur spiegelt sich unter anderem im Dienstleistungsgewerbe und der veränderten Erwerbspräferenz von Frauen und Männern mit Kindern wider. Es ist empirisch sehr schwer nachzuweisen, inwiefern eine Regulierung, respektive eine Deregulierung, auf dem Arbeitsmarkt negative oder positive Effekte bewirken könnte. Explizit ist es bei Personen mit Vermittlungshindernissen vielleicht sinnvoll, über eine Flexibilisierung des Kündigungsrechts nachzudenken, allerdings nur unter Normen, die ein menschenwürdiges Arbeiten der betroffenen Personen gewährleisten.

Das zu lange Verweilen in Arbeitslosigkeit führen einige Experten auf das deutsche soziale Sicherungssystem zurück. Ein stetig wachsender rationaler Opportunismus, also die egoistische Ausbeutung von günstigen Gelegenheiten, spiegelt sich in der Gesellschaft wider.[288] Das großzügige Sicherungssystem (Arbeitslosenversicherung) veranlasst manche Personen, Versicherungsfälle selbst herbeizuführen, in diesem Kontext die Kündigung, um anschließend so lange wie möglich in dieser Situation zu verharren, bis die Prämienzahlungen ausbleiben, in diesem Kontext die finanzielle Unterstützung (ALG I o. ALG II). Es ist jedoch zu einfach, wenn man dieser zunächst logisch klingenden Argumentationsweise unhinterfragt folgt. In vereinzelten Fällen trifft dies sicherlich zu, jedoch wird dabei der hohe Identifikationsgrad unterschätzt, den die Erwerbsarbeit leistet. Wenn man also der Theorie des rationalen Opportunismus folgt, müsste man eigentlich nur die Prämien in den sozialen Sicherungssystemen drastisch kürzen, was ja teilweise auch stattgefunden hat. Die Lohnfortzahlung im Krankheitsfall müsste abgeschafft werden, dann ist niemand mehr „vorsätzlich" krank, die finanzielle Unterstützung bei Arbeitslosigkeit müsste gekürzt werden, dann ist keiner mehr so schnell arbeitslos. Dies ist jedoch offenbar eine sehr populistische und vereinfachende Herangehensweise und entspricht nicht einer wissenschaftlichen Analyse. Selbstverständlich gibt es immer Menschen, die das vorhandene System ausnutzen, dies jedoch liegt in der Natur des Menschen. Die sozialen Sicherungssysteme müssen sicherlich an einigen Stellen überarbeitet werden, explizit im Gesundheitssektor. Es entspricht aber nicht der Realität, dass die Mehrheit der arbeitslosen Menschen sich in der „sozialen Hängematte" ausruht. Eine drastische Verschärfung der negativen Konsequenzen beim Bezug von Transferleistungen schafft objektiv betrachtet keine Arbeitsplätze. Sie erhöht zwar den Druck auf

---

[288] Vgl.: **Schmid, Günther**, Wege in eine neue Vollbeschäftigung – Übergangsarbeitsmärkte und aktivierende Arbeitsmarktpolitik, Campus Verlag Frankfurt am Main 2002, S. 49.

die betroffenen Personen, jede Form von legaler Arbeit anzunehmen, sie fördert jedoch damit auch die Expansion von prekären Arbeitsverhältnissen. Wenn man der Logik des rationalen Opportunismus folgt, und einige AG tun dies, könnten diese dazu neigen, die Lebenssituation der Menschen auszunutzen, um diese auszubeuten. Das Thema der gering qualifizierten Personen ohne Arbeit wurde bereits in Kap. 3 dieser Studie bearbeitet. Ergänzend hinzuzufügen ist eine interessante Aussage von Gunther Schmid in seinem Buch „Neue Wege in die Vollbeschäftigung", nämlich die, dass ein Verdrängungseffekt von Frauen unter den gering Qualifizierten erkennbar sei, da immer mehr formal besser ausgebildete Männer in Jobs drängen, die früher als typisch für Frauen galten (z. B. Reinigungsbranche, Einzelhandel). Aufgrund von Verdrängungs- und Selektionsprozessen im Niedriglohnsektor durch formal besser qualifizierte Personen ist es für Menschen mit einer geringen Qualifikation sehr schwierig, sich noch in diesem Sektor zu etablieren. Dies führt dazu, dass bereits heute viele dieser Menschen, Schätzungen zufolge ca. 19 Millionen Menschen, in prekären Beschäftigungsverhältnissen arbeiten und von ihrem damit erzielten Einkommen nicht leben können.[289] Eine anhaltende Arbeitslosigkeit führt zur Erosion von Qualifikation und Kompetenz in der Bevölkerung. Verstärkt wird dieser Effekt noch, wenn die betroffenen Personen älteren Jahrgangs sind. Arbeitslosigkeit verursacht Stress und Depressionen. Diese Symptome werden häufig unter Erwerbslosen diagnostiziert. Personen mit einer schlechten Gesundheit, die naturgemäß häufiger bei älteren Personen anzutreffen ist, werden schneller arbeitslos als Beschäftigte ohne gesundheitliche Einschränkungen. Der demographische Wandel in der Gesellschaft ist noch nicht wirklich auf dem Arbeitsmarkt angekommen, die Akteure verschließen ihre Augen davor. Das Durchschnittsalter ist gestiegen, die Menschen erfahren eine bessere Gesundheitsversorgung als früher, die Ernährung ist besser geworden. Es gibt einen großen

---

[289] Vgl.: Onlinedokumentation: Das Parlament, Goddar, Jeantte, Die Angst vor dem Absturz, http://www.das-parlament.de/2006/44-45/ThemaderWoche/001.html (Zugriff am: 3.11.08).

Markt, speziell für ältere Menschen, deren Nachfrage nach Konsumgütern durch diesen befriedigt wird. Nur der Arbeitsmarkt fordert immer noch verstärkt junge, dynamische Menschen, die flexibel, belastbar und motiviert sein sollen. Es ist zwingend notwendig, auch Personen eine legitime Chance zu gewähren, die zwar etwas älter, aber noch weit vom Rentenalter entfernt sind und den Willen haben, sich effizient in ein Unternehmen einzubringen.

2. Die Veränderung des Normalarbeitsverhältnisses

In Deutschland hat sich nach dem Ende des zweiten Weltkrieges eine bestimmte Definition des Normalarbeitsverhältnisses in den Köpfen der Menschen manifestiert. Diese Definition sah wie folgt aus. Der vorwiegend männliche Teil der Gesellschaft geht einer Erwerbsarbeit nach, in einem unbefristeten, vollzeitbeschäftigten Arbeitsverhältnis. Er erhält eine stabile Entlohnung, die sich nach Leistung, Qualifikation und Arbeitszeit richtet. Der AN verbleibt sein ganzes Arbeitsleben in ein und demselben Betrieb. Das bestehende Arbeitsverhältnis ist fast unkündbar. Da unter anderem die Tarifbindung der Betriebe früher weitaus höher war als heute, konnten die Gewerkschaften damals Abschlüsse erzielen, die heute undenkbar wären. Der Wohlfahrtsstaat hat damals in einem generösen Rahmen den Fall in die Armut verhindern können. Dass dieser Idealtypus eines Normalarbeitsverhältnisses jedoch schon damals in der Realität nur selten vorzufinden war, ist offensichtlich. Jedoch war diese Vorstellung eines Idealtypus bei der Regulierung der Arbeitsverhältnisse weit verbreitet und prägte die Ausgestaltung von Vereinbarungen der Sozialpartner. In den 1970er Jahren begann dann die Erosion der bestehenden Arbeitsverhältnisse. Bedingt durch die noch immer starke Tarifbindung hat sich diese Erosion in Deutschland erst kurz nach der Wiedervereinigung verstärkt. Die heutigen Debatten zum Thema Minijob, Teilzeitbeschäftigung, Leiharbeit, 1-Euro-Jobs oder Scheinselbstständigkeit verdeutlichen den Auflösungsprozess der damaligen sozialen Errungenschaften. Arbeitsverhältnisse, die damals undenkbar waren, gelten heute als ganz „normal." Diese so genannten atypischen Beschäftigungsverhältnisse werden gern als Prekarisierung bezeichnet. Diese

Sichtweise ist jedoch zu generell und verhindert eine sozial- und beschäftigungspolitische Betrachtung und Bewertung. Die Entwicklung von atypischen Beschäftigungsverhältnissen seit den 1990er Jahren bis in die heutige Zeit veranschaulicht eine Tabelle der Hans Böckler Stiftung:

Abbildung 37: Teilzeit, befristet Beschäftigte, Leiharbeit[290]

Tabelle 1: Teilzeitarbeit, befristet Beschäftigte, Leiharbeit

		Teilzeitarbeit[2]		befristet Beschäftigte[3]		Leiharbeit[4]	
	Beschäftigte insgesamt[1] in 1.000	Teilzeitarbeit in 1.000	Anteil an Beschäftigten	befristet Beschäftigte in 1.000	Anteil an Beschäftigten	Leiharbeit in 1.000	Anteil an Beschäftigten
1991	33.887	4.736	14,0	1.888,9	6,4		
1992	33.320	4.763	14,3	1.974,1	6,7		
1993	32.722	4.901	15,0	1.802,7	6,3	121,4	0,4
1994	32.300	5.122	15,9	1.946,9	6,8	138,5	0,4
1995	32.230	5.261	16,3	1.929,4	6,8	176,2	0,5
1996	32.189	5.340	16,6	1.956,5	6,9	177,9	0,6
1997	31.917	5.659	17,7	2.067,2	7,4	212,7	0,7
1998	31.878	5.884	18,5	2.149,3	7,7	252,9	0,8
1999	32.497	6.323	19,5	2.344,1	8,3	286,4	0,9
2000	32.638	6.478	19,8	2.282,9	8,0	339,0	1,0
2001	32.743	6.798	20,8	2.297,6	8,0	357,3	1,1
2002	32.469	6.934	21,4	2.149,9	7,5	336,3	1,0
2003	32.043	7.168	22,4	2.211,1	7,8	327,3	1,0
2004	31.405	7.168	22,8	2.249,2	8,1	399,8	1,3

1) Ohne Auszubildende
2) jeweils April
3) Arbeiter und Angestellte
4) jeweils Ende Juni
Quelle: Statistisches Bundesamt (2005); BA (2004); Rudolph (2004);

WSI Hans Böckler Stiftung

Der stetige Rückgang der Beschäftigten in Vollzeitarbeit und die Zunahme der Teilzeitarbeit, deren Anteil an den Beschäftigten im Jahr 2004 bereits 22,8 % ausmachte, verdeutlicht die Dynamik und deren Bedeutung in der Wirtschaft. Bedingt durch die Hartz-Reformen ist der Kreis der Personen, die in einem so genannten Minijob (400 €-Basis) tätig sind, seit Anfang 2003 von 2,6 Millionen auf 6,7 Millionen signifikant gestiegen, und ein Minijob ist nichts anderes als Teilzeitarbeit.[291] Im Vergleich dazu ist der Anteil der befristet Beschäftigten von 6,4 % im Jahr 1991 auf 8,1 % im Jahr 2004 gestiegen. Die Steigerung des Anteils der Leiharbeit verläuft in Deutschland dynamisch bis auf einen Prozentsatz von 1,3 %, gemessen an allen Beschäftigten. Dieser Bereich bietet ein großes Poten-

---

[290] Vgl.: Tabelle der Hans Böckler Stiftung: **Teilzeit, befristet Beschäftigte, Leiharbeit**, S. 2, http://www.boeckler.de/pdf/wsimit_2006_05_Keller.pdf (Zugriff am: 28.10.08).
[291] Vgl.: **WSI** Mitteilung 5/2006, Keller, Berndt, Seifert, Hartmut, Atypische Beschäftigungsverhältnisse: Flexibilität, soziale Sicherheit und Prekarität.

tial und viele Entfaltungsmöglichkeiten für den deutschen Arbeitsmarkt. Atypische Beschäftigungsverhältnisse erfüllen bestimmte Aufgaben, sie können dazu konzipiert sein, um Arbeitskosten zu senken, oder als ein Instrument der Personalpolitik verwendet werden. Dadurch soll eine höhere Flexibilität der Arbeitsplätze erreicht werden. Flexibilität gilt als fundamentales Instrument, um dem Strukturwandel auf dem Arbeitsmarkt entgegenzuwirken. Man unterscheidet zwischen interner und externer Flexibilität. Vergleiche auch die Abbildung 38 der Hans Böckler-Stiftung.

Abbildung 38: Formen der Flexibilität[292]

Übersicht 1: Formen der Flexibilität		
	Intern	Extern
Numerisch	– Zeitkonten – Beschäftigungssichernde Arbeitszeitänderungen	– Entlassungen und Einstellungen (Kündigungsschutz) – Leiharbeit – Befristet Beschäftigte
Funktional	– Weiterbildung – Arbeitsorganisation	– Transfergesellschaft
Temporal	– Geringfügige Beschäftigung/ Mini-Jobs – Teilzeitarbeit	
Monetär	– Tarifliche Öffnungsklauseln – Betriebliche Bündnisse – Geringfügige Beschäftigung/ Mini-/Midi-Jobs – Leistungsbezogene Entgelte	– Lohnkostenzuschüsse bzw. -subventionen

Quelle: Keller/Seifert (2005). WSI Hans Böckler Stiftung

Atypische Beschäftigungsformen können die Wahl betrieblicher Anpassungsstrategien beeinflussen. Geringfügig Beschäftigte und Teilzeitarbeiter steigern oft die interne temporäre Flexibilität. Leiharbeiter und befristet Angestellte dienen der externen numerischen Flexibilisierung. Selbstverständlich können diese Formen der Beschäftigung miteinander kombiniert werden, dies hängt ganz allein vom Kosten-Nutzen-Kalkül des Unternehmens ab. Es ist davon auszugehen, dass die Attraktivität der betriebsspezifischen Qualifikationen zukünftig zunimmt und dies mit einer Steigerung der internen Anpassungsstrategien einhergeht. Minijobbern bietet sich dadurch die Möglichkeit, betriebsspezifische

---

[292] Vgl.: **WSI** Mitteilung 5/2006. Keller, Berndt, Seifert, Hartmut, Atypische Beschäftigungsverhältnisse: Flexibilität, soziale Sicherheit und Prekarität, S. 237.

Aufgaben zu übernehmen, die keine Vorkenntnisse erfordern und dadurch nur wenig Kosten für den AG verursachen, da kaum Einarbeitungskosten anfallen. Befristete Beschäftigung dient auch der Bewältigung von Personalnot bei guter Auftragslage oder bei längerfristigem Ausfall einer Mitarbeiterin oder eines Mitarbeiters wegen Krankheit. Jedoch kann diese Form der Beschäftigung auch als Verlängerung der Probezeit eingesetzt werden. Die Leiharbeit diente früher dem Zweck, unvorhersehbare Ereignisse zu bewältigen und kurzfristig neue Arbeitskräfte zu rekrutieren. Heutzutage geht die Tendenz in eine andere Richtung, vermehrt gründen große Firmen eigene Arbeitnehmerüberlassungsgesellschaften, um Stoßzeiten in der Produktion zu bewältigen. Andere Unternehmen beziehen einen großen Teil ihres Personals ausschließlich von Personalserviceagenturen. Wie bereits erwähnt, hängt diese Strategie von der Kosten-Nutzen-Rechnung des jeweiligen Unternehmens ab und davon, inwieweit ein Flexibilisierungsgrad im Betrieb gewünscht wird. Die Flexibilisierung hat nicht nur an den externen Rändern des Arbeitsmarktes zugenommen, z. B. durch zunehmende Leiharbeit, sondern auch intern im Betrieb durch eine Flexibilisierung der Arbeitszeit und durch Arbeitszeitkonten. Öffnungsklauseln lassen dem AG einen Spielraum, die Einkommen bei Bedarf variabel zu gestalten. Diese betrieblichen Bündnisse für Arbeit erfordern von den AN Konzessionen hinsichtlich deren Flexibilität, um sich gegen Einwirkungen von Außen zu wehren. Um Disparitäten auszugleichen, wurde auch im Randsegment das Betätigungsfeld für externe Flexibilisierung erweitert, eine Option wäre auch die Verlängerung befristeter Arbeitsverhältnisse.[293]

Atypische Arbeitsverhältnisse bringen jedoch die derzeit geltenden Sozialversicherungssysteme durcheinander. Vor allem die Realisierung der Ansprüche während der Erwerbsphase gegenüber der Arbeitslosen- und der Krankversicherung und nach der Erwerbsphase gegenüber der Rentenversicherung können in einigen Fällen problematisch für die Be-

---

[293] Vgl.: Mehr zu diesem Thema in: **Neumann, F. Lothar, Schaper, Klaus**, Die Sozialordnung der Bundesrepublik Deutschland, Campus Verlag Frankfurt/NY, 5. Auflage 2008.

troffenen sein. Vergleiche hierzu die Übersicht der Hans Böckler-Stiftung.

Abbildung 39: Atypische Beschäftigung und soziale Sicherung[294]

Übersicht 2: Atypische Beschäftigung und soziale Sicherung

Beschäftigungsform	Teilzeit	Geringfügigkeit	Befristet	Leiharbeit	Ich-AG
Krankenversicherung	x	Keine eigenständigen Ansprüche	x	x	Freiwillig
Arbeitslosenversicherung	Anteilig	Nein	Ansprüche erst ab 12 Monaten	x	Begrenzte Aufrechterhaltung Versicherungsschutz sowie freiwillige Versicherung (2006)
Rentenversicherung	Im Prinzip anteilig	Anteilig	x	x	Pflichtversichert mit reduziertem Beitrag

Quelle: Eigene Zusammenstellung.   WSI Hans Böckler Stiftung

Die Expansion von atypischen Arbeitsverhältnissen hat neben den Konsequenzen für den Einzelnen zum Teil dramatische Auswirkungen und Folgen für die Institutionen der sozialen Sicherung. Das Kernproblem entsteht durch die Substitution sozialversicherungspflichtiger durch sozialversicherungsfreie oder in der Beitragszahlung reduzierte Beschäftigte, diese sind vorwiegend im Minijob-Bereich anzutreffen. Starke Indizien sprechen dafür, dass Normalarbeitsverhältnisse eine partielle Verdrängung durch atypische Beschäftigung erfahren. Diese sind häufig im Gaststätten- und Hotelgewerbe vorzufinden, wie auch vermehrt im Einzelhandel. Diese Verdrängung führt zu Verlusten auf der Einnahmenseite der sozialen Sicherungssystems ohne eine wirkliche Kompensation auf der Ausgabenseite.[295]

In Bezug auf die Prekarität des Einkommens und der sozialen Sicherungen stellen Minijobs die größte Gefährdung dar. Ebenfalls sind Teilzeitstellen mit einem geringen Stundenaufkommen und niedrigen Stundensätzen im Vergleich zur Vollzeitbeschäftigung als problematisch anzusehen, da ein hohes Risiko von Altersarmut entstehen könnte. Für eine befristete Beschäftigung oder Leiharbeit gilt dieser Grundsatz nicht un-

---

[294] Vgl.: WSI Mitteilung 5/2006, S. 238.
[295] Vgl.: Mehr zu diesem Thema in: **Breyer, Friedrich u. Buchholz, Wolfgang**, Ökonomie des Sozialstaats, Springer Verlag Berlin/Heidelberg 2007.

mittelbar. Im Kontext der Beschäftigungsprekarität liegt das größere Risiko bei einer befristeten Beschäftigung, falls kein nahtloser Übergang in eine neue Beschäftigung gefunden wird. Die Leiharbeit hat dagegen eine niedrigere Beschäftigungsstabilität als ein Normalarbeitsverhältnis. Im Ruhestand variiert der Grad der Prekarität, wenn man zwischen abgeleiteten und eigenen Ansprüchen differenziert. Abgeleitete Ansprüche sind primär die Prämienzahlung der Rentenversicherung.

3. Die Steuerungsfunktion von Löhnen

„Die Gehälter und Löhne sind viel zu hoch in Deutschland", so oder so ähnlich argumentieren Lobbyisten in Deutschland, wenn es um das Thema Arbeitslohn geht. Dieser Satz offenbart jedoch eine unzureichende analytische Auseinandersetzung mit diesem „Problem". Solange der Mensch noch unerfüllte Wünsche und Träume hat, geht, auch in entwickelten Volkswirtschaften, der Menschheit die Arbeit nicht aus. Obwohl einige Sättigungstheoretiker seit den 1950er Jahren dies immer wieder predigen, konnten auch höchste Produktionszuwächse immer in Preise umgesetzt und diese wiederum in höheren Einkommen und eine daraus resultierende eine höhere Binnennachfrage umgesetzt werden. Die wirtschaftliche Entwicklung verläuft nach einem allerdings durchaus umstrittenen Gesetz, formuliert von David Ricardo im Jahr 1817: *„If men ceased to consume, they would cease to produce".*[296] Dieses Gesetz, das häufig Say`s Law genannt wird, drückt ein menschliches ökonomisches Denken aus. Dieser Satz sagt jedoch lediglich aus, dass eine Sättigung der menschlichen Bedürfnisse das Ende aller Anstrengungen zur Erlangung von neuen und effizient hergestellten Gütern mit sich bringt. Es ist nicht die Rede von Arbeitslosigkeit. Solange der Anstieg des nominalen Lohnsatzes Schritt hält mit der Geschwindigkeit und dem Anstieg der Arbeitsproduktivität und dem Preisniveau, ist dem Wachstum des nomi-

---

[296] Vgl.: **Ricardo, David**: On the Priciples of Political Economy and Taxation, in: The Works and Correspondence of David Ricardo, Hrsg, von P. Sraffa, Vol. I, Cambridge 1951, S. 289–300; J.S. Mill: Pricipples of Poilitical Economy, London 1909, S. 556–563.

nalen Einkommens keine Grenze nach oben gesetzt. Ein Überschuss des Warenangebotes ist ebenso wenig vorstellbar wie ein Defizit bei der Arbeitsnachfrage. Somit gilt das Say`s Law. Es muss jedoch darauf hingewiesen werden, dass ohne eine Regulierung des Exports von Gütern durch die Geldpolitik oder eine Begrenzung der Preiserhöhungen aufgrund des Drucks der inländischen oder ausländischen Konkurrenz jede allgemeine Lohnerhöhung in eine Preissteigerung umgesetzt werden könnte.

Viele der Experten, unter anderem der Sachverständigenrat, sehen in der Massenarbeitslosigkeit eine klassische lohnbedingte Arbeitslosigkeit. Die Gewerkschaften hätten seit den 1970er Jahren das Lohnniveau zu stark angehoben und über tarifliche Mindestlöhne abgesichert. Dadurch soll der Anstieg der treppenförmigen Arbeitslosigkeit gefördert worden sein. Davon soll vor allem, nach neoliberaler Meinung, der Niedriglohnsektor betroffen sein, wo vermeintlich gering qualifizierte Personen, die Chance haben, einer Erwerbsarbeit nachzugehen. Das Lohnniveau sei hier seit den 1990er Jahren um bis zu 30 % zu hoch gewesen.[297] Wenn man hier allerdings die Tabelle (vgl.: 10.2.4 Niedrige Tariflöhne in Euro pro Stunde) der Löhne im Friseurhandwerk betrachtet, die laut WSI im Osten gerade einmal bei 3,06 € lagen, fällt es sehr schwer, diese Argumente nachzuvollziehen. Das Credo der neoklassischen Ökonomen besteht vor allem darin, durch eine nachhaltige Kürzung der Löhne Beschäftigung zu schaffen. Politisch ist dies nur durchzusetzen, wenn man die etablierten Gewerkschaften durch die Gründung eigener, eigentlich unzulässiger Gewerkschaften schwächt oder wenn individuelle betriebliche Tarifverträge abgeschlossen werden. Eine andere Option ist die Arbeitszeitverlängerung ohne vollen Lohnausgleich. Diese und andere, ähnliche Vereinbarungen führten in den letzten Jahren zu einer moderaten Lohnpolitik. Eine Variante einer sozialverträglichen Lohnpolitik könnte folgendermaßen aussehen: Wenn die Arbeitsproduktivität jährlich um 2 % steigt und die Inflationsrate, wie von der europäischen

---

[297] Vgl.: **Neumann, F. Lothar, Schaper, Klaus**, Die Sozialordnung der Bundesrepublik Deutschland, Campus Verlag Frankfurt/NY, 5. Auflage 2008. S. 112.

Zentralbank angestrebt, ebenfalls bei 2 % liegt, würde eine Nominalstundenlohnsteigerung von 1 % jährlich die Lohnstückkosten um 1 % im Jahr senken und die Verteilung würde sich zu Gunsten der Unternehmer um 3 % verbessern. Die Stundenlöhne würden zwar für die AN jedes Jahr real um 1 % sinken, dieser ökonomische Verlust kann aber durch eine verlängerte Arbeitszeit kompensiert werden. Die Neoklassik erhofft sich durch dieses Konzept in wenigen Jahren, das Lohnniveau in Deutschland dem internationalen Niveau anzupassen, um dadurch Vollbeschäftigung zu erreichen. Im Anschluss könnten die Reallöhne wieder steigen, jedoch geknüpft an die Produktivitätssteigerung der Unternehmen, damit die notwendige Kaufkraft der AN gesichert werden kann. Dieser Revitalisierungsprozess wird noch dadurch verstärkt, dass die Lohnnebenkosten bei abnehmender Arbeitslosigkeit sinken können. Die sinkenden Gesamtkosten sollen die Produktivität und die Investitionen der Unternehmer steigern, dadurch einsteht ein höheres wirtschaftliches Wachstum und das Gesamtergebnis ist ein höherer Beschäftigungsgrad und ein steigender Wohlstand für alle, jedoch nicht ohne eine starke Einkommensdifferenzierung in der Gesellschaft.

Die lohnpolitische Konzeption der Keynesianer sieht in der neoliberalen Theorie allerdings eine Gefährdung der Ankerfunktion von Löhnen. Diese zieht ein makroökonomisches Gefahrenpotential für die Wirtschaft nach sich. Es ist empirisch nachzuweisen, dass Lohnkürzungen im Betrieb, also im mikroökonomischen Umfeld, zu mehr Beschäftigung führen können. Dies herauszufinden, erfordert nur mathematische Grundkenntnisse. Die Folgen für die gesamte Volkswirtschaft wären jedoch gravierend. Kreislauftheoretisch führen Lohnsenkungen zu Instabilitäten, Löhne müssen unabhängig vom Wirtschaftszyklus, in guten wie auch in schlechten Zeiten, mit dem Produktivitätswachstum steigen. Es gilt, die Inflationsrate in diese Überlegung mit einzubeziehen, damit die Kaufkraft der Reallöhne nicht zurückgeht. Wenn man der Theorie der Keynesianer folgt, müssten bei einer Produktivitätssteigerung um 2 % und einer Zielinflationsrate der europäischen Zentralbank von 2 %

die Stundenlöhne jedes Jahr um 4 % steigen.[298] Ein Lohnsenkungsprozess nach der Vorstellung der Neoliberalen würde nach der Analyse der Keynesianer zu sinkenden Preisen und somit zu unveränderten Reallöhnen führen. Sinkende Preise bergen jedoch die Gefahr einer Deflation der Wirtschaft. Keynesianer fordern eine moderate Steigerung der Löhne und erwarten nicht nach jeder Lohnsteigerung ein signifikantes Wachstum der Wirtschaft, dies wäre zu kurz gedacht. Nicht angepasste Steigerungen an den Produktivitätsgrad der Wirtschaft, also auch zu geringe Löhne, gefährden die Makrostabilität der Wirtschaft und können zu einer Inflation der Preise oder zu vermehrter Arbeitslosigkeit in der Gesellschaft führen. Die Erosion des Flächentarifsystems in Deutschland gefährdet außerdem die Ankerfunktion der Löhne und beeinflusst die Konsumnachfrage der Bürgerinnen und Bürger negativ. Eine Aushöhlung der Tarifverträge hat langfristig einen verschärften Lohnwettbewerb zur Folge, der Einstieg in den Markt wird dann vor allem über die Lohnkosten geführt.

Bei der Recherche zu dieser Studie arbeitete ich von August bis Oktober 2008 als Hausmeister in einem in Frankfurt am Main neu eröffneten Hostel.[299] Meine Tätigkeit war es, die neuen Möbel aufzubauen und für Ordnung im Gebäude zu sorgen. Das hört sich im ersten Moment nach einer ganz normalen Hausmeistertätigkeit an. Die Arbeitsbedingungen in diesem Betrieb waren jedoch prekär. Es wurde jedem, unabhängig von seiner Qualifikation, ein Stundenlohn in Höhe von 7,50 € bezahlt. Das Hostel hat 24 Stunden geöffnet, an 7 Tagen in der Woche. Der Stundenlohn, auch nachts oder am Wochenende, war jeweils identisch. Es wurde ein Höchstmaß an Flexibilität von den Angestellten gefordert.

---

[298] Vgl.: **Hallwirth, Volker,** Und Keynes hatte doch recht – eine neue Politik für Vollbeschäftigung, Campus Verlag Frankfurt/NY 2008.

[299] Vgl.: Vom 01.08.2008 bis 15.10.2008 war ich als Hausmeister in einem in Frankfurt angesiedelten Hostel tätig. Ich arbeitete als geringfügig Beschäftigter (400 €-JOB) ca. 53 h im Monat. Mein Stundenlohn betrug 7,50 €. Die Tätigkeiten bestanden in der Regel darin, Ordnung ins Hostel zu bringen und neue Möbel aufzubauen. In diesem Hostel waren 20 Aushilfen, vorwiegend Studenten, eine fest angestellte Person und ein Geschäftsführer beschäftigt.

Wer einen Arbeitstermin absagen musste oder mit der Bezahlung unzufrieden war, blieb nicht mehr lange im Betrieb beschäftigt. Um keine Probleme mit dem Gesetz zu bekommen, wurden die Frauen und Männer, die an der Rezeption gearbeitet haben, dazu aufgefordert, auch die Zimmer zu reinigen. Dadurch entzog man sich dem in der Branche der Gebäudereinigung eigentlich zu zahlenden Mindestlohn. Der Mindestlohn in der untersten Tarifgruppe der Gebäudereiniger liegt bei 7,87 € im Westen und 6,36 € im Osten der Republik.[300] Selbstvertsändlich gibt es schlimmere Beispiele, viele Beschäftigte erhalten noch weniger Geld oder arbeiten unter noch prekäreren Arbeitsbedingungen.[301] Dieses Beispiel soll nur verdeutlichen, wie der momentane Trend bei einigen Markteinstiegen von Investoren aussehen kann.

Durch einen forcierten Lohnwettbewerb sinkt außerdem der Druck auf Unternehmen, Produktivitätsrückstände durch Investitionen im Betrieb zu kompensieren. Langfristig betrachtet führt dieser Trend zu einem Abstieg der Wirtschaftsmacht Deutschland. Die Anzahl der „working poor" wird in den kommenden Jahren signifikant ansteigen. Ein geringes Wachstum bei einer starken Einkommensdifferenzierung wird den Staat vor eine unlösbare Aufgabe stellen. Der Wohlfahrtsstaat wird bei einer geringen Lohnsteigerung zu teuer und reduziert sich dadurch selbst auf ein Mindestmaß. Die Folge ist eine fortschreitende Zunahme der Anzahl von Personen, die der Unterschicht in der Gesellschaft angehören.

4. Pro- und Contra Mindestlohn

Das Bundeskabinett hat am 16. Juli 2008 den Entwurf eines Gesetzes über zwingende Arbeitsbedingungen für grenzüberschreitend entsandte und regelmäßig im Inland beschäftigte Arbeitnehmerinnen und Arbeitnehmer und den Entwurf eines Gesetzes zur Änderung des Geset-

---

[300] Vgl.: **Mindestlohn für Gebäudereiniger tritt zum 1. Juli 2007 in Kraft,** http://www.jurablogs.com/de/mindestlohn-fuer-gebaeudereiniger-tritt-zum-1-juli-2007-in-kraft (Zugriff am:: 30.10.2008).

[301] Vgl.: Der Markteintritt des Briefdienstleisters PIN scheint eine ähnliche Vorgehensweise zu haben.

zes über die Festsetzung von Mindestarbeitsbedingungen beschlossen. Dieser Gesetzentwurf setzt die Einigung der Regierungskoalition vom 18. Juni 2007 voraus, mehr Wirtschaftszweigen die Möglichkeit einzuräumen, über das Arbeitnehmerentsendegesetz und über das Mindestarbeitsbedingungsgesetz Mindestlöhne einzuführen. Das Arbeitnehmerentsendegesetz sorgt dafür, dass tarifvertragliche Mindestlöhne für alle Arbeitnehmerinnen und Arbeitnehmer in einem Wirtschaftszweig Gültigkeit haben, unabhängig davon, ob der Sitz des Arbeitgebers sich im In- oder im Ausland befindet. Die Neufassung des Gesetzes soll nun klarer und verständlicher sein. Zusammengefasst haben sich inhaltlich folgende Änderungen ergeben.[302] Stellt eine neu aufgenommen Branche erstmals den Antrag auf Allgemeinverbindlicherklärung des Tarifvertrages, so muss sich zuerst der Tarifausschuss mit dem Antrag auseinandersetzen. Dieser soll die Gelegenheit erhalten, über die Branche des Antragsstellers hinaus, Erwägungen mit in den Entscheidungsprozess mit einfließen zu lassen. Erwägungen, die mit einfließen können, sind Probleme, die bei Zulieferfirmen entstehen könnten, da die Einführung eines Mindestlohns mit Mehrkosten verbunden sein könnte und diese auf andere abgewälzt werden müsste, oder dass die Einführung so genannte „Schmutzkonkurrenz" vom Markt verdrängen könnte. Bei konkurrierenden Tarifverträgen hat der Gesetzgeber dem Verordnungsgeber ein Abwägungskriterium vorgegeben. Das geltende EU-Recht wird nicht tangiert, da klargestellt wird, dass die Mindestlohntarifverträge ohne jegliche Ausnahme für alle in- und ausländischen Arbeitgeber sowie Arbeitnehmerinnen und Arbeitnehmer verbindlich sind. Wirtschaftszweigen, die ohnehin eine Tarifbindung von 50 % erzielen, wird das Angebot unterbreitet, in das Arbeitnehmerentsendegesetz aufgenommen zu werden und tarifliche Mindestlöhne zu vereinbaren. Voraussetzung für die Aufnahme ist ein gemeinsamer Antrag der Tarifvertragsparteien des Wirtschaftszweigs. Eine Koalitionsarbeitsgruppe unter

---

[302] Vgl.: Homepage des Bundesministeriums für Arbeit und Soziales, Mindestlohn-Gesetz beschlossen, http://www.bmas.de/coremedia/generator/26934/2008_07_16_mindestlohn_gesetze.html (Zugriff am: 10.10.08).

der Leitung von Bundesminister Olaf Scholz entscheidet dann über die Aufnahme. Eine Branchenerweiterung durch das Arbeitnehmerentsendegesetz ist nicht Bestandteil des Kabinettsbeschlusses. Für Wirtschaftszweige, deren Tarifbindung sich unter der 50 %-Hürde befindet, soll jetzt, nach der Modernisierung, das Mindestarbeitsbedingungsgesetz Gültigkeit besitzen. Es wird ein dauerhafter Hauptausschuss eingerichtet, dieser soll überprüfen, ob soziale Missstände vorliegen, und entscheidet dann, ob in dieser Branche Mindestarbeitsentgelte festgesetzt, geändert oder sogar wieder aufgehoben werden sollen. Dieser Ansatz wirft einige Fragen auf: Wer sitzt in solch einem Ausschuss? Ist dieser demokratisch gewählt? Inwieweit ist er vor Angriffen der Lobbyisten geschützt? Fraglich ist auch die Option des Hauptausschusses, die Mindestarbeitsentgelte zu ändern oder gar aufzuheben. Es stellt sich die Frage, unter welchen Bedingungen diese aufgehoben werden. Falls der Hauptausschuss zu dem Urteil kommt, in einer Branche Mindestarbeitsentgelte einzuführen, wird ein Fachausschuss gebildet. Dieser legt die Höhe des jeweiligen Mindestlohns fest. Laut dem Regierungsentwurf „Erstes Gesetz zur Änderung des Gesetzes über die Festsetzung von Mindestarbeitsbedingungen vom 16. Juli 2008" kann die Bundesregierung auf Vorschlag des Bundesministers für Arbeit und Soziales den vom Fachausschuss festgesetzten Mindestlohn als Rechtsverordnung erlassen. Es besteht die Möglichkeit einer temporären Befristung der Verordnung. Der Regierungsentwurf sollte an dieser Stelle überarbeitet werden. „Kann" bedeutet nicht, dass der Vorschlag des Ministers von der Bundesregierung unbedingt umgesetzt wird. Dieser *„kann"* auch wieder verworfen werden, der Fachausschuss muss dann erneut beraten. Bei einer temporären Befristung ist es offensichtlich, dass die Einführung, womöglich von einer neuen Regierung, nicht mehr so umgesetzt wird, wie es der Fachaussauschuss beschlossen hatte. Wenn es um die Frage der Allgemeinverbindlichkeit des Mindestarbeitsentgeltes für in- und ausländische Arbeitnehmerinnen und Arbeitnehmer geht, macht der Regierungsentwurf eine klare Aussage, die festgesetzten Mindestarbeitsentgelte sind für alle in- und ausländischen Arbeitnehmerinnen und Arbeitnehmer zwingend und unabdingbar. Andernfalls würde dieses geänderte Gesetz mit dem Allgemeinen Gleichbehandlungsgesetz (AGG) und dem EU-Recht kollidieren. Noch laufende Tarifverträge, die vor einem festgelegten Stichtag abgeschlossen wurden, genießen für ihre Dauer Vorrang vor den Mindestarbeitsentgelten. Bisher waren Mindestlöhne nach dem Arbeitnehmerentsendegesetz für das Baugewerbe, Gebäudereiniger und Briefdienstleister gültig, die dadurch vor Dumpinglöhnen und Lohnkonkurrenz geschützt wurden. Das sind derzeit 1,8 Millionen Arbeitnehmerinnen und Arbeitnehmer mit ihren Arbeitgebern.[303] Die Koalition hat am 18. Juni 2007 beschlossen, Branchen, die Interesse an der Einführung eines Mindestlohns bekundet haben, in das Arbeitnehmerentsendegesetz aufzunehmen. Sie wurden aufgefordert, ihr Interesse bis zum 31. März 2008 anzumelden. Anmeldungen über den Stichtag hinaus waren möglich. Interessenten fanden sich in folgenden acht Wirtschaftszweigen:

1. Arbeitnehmerüberlassung (Leih-/Zeitarbeit)
2. Pflegedienste (Altenpflege)
3. Wach- und Sicherheitsgewerbe
4. Abfallwirtschaft
5. Weiterbildung
6. forstliche Dienstleistungen
7. textile Dienstleistungen im Objektkundenbereich
8. Bergbauspezialarbeiten

Wünschenswert wäre es, wenn das Hotel- und Gaststättengewerbe sowie das Friseurhandwerk und die Fleisch verarbeitende Branche noch dazu kommen würden. Nichtsdestotrotz verdoppelt sich dadurch die Anzahl derer fast, die von einem Mindestlohn profitieren können. In den acht Branchen werden 1,57 Millionen Personen beschäftigt.[304] Es ist außerordentlich zu begrüßen, dass sich die Arbeitnehmerüberlassungsbranche trotz aller Widerstände dazu entschlossen hat, einen Antrag auf

---

[303] Vgl.: Homepage des Bundesministeriums für Arbeit und Soziales, Mindestlohn-Gesetz beschlossen, http://www.bmas.de/coremedia/generator/25178/2008_03_31_mindestlohn_durch_entsendegesetz.html (Zugriff am: 10.10.08).

[304] Vgl.: ebd.

Aufnahme in das Arbeitnehmerentsendegesetz zu stellen. Der wirtschaftspolitische Sprecher der CDU/CSU-Bundesfraktion, Laurenz Mayer, lehnt die Einführung des Mindestlohns in der Zeitarbeitsbranche ab. Er ist der Meinung, dass der Mindestlohn von Branchenriesen nur dazu missbraucht wird, um lästige Konkurrenz vom Markt zu verdrängen. Dieser Argumentation folgte bereits Dr. Schwarz-Schilling in einem persönlichen Interview zum Thema: Postmindestlohn.[305] Die Europäische Linke geht dagegen sogar noch einen Schritt weiter und fordert in einem Papier auf ihrer Homepage vom 13. Januar 2008 einen EU-weiten gesetzlichen Mindestlohn. Da bereits 20 von 27 EU-Ländern einen gesetzlichen Mindestlohn implementiert haben, besteht nicht das Risiko eines EU-weiten Referendums, um auch die letzten Verbliebenen dazu zu bewegen, diesen Schritt zu unternehmen. Bündnis 90/Die Grünen gehen in ihrer Presseinformation vom 30. April 2008 trotz aller Widerstände noch einen Schritt weiter.[306] Sie möchten nicht nur eine Mindestlohnregelung für alle Beschäftigten, sie wollen unter anderem, dass die Sozialversicherungsabgaben erst ab einem Bruttobetrag in Höhe von 2000 € komplett fällig werden. Diese Senkung soll beide Seiten entlasten und zu mehr Arbeitsplätzen führen. DP-Fraktionsvize Rainer Brüderle und die Fraktionschefin der Grünen Renate Künast lehnen den Kompromiss der großen Koalition ab und bezeichnen diesen als Ausdruck einer „Trippelschritt-Ideologie" und als Flickschusterei.[307]

Der eigentlich notwendige branchenübergreifende Mindestlohn ist vom Tisch. Die große Koalition konnte oder wollte sich nicht dazu durchringen, in Deutschland der progressiven Armut entgegenzutreten. Wie sinnvoll der eingebrachte Gesetzesentwurf ist, wird sich in der Praxis zeigen. Der Kompromiss zeigt deutlich, dass die große Koalition lieber einen leicht zu umgehenden gesetzlichen Mindestlohn einführen

---

[305] Vgl.: Interview Schwarz Schilling vom 10. Juli 2008.
[306] Vgl.: Presseinformation vom 30. April 2008 der **Grünen**, PM Nr. 065/08.
[307] Vgl.: Onlinedokumentation **SPIEGEL** vom 19.06.2007, SPD Politiker monieren Kompromiss beim Mindestlohn, http://www.spiegel.de/politik/deutschland/ 0,1518,489349,00.html. (Zugriff am: 10.10.08).

möchte, als überhaupt keinen. Das Risiko, in den nächsten Wahlkampf zu gehen, ohne am gesetzlichen Mindestlohn mitgewirkt zu haben, ist den beiden großen Parteien wohl zu hoch.

III. Resümee

Der erste Teil dieser Studie hat deutlich den Umfang der Arbeit aufgezeigt, die auf die politischen Akteure zukommt. Die bereits im Jahr 1996 erarbeitete Arbeitnehmerentsenderichtlinie und das daraus resultierende AEntG in Deutschland offenbaren die ersten Schritte hin zu einer Neugestaltung des europäischen Arbeitsmarktes. Nach einigen anfänglichen Schwierigkeiten setzte sich das AEntG auf dem deutschen Arbeitsmarkt durch.

Das TVG genießt im Gegenzug eine jahrzehntelange Tradition, nur in den letzten Jahren, bedingt durch veränderte Weltmärkte, hat die Tarifbindung in Deutschland, explizit in den neuen Bundesländern, abgenommen. Diese, zum Teil dramatische Entwicklung wurde in den letzten Jahren besonders bei der Bezahlung der Arbeitnehmerinnen und Arbeitnehmer spürbar. Arbeitgeberverbände erreichten so viel Druckpotential bei Tarifverhandlungen, dass sehr niedrige Abschlüsse zustande kamen, die den Arbeitnehmerinnen und Arbeitnehmern kaum noch ein Existenzminimum einbrachten. Das MiArbG hätte in solch einem Fall einschreiten können. Doch dieses Gesetz ist noch nie angewandt worden. Es besteht die These, dass alleine die bloße Existenz des Gesetzes solch einen pädagogischen Effekt ausgelöst habe, dass keine Notwendigkeit bestanden hat, die eigene Autonomie aufs Spiel zu setzen und sich vom Gesetzgeber etwas vorschreiben zu lassen. Realistischer ist jedoch, dass die damals stark verbreitete Tarifbindung dazu beigetragen hat, dass dieses Gesetz nie zur Anwendung kam. In Frankreich existiert zum Beispiel die 50 %-Hürde im Tarifrecht überhaupt nicht. Deshalb ist dort die AVE viel einfacher durchzusetzen. Es wird nur darauf geachtet, welche Gewerkschaft am besten aufgestellt und repräsentativ für die Branche ist. Obwohl die bestehenden Gesetze einen großen Spielraum haben, um prekären Arbeitsbedingungen und sittenwidrigen Löhnen entgegenzuwirken, hat man sich entschlossen, das AEntG und das MiArbG zu modifizieren. Man erhofft sich von dieser Maßnahme, einen größeren Personenkreis zu erreichen.

Die vorgeschlagenen Modelle, die dazu dienen sollen, den Arbeitsmarkt so zu reformieren, dass der Anreiz für Arbeitnehmerinnen und Arbeitnehmer größer wird als der des Bezugs von Transferleistungen, sind kritisch zu beurteilen. Das Kombilohnmodell existiert in der einen oder anderen Form seit Jahren. Inwieweit damit Anreize geschaffen werden sollen, damit Arbeitgeber Menschen mit Vermittlungshindernissen eine Arbeitsstelle zur Verfügung stellen, um diese in den ersten Arbeitsmarkt zu integrieren, ist zunächst unklar. Dieses Vorhaben kann nur realisiert werden, wenn klare Normen für Arbeitgeber aufgestellt werden. Es darf nicht zugelassen werden, dass durch Transferleistungen die Profite von Unternehmen auf Kosten der Allgemeinheit steigen. Es ist nicht nachvollziehbar, wie ein Investivlohnmodell den Beschäftigten höhere Anreize vermitteln soll, wenn bei den Experten noch nicht einmal ein Konsens darüber besteht, wie das Modell konzipiert werden soll. Eine Tendenz, wie der Investivlohn gestaltet werden soll, ist in der öffentlichen Debatte nicht zu erkennen. Eine Verunsicherung bei den Bürgerinnen und Bürgern hat die Mikrostudie belegt.

Es sind viele Ansätze in diesem großen Reformpaket, die einen liberalen Hintergrund erkennen lassen. Den Anfang machte die Agenda 2010, initiiert durch die Regierung unter Bundeskanzler Schröder. Eine Konsequenz der Agenda 2010 sind die „Hartz-Gesetze." Die Umgestaltung des Arbeitsamtes zur Agentur für Arbeit sollte eine Signalwirkung auf die Wirtschaft haben. Grundsätze wie „Fordern und Fördern" und die Zusammenlegung zweier nebeneinander existierender finanzieller Transfermodelle, das der Arbeitslosenhilfe und das der Sozialhilfe, gehen konform mit dem Liberalismus nach Adam Smith. Smith sprach sich bereits im 18. Jahrhundert für mehr Eigenverantwortung aus. Die Schaffung von Privateigentum und die stetige Bildung des Geistes standen im Vordergrund. Der Ansatz „Fordern und Fördern" kommt diesem Anspruch ziemlich nah. Arbeitslose sind jetzt Arbeitssuchende, diese gehen ins Jobcenter, um sich beraten zu lassen, es werden Verträge zwischen der Agentur und den Arbeitssuchenden geschlossen. Inwieweit diese gegen die Vertragsfreiheit verstoßen, muss in Einzelfällen geprüft werden. Mehr Staat und damit einhergehendes Intervenieren stellt nicht etwa eine Abkehr vom eingeschlagenen liberalen Weg dar. Der Staat zog sich vermehrt aus anderen Bereichen der Wirtschaft zurück und überließ diese dem freien Markt. Smith hat jedoch auch schon früh die Notwendigkeit einer existenzsichernden Entlohnung erkannt. *„Der Mensch ist darauf angewiesen, von seiner Arbeit zu leben, und sein Lohn muss mindestens so hoch sein, dass er davon existieren kann. Meistens muss er sogar noch höher sein, da es dem Arbeiter sonst nicht möglich wäre, eine Familie zu gründen; seine Schicht würde dann mit der ersten Generation aussterben."*[308] Dieses Zitat fordert, nach heutiger Sicht, einen Mindestlohn für Arbeitnehmerinnen und Arbeitnehmer. Ohne einen existenzsichernden Lohn besteht die Gefahr, dass die eigene *„Schicht mit der ersten Generation ausstirbt."* Ganz so dramatisch wird es sicherlich nicht kommen, dennoch ist der Scharfsinn von Smith, der dies bereits in der damaligen Epoche erkannt hat, zu bewundern. Die Einführung eines Mindestlohns stellt keine Reform der Reform dar, es ist auch keine Abkehr vom Liberalismus, es ist eine Notwendigkeit, die der Liberalismus mit sich bringt. Es hat einen Wandel vom Liberalismus der *„unsichtbaren Hand"* hin zum Sozialliberalismus gegeben, der bei sozialen Notständen den Staat auffordert, diese Missstände zu beseitigen. Zum Liberalismus der *„unsichtbaren Hand"* muss ergänzend hinzugefügt werden, dass Smith nicht von einer Harmonie der Märkte ausgegangen ist und er verstärkt auf die, wie er es nannte, *„Sympathie"* setzte. Dies impliziert den fairen Umgang miteinander, obwohl jeder darauf aus sein sollte, möglichst viel Privateigentum zu schaffen. In der Gemeinschaftscharta von 1989 der EU wurde bereits eine ähnlich formulierte Forderung, wie die von Smith, bekannt gegeben. *„Für jede Beschäftigung ist ein gerechtes Entgelt zu zahlen. Zu diesem Zwecke empfiehlt es sich, dass entsprechend den Gegebenheiten eines jeden Landes den Arbeitnehmern ein gerechtes Arbeitsentgelt garantiert wird, das heißt ein Arbeitsentgelt, das ausreicht, um ihnen einen angemessen Lebensstan-*

---

[308] Vgl.: **Smith, Ad**am in: 'The Wealth of Nations' zu Deutsch: 'Der Wohlstand der Nationen', London 1776, dt. Ausgabe München 1993.

dard zu erlauben."[309] Prof. Rürup hat allerdings eine eigene Vorstellung, was er unter gerecht und existenzsichernd versteht. *„Das erste Ziel eines garantierten Mindestarbeitseinkommens in Höhe des soziokulturellen Existenzminimums für einen allein stehenden Vollzeitbeschäftigten kann durch einen gesetzlichen Mindestlohn in Höhe von (Brutto) 4,50 € pro Stunde erreicht werden."*[310] Ein Stundenlohn in Höhe von 4,50 € entspricht bei einer 40-Stundenwoche einem Gesamtbruttobetrag von 720 €. Die Ansichten davon, was gerecht und existenzsichernd ist, von Herrn Rürup entsprechen dem Hartz IV-Satz im bundesweiten arithmetischen Mittel für allein stehende Personen, inklusive einem Mietzuschuss. Welcher Anreiz Beziehern von Transferleistungen dadurch vermittelt werden soll, sich eine Vollzeitstelle zu suchen, ist nicht zu erkennen. Dennoch bleibt die Frage nach einem branchenspezifischen oder einem branchenübergreifenden Mindestlohn offen. Herr Ministerpräsident Koch hat sich in einem Brief zu diesem Thema geäußert, er findet die Einführung eines Mindestlohns über den Marktgegebenheiten äußerst bedenklich.[311] Dies erkannte bereits Karl Marx, er äußerte sich folgendermaßen: *„Der Ruf nach Gleichheit der Löhne beruht daher auf einem Irrtum, ist ein unerfüllbarer törichter Wunsch. Er ist die Frucht jenes falschen und platten Radikalismus, der die Voraussetzungen annimmt, die Schlussfolgerungen aber umgehen möchte."*[312]

---

[309] Vgl.: **EU-Gemeinschaftscharta der sozialen Grundrechte der Arbeitnehmer von 1989**, Titel 5, Absatz 1.

[310] Vgl.: **Rürup, Bert,** Schutz vor Niedriglöhnen oder Arbeitsplatzvernichter: Für und Wider die Festsetzung eines gesetzlichen Mindestlohns, ifo Schnelldienst 6/2008, 61 Jahrgang, Schreiben vom 15. August 2008.

[311] Vgl.: **Koch, Roland,** Brief vom 4. August 2008.

[312] Vgl.: Onlinedokumentation: **Marx, Karl,** „Auf Basis des Lohnsystems wird der Wert der Arbeitskraft in derselben Weise festgesetzt wie der jeder andern Ware; und da verschiedene Arten Arbeitskraft verschiedene Werte haben oder verschiedene Arbeitsquanta zu ihrer Produktion erheischen, so *müssen* sie auf dem Arbeitsmarkt verschiedne Preise erzielen. Nach *gleicher oder gar gerechter Entlohnung* auf Basis des Lohnsystems rufen, ist dasselbe, wie auf Basis des Systems der Sklaverei nach *Freiheit* zu rufen. Was ihr für recht oder gerecht erachtet, steht nicht in Frage. Die Frage ist: Was ist bei einem gegebnen Produktionssystem notwendig und unvermeidlich?" http://www.textlog.de/marx-arbeitskraft.html (Zugriff am: 14.10.2008).

Marx geht vom Produktionssystem als Maßstab aus und sieht darin die Basis dafür, Löhne zu kalkulieren. Nach heutiger Sicht ist es sehr schwer, die Löhne ausschließlich anhand des Produktionssystems festzulegen. Eine angemessene Partizipation am Überschuss des Unternehmens, unabhängig von der Branche, sollte als Maßstab angewandt werden, um gerechte Löhne zu definieren. Marx hat sich in diesem Zitat jedoch nicht etwa gegen einen Mindestlohn ausgesprochen, nur gegen einen branchenübergreifenden Mindestlohn. Bei einem branchenspezifischen Mindestlohn besteht jedoch die Gefahr, dass Forderungen wie die von Prof. Rürup umgesetzt werden können und dadurch sozialer Notstand nicht kompensiert werden kann. Branchenübergreifende Mindestlöhne haben den Vorteil, dass jede Arbeitnehmerin und jeder Arbeitnehmer davon betroffen sein kann, sie können die Lohnspreizung signifikant verringern. Ein staatlich verordneter branchenübergreifender Mindestlohn zwingt die Akteure, diesen zu bezahlen. Es ist nicht mehr notwendig, dass Verbände einen gemeinsamen Antrag auf Aufnahme in das AEntG oder das MiArbG stellen. Das Hotel- und Gaststättengewerbe hat den Antrag auf Aufnahme in das Gesetz bis heute nicht gestellt. Eine Gefahr für Gewerkschaften durch die Einführung des Mindestlohns besteht nicht, die Verantwortung obliegt den Protagonisten selbst, Anreize für neue Mitglieder anzubieten. Ein Ansatz würde darin bestehen, das Differenzierungsverbot bei Tarifverträgen aufzuheben.

Die skizzierten Trends, sei es der Markteinstieg über die Lohnkosten, die Auswirkungen von verschiedenen Arbeitsmarktmodellen, wie der Kombilohn oder der Mindestlohn, verdeutlichen, dass atypische Beschäftigungsverhältnisse in Zukunft immer häufiger vorkommen werden. Um nochmals auf die Fragestellung dieser Studie zurückzukommen: *„Inwieweit trägt die Implementierung des gesetzlichen Mindestlohns zur Verhinderung der Expansion des Niedriglohnsektors in Deutschland bei?"* Diese Frage lässt sich sehr einfach beantworten. Der Trend zu atypischen Beschäftigungen wird sich ohne weitere Hindernisse fortsetzen, hierfür spricht, dass die Politik diese Beschäftigungsverhältnisse fördern möchte und dies auch bereits tut. Die Experten erhoffen sich davon, das Arbeitsmarktproblem in den Griff zu bekommen. In dem Maße, in dem dieser Kurs weiter fortgesetzt wird, in dem Maße beschädigt man jedoch die sozialen Sicherungssysteme. Es wurde der verkehrte Ansatz gewählt. Zuerst hätten die politischen Akteure die sozialen Sicherungssysteme reformieren müssen, angesichts des demographischen Wandels und der Veränderung des Arbeitsmarktes wäre dies der adäquate Ansatz gewesen. Und im Anschluss daran wäre es sinnvoll gewesen, die Probleme am Arbeitsmarkt anzugehen. Das Sozialgefüge in Deutschland verschiebt sich aufgrund der eingeschlagenen Politik immer stärker. Die Prekarisierung erreicht die gesellschaftliche Mitte, auch viele Akademiker, Freiberufler oder Techniker sind genauso von starken Existenzsorgen betroffen wie einfache Arbeiter und die Bezieher von Transferleistungen. Diese fortschreitende Prekarisierung der gesellschaftlichen Mitte ist das Ergebnis von falschen Ansätzen bei der Reformierung des Wohlfahrtsstaates. Der Konsens in einer Arbeitnehmergesellschaft besteht darin, dass deren Arbeitsleistung das Fundament für Sicherheit und ein stetig steigendes Einkommen ist, das wiederum mit einem sozialen Aufstieg verbunden sein sollte. Der deutsche Sozialstaat beruhte auf der Basis, dass die aus der geleisteten Arbeit finanzierten Sozialversicherungssysteme den Schutz bieten, die Betroffenen im Falle von Krankheit und Arbeitslosigkeit aufzufangen. Dieser soziale Kern wird nun von einigen deutlich in Frage gestellt. Gerne und ausführlich wird über neue Wirtschaftsformen debattiert. Die soziale Marktwirtschaft ist die grundlegende Wirtschaftsform, die in der Gesellschaft die Voraussetzungen für eine offene und tolerante Gesellschaft sichern kann. Der Staat muss jedoch die individuellen Freiheitsrechte seiner Bürgerinnen und Bürger respektieren und darf nicht wirtschaftlich oder einzelwirtschaftlich intervenieren. Ausnahmen sind natürlich erlaubt, man sollte sich aber in Zukunft vorher überlegen, ob man die staatliche Intervention nicht hätte verhindern können, wenn man verstärkt auf die Interessen und Ziele der individuellen Konsumenten und Produzenten eingegangen wäre. Ein starker Staat ist erforderlich, um einen makroökonomischen Ordnungsrahmen zu etablieren und diesen auch gegenüber Einflüssen von außen zu schützen. Einflüsse von außen können beispielsweise weltweite Finanzkrisen sein, vor denen man die eigene Wirtschaft schützen muss, so gut es geht. Die Aufgabe des Staates ist es ebenfalls, einen stabilen und fairen gesetzlichen Rahmen zu entwickeln, der das Verhalten der Menschen gewissen Normen unterwirft. Diese Normen sind zur Wahrung der individuellen Freiheit zwingend erforderlich. Der Entwurf des Sozialstaates, dessen Basis ein funktionierender Wettbewerb ist, wurde jedoch inzwischen selbst vom Wettbewerb der weltweiten Systeme eingeholt. Die gestiegene Mobilität des Kapitals hat den Wettbewerb nationaler Ökonomien um das internationale Investitionskapital dramatisch verschärft. Verschiedene Wirtschaftsstandorte konkurrieren international um das Kapital, damit einhergehend um Arbeitsplätze. Nationale Normen müssen sich diesem Druck der Globalisierung der Märkte stellen und entwickelte Länder konkurrieren dadurch mit Ländern, deren Wirtschaft sich gerade erst entwickelt; eben Schwellenländer wie China und Indien. Diese Entwicklung hat dazu geführt, dass durch den Arbeitskostendruck die sozialen Sicherungssysteme und die mit ihnen verbundenen Abgaben in den Fokus des Marktes gerückt sind. Das Land, das die Steuer- und Abgabenlast am meisten senkt, erhält dadurch automatisch einen Vorteil gegenüber Ländern, die langfristig denken und nicht den schnellen Erfolg anstreben. Wenn der Markt durch die erfolgten Steuersenkungen droht, gesättigt zu werden, richtet sich der Fokus auf Arbeitnehmerrechte, Umweltauflagen oder die anderen sozialen Sicherungssysteme. Dieser Trend ruiniert langfristig den Markt, denn es entsteht eine internationale Spirale des Sozialdumpings, die zu einer Verarmung breiter Bevölkerungsschichten führen kann. Derartige Anpassungszwänge könnten vermieden werden, wenn ein internationales Recht für alle Staaten Gültigkeit besitzen würde, am besten verbunden mit einer weltweiten Homogenisierung der Arbeitslöhne. Ansätze dazu gibt es bereits in verschiedenen Organisationen, die weltweit agieren. Auf wirtschaftspolitischem Gebiet sind dies die Welthandelsorganisation, der internationale Währungsfonds sowie die Organisation für wirtschaftliche Zusammenarbeit und Entwicklung. Naturgemäß ist es natürlich sehr schwer, internationales Recht zu implementieren, und noch schwerer ist es, dieses zu überwachen und bei Verstößen zu sanktionieren. Es ist jedoch unbedingt notwendig, den Welthandel und die Währungsordnung zu harmonisieren. Eine globalisierte Ökonomie bedarf einfach einer globalisierten Politik, die sie kontrolliert und die einen fairen internationalen Wettbewerb garantiert. Kein genereller Harmonisierungsbedarf besteht jedoch bei entwickelten Industrieländern, diesen reichen Ländern sollte die Möglichkeit eingeräumt werden, höhere soziale Standards anzubieten. Die neoliberale Ideologie hat in den letzten 25 Jahren in den Industrieländern stark an Anerkennung gewonnen. In Deutschland tat sich der Neoliberalismus vergleichsweise schwer. Die Anwendung der neoliberalen Ideologie, also die Einführung von Lohnsenkung und niedrigeren Sozialstandards, findet ihren Nährboden im Fall einer gesteigerten Arbeitslosigkeit unter der Bevölkerung und der Angst der Menschen, dem Konkurrenzdruck von außen nicht mehr gewachsen zu sein. Die Angst vor der Globalisierung und dem Verlust des Arbeitsplatzes sowie die Gefährdung des Wirtschaftsstandorts Deutschland verschafft dem Neoliberalismus eine wachsende Anhängerschar. Die Zukunft des Sozialstaates hängt jedoch maßgeblich davon ab, inwieweit man Arbeitslosigkeit mit geeigneten Mitteln reduzieren kann, ohne das Konzept der Sozialen Marktwirtschaft aufgeben zu müssen. Die Bekämpfung der Arbeitslosigkeit in Deutschland rechtfertigt nicht den Zugriff auf alle vorhandenen Mittel. Der Preis für die Vollbeschäftigung wäre dann viel zu hoch. Lösungsvorschläge, die die Individualrechte und Freiheitsrechte beschneiden sowie die Demokratie gefährden könnten, müssen vermieden werden. Ebenso wenig sind Lösungsansätze zu bevorzugen, die die soziale Gerechtigkeit unterlaufen oder auf Kosten der Preisstabilität und der Umwelt wirken. Dies sind hohe Ansprüche, und der ein oder andere mag sich denken, um der Arbeitslosigkeit Herr zu werden, Abstriche in diesen Bereichen machen zu müssen. Abstriche sind auch notwendig, aber an geeigneter Stelle. Es muss ausgeschlossen werden, dass Menschen einer Beschäftigung nachgehen und dennoch auf Transferleistungen des Staates angewiesen sind.

Deutschland benötigt einen branchenübergreifenden Mindestlohn, dieser muss so hoch sein, dass die Attraktivität des Bezuges von Transferleistungen gemindert wird.

Literaturverzeichnis

Agenda 2010, Hrsg. Presse und Informationsamt der Bundesregierung, Berlin 2003. http://archiv.bundesregierung.de/artikel/81/557981/atta chment/557980_0.pdf (25.09.2008)

Allgemeinverbindlichkeit und Mindestlohnregelungen in Mitgliedsstaaten der EU, Studie des WSI für das Ministerium für Wirtschaft und Arbeit von NRW, Düsseldorf 2003.

Antrag des CDU Bundesvorstandes beim 20. Parteitag in Dresden, S. 3 (27.–28. November 2006).

Bäcker, Gerhard, Naegele, Gerhard, Bispinck, Reinhard, Klaus Hofemann, Neubauer, Jennifer, Sozialpolitik und soziale Lage in Deutschland, Band 1: Grundlagen, Arbeit, Einkommen und Finanzierung, 4. Auflage VS Verlag für Sozialwissenschaften, Wiesbaden 2008.

Bedingungsloses Grundeinkommen als Antwort auf die Krise der Arbeitsgesellschaft. Diskussion über Chancen, Risiken und Folgeprobleme. „Öffentliche Diskussionsveranstaltung an der Johann Wolfgang Goethe-Universität Frankfurt am Main, 14. Juli 2006. http://bedingungs loses-grundeinkommen.de/podium/seite1.html (29.08.2008).

Braun, Hans-Dieter/ Ertelt, Joachim-Bernd (Hrsg.), Paradigmenwechsel in der Arbeitsmarkt- und Sozialpolitik?, Fachhochschule des Bundes für öffentliche Verwaltung, Schriftenreihe 47, Brühl/Rheinland 2006.

Brewer, M./Brown: The Effect of the Working Families Tax Credit on Labour Market Participation, The Institute for fiscal Studies, Briefing Note 69, 2006.

Breyer, Friedrich u. Buchholz, Wolfgang, Ökonomie des Sozialstaats, Springer Verlag Berlin/Heidelberg 2007.

Bundesagentur für Arbeit, Der Arbeits- und Ausbildungsmarkt im Dezember 2007, Nürnberg 2007, http://www.arbeitsagentur.de/nn_

27836/SiteGlobals/Forms/Suche/serviceSuche__Form,templteId=proce ssForm.html?allOfTheseWords=Ausbildungsmarkt+2007+pdf&resultsPe rPage=5&pageNo=5 (03.01.2008)

Bundesministerium für Arbeit und Soziales: Anhörung zum Thema „Mindestlohn" am 04. Oktober 2006 in Berlin.

Bundesministerium für Arbeit und Wirtschaft – Referat III A1 –, Ergebnisse der Statistik der Arbeitsgerichtsbarkeit von 2004–2006, http://www.arbeitsgerichtsverband.de/Statistik%20LAG.htm (12.12.2007).

Bundesministerium für Wirtschaft und Arbeit, Verzeichnis der für allgemeinverbindlich erklärten Tarifverträge, Stand 1. April 2003, http://www.igmetall-zoom.de/PDF/TV/Allgemeinverbindliche-Tarifvertraege_Stand-Juli_2004.pdf (27.12.2007).

Dann, Sabine Kirchmann , Andrea , Spermann Alexander in: **Kombi-Einkommen – Ein Weg aus der Sozialhilfe**, Nomos Verlag, Auflage 1, Baden Baden 2002.

Daiches Raphael, David and Lawrence Macfie, Alec/Hrsg, **Smith, Adam** in: The Theory of Moral Sentiments, 1759, Oxford 1976

Däubler, Wolfgang (Hrsg.) Kommentar zum Tarifvertragsgesetz mit Kommentierung des Arbeitnehmer-Entsendegesetzes, Klaus Bepler, Prof. Dr. Wolfgang Däubler, Dr. Olaf Deinert, Dr. Detlef Hensche, Thomas Lakies, Dr. Frank Lorenz, Dr. Gabriele Peter, Dr. Uwe Reim, Prof. Dr. Dagmar Schiek, Dr. Regine Winter, Dr. Bertram Zwanziger, Nomos Verlagsgesellschaft Baden Baden 2003.

Däubler, Wolfgang, Tarifvertragsgesetz mit Arbeitnehmer-Entsendegesetz, Nomos Verlag 2 Auflage Baden-Baden 2006.

Däubler, Wolfgang: In: Tarifvertragsrecht, , Band 3 Nomos Verlag, Baden-Baden 1993.

Deutscher Bundestag: Drucksache 16/446, (24.01.2006)

http://www.dresden2006.cdu.de/antraebe-beschluesse.htm (28.12.06).

Die Zeit, 02.01.2006 Artikel: Hoffnungsträger Kombilohn, http://www.zeit.de/online/2006/01/Kombilohn (25.01.2006).

Dr. Alexander Ulfig (Hrsg.), **Marx, Karl,** Das Kapital – Kritik der politischen Ökonomie, der Produktionsprozess des Kapitals, ungekürzte Ausgabe nach der zweiten Auflage von 1872 mit einem Geleitwort von Karl Korsch aus dem Jahre 1932, Parkland Verlag 4. Auflage 2003.

Dr. Löwisch, Manfred, Dr. Rieble Volker, Tarifvertragsgesetz 2 Auflage, Verlag Franz Vahlen München 2004.

Dr. Wiedemann, Herbert (Hrsg.), Tarifvertragsgesetz mit Durchführung- und Nebenvorschriften, Dr. Hartmut Oetker, Dr. Gregor Thüsing, Dr. Rolf Wank, Dr. Herbert Wiedemann, .7. Auflage Verlag C. H. Beck München 2007.

Drucksache 517/07, Entschließung des Bundesrates zur Einführung eines gesetzlichen Mindestlohns, http://www.mindestlohn.de/meldung/aktuell/bundesratsinitiative_mindestlohn/mindestlohn_antrag_berlin.pdf (25.09.2007).

Frevel, Bernhard, Dietz, Berthold, Sozialpolitik Kompakt, VS Verlag für Sozialwissenschaften 1 Auflage Juli 2004.

Einkommensbedingungen und Tarifsystem für das Ministerium für Wirtschaft und Arbeit des Landes NRW (MWA), Düsseldorf Januar 2003, Entsendegesetzes, Nomos Verlagsgesellschaft Baden-Baden, 1. Auflage 2003.

Ergebnisse der Sonderumfrage Pro und Contra Mindestlohn, Handwerkskammer Berlin, März 2008. http://www.hwkberlin.de/fileadmin/user_upload/Dateien/Presse_2007/Umfrage_Mindestlohn.pdf (2.09.2008).

Esswein, Johannes (Hrsg.), Vollbeschäftigung – kein Wunschtraum, Bund-Verlag Frankfurt am Main 2000.

Europäisches Parlament, **Bericht über die Anwendung der Richtlinie 96/71/EG über die Entsendung von Arbeitnehmern** (2006/2038(INI),

Ausschuss für Beschäftigung und soziale Angelegenheiten, Berichterstatterin: Elisabeth Schroedter, Plenarsitzungsdokument vom 28.09.2006, http://www.elisabethschroedter.de/downloads/Initiativbericht_Schroedter_Entwurf.pdf (15.08.2007).

Fitting, Karl, Kraegeloh, Walter Betriebsverfassungsgesetz: Handkommentar für die Praxis, 2. Auflage, Vahlen Berlin 1952.

Fitting, Karl, Das Gesetz über die Festsetzung von Mindestarbeitsbedingungen,. In: Recht der Arbeit – Beck Band 5, München 1952.

Florian Gerster; SPD Mitglied und ehemaliger Chef der Bundesagentur für Arbeit von 2002 bis 2004. Gründungsmitglied der Initiative Neue Soziale Marktwirtschaft, Präsident des Arbeitgeberverbandes Neue Brief- und Zustelldienste. http://www.insm.de/Foerderverein/Mitglieder_des_Foerdervereins/Florian_Gerster.html. (15.05.2008).

Fritzsche, Sebastian, Die Vereinbarkeit des Arbeitnehmer-Entsendegesetzes sowie der fassten Tarifverträge mit höherrangigem Recht, Studien zum Arbeitsrecht und zur Arbeitsrechtsvergleichung Band 1, Peter Lang Europäischer Verlag der Wissenschaften Frankfurt am Main 2001.

Für einen Lohn, von dem man Leben kann! Fakten und Argumente zum Post-Mindestlohn, Bundesvorstand, Fachbereich Postdienste, Spedition und Logistik, Berlin, S. 42, http://www.mindestlohn.de/argument/briefmarkt_braucht_mindestlohn/post_mindestlohn_info.pdf (17.06.2008)

Gabriele Peter, Otto Ernst Kempen, Ulrich Zachert, Projekt: Mindeststandards für Arbeits- und Einkommensbedingungen und Tarifsystem für das Ministerium für Wirtschaft und Arbeit des Landes NRW, rechtliche und rechtspolitische Aspekte der Sicherung von tariflichen Mindeststandards-Rechtsgutachten, http://www.boeckler.de/pdf/wsi_rechtsgutachten_mindeststandards.pdf (4.12.2007).

Gerhardt, Klaus-Uwe: Hartz plus: Lohnsubvention Mindesteinkommen im Niedriglohnsektor. Wiesbaden: VS Verlag 2006.

Gesetzliche Mindestlöhne! Internationale Erfahrungen und nationale Konsequenzen, 5. Hans Böckler Forum am 14./15. April 2005, http://www.kolbe-web.de/dateien/mindestlohn/wsi_2005041415_min dlohn.pdf (18.12.06).

Graphik der geplanten oder vollzogenen Verlagerungen ins Ausland. Fraunhofer-Institut, http://www.isi.fraunhofer.de/i/dokumente/pi2.pdf (26.08.08)

Graphik der Hans Böckler Stiftung, Mindestlohn in Europa. http://www.boeckler.de/32015_90029.html (24.08.2008).

Graphische Darstellung von Produktionsvolumen im In- und Ausland des Fraunhofer-Institutes. Das Frauenhofer-Institut für Systemtechnik und Innovationsforschung hat im Jahr 1995 eine schriftliche Umfrage zu den Produktionsstrukturen in der Investitionsgüterindustrie in Deutschland durchgeführt. http://www.isi.fraunhofer.de/i/dokumente/pi2.pdf (26.08.08).

Hallwirth, Volker, Und Keynes hatte doch recht – eine neue Politik für Vollbeschäftigung, Campus Verlag Frankfurt/NY 2008.

Handelsblatt,18.11.2006. http://www.handelsblatt.com/homepage/suche/_p=212,query=18.11.06 (15.08.2008).

Hans Böckler Stiftung, **Allgemeinverbindlichkeit und Mindestlohnregelungen in Mitgliedsstaaten der EU – Ein Überblick –, Pete Burgess und Alastair Usher,** Projekt „Mindeststandards für Arbeits- und Einkommensbedingungen und Tarifsystem" für das Ministerium für Wirtschaft und Arbeit des Landes NRW, Düsseldorf Januar 2003, http://www.boeckler.de/pdf/wsi_proj_mindeststandards_end.pdf (10.09.2007).

Hans Böckler Stiftung (Hrsg.) **WSI Mitteilung 5/2006, Keller, Berndt, Seifert, Hartmut,** Atypische Beschäftigungsverhältnisse: Flexibilität, soziale Sicherheit und Prekarität

http://www.Langzeitarbeitslose.html (21.10.08).

Hausmann, R.: SPD Mitglied und MdL in Baden Württemberg, **Arbeitsmarktexperte.** http://www.rudolf-hausmann.de/index.php?men u1=1&mid=1 (24.06.2008).

Hausmann, Rudolf: Mindestlohn für Briefzusteller, S. 1. http://www. spd.landtag-bw.de/index.php?docid=3250&pdf=default. (24.06.2008).

Heidenreich, Bernd (Hrsg.), **Köhler, Gerhard** in: Politische Theorien des 19. Jahrhunderts, 2. Auflage, Akademie Verlag Wiesbaden 99/00.

Herr Juan Carlos Rios Antas, Abteilung Tarifpolitik der IG Metall, Herr Antas nahm im Frühjahr 2008 an den Tarifverhandlungen zwischen der DGB Tarifgemeinschaft und des BZA teil. Interview vom 7. August 2008, IG Metall Frankfurt am Main.

Herrmann Scherl, Mehr Mindestlöhne durch Ausdehnung des Entsendegesetzes? Ein Irrweg!, http://www.sozialpolitik.wiso.uni-erlangen.de /down/mindestloehne.pdf (11.12.2007).

Herschel, Wilhelm und Müller, Gerhard, Arbeitsrecht, erschienen in: Schaefers Grundriss des Rechts und der Wirtschaft (Nachkriegsausgabe) 14, Düsseldorf 1952.

Homepage, Neue Brief- und Zustelldienste, http://www.agv-nbz.de/ index.php?option=com_frontpage&Itemid=1(24.06.2008).

Homepage des Bundesministeriums für Arbeit und Soziales, **Mindestlohn-Gesetz beschlossen,** http://www.bmas.de/coremedia/generator/ 25178/2008__03__31__mindestlohn__durch__entsendegesetz.html (10.10.08).

Hrsg. Gabriele Stärkel, Mindestlöhne gegen Lohndumping, VSA Verlag Hamburg 2006.

http://www.boeckler.de/32015_90029.html (24.08.2008).

Huster, Cornelia Sophia, Die Anwendbarkeit des Arbeitnehmerentsendegesetzes auf inländische Leiharbeitnehmer, Paderborn 2002 (zugl. Diss.)

IAB 2005, www.doku.iab.de/kurzber/2005/kb0305.pdf (20.12.06).

IAB Kurzbericht Nr. 3/7.5.1999, www.doku.iab.de/kurzber/1999/kb0399.pdf (18.12.06).

IAB, www.doku.iab.de/fdz/iabs/dokuR01.pdf (20.12.06).

ILO Übersicht, http://www.destatis.de/jetspeed/portal/cms/Sites/destatis/Internet/DE/Presse/pm/2006/09/PD06__384__133,templateId =renderPrint.psml (21.08.2008).

ILO, „Ergebnisse der ILO-Arbeitsmarktstatistik des Statistischen Bundesamtes. Angaben der nationalen statistischen Ämter und Eurostats nach vergleichbarer Definition. 2) Niveau 0–2 (Vorschule, Primärbereich und Sekundarstufe 1) auf der international vergleichbaren Bildungsklassifikation ISCED (International Standard Classification of Education); entspricht in Deutschland einem Bildungsniveau bis höchstens Realschulabschluss. 3) ISCED-Niveau 3–4 (Sekundarstufe 2 und Postsekundarbereich); entspricht in Deutschland dem Abitur oder einer Berufsausbildung im dualen System oder an einer Berufsfachschule. 4) ISCED-Niveau 5–6 (Tertiärbereich); entspricht in Deutschland einer höheren berufsfachlichen Ausbildung oder einem Hochschul- oder Fachhochschulabschluss." http://www.destatis.de/jetspeed/portal/cms/Sites/destatis/Internet/DE/Presse/pm/2006/09/PD06__384__133,templateId =renderPrint.psml (30.08.2008).

IMK, Institut für Makroökonomie und Konjunkturforschung, Report Nr. 8, März 2006.

Information zur Tarifpolitik, Allgemeinverbindliche Tarifverträge, **Johannes Kirsch und Reinhard Bispinck,** Düsseldorf Juni 2002, http://www.boeckler.de/pdf/p_ta_elemente_ave.pdf (29.9.2007).

Institut der deutschen Wirtschaft Köln (Hrsg.), Jobmaschine Deutschland – so greifen die Räder ineinander, Deutscher Instituts Verlag GmbH 2007.

Internetportal des Manager Magazins zum Thema, Electrolux-AEG, http://www.manager-magazin.de/unternehmen/artikel/0,2828,389964, 00.html (26.08.2008).

Internetportal, Spiegel-Online zum Thema Nokia, http://www.spiegel.de/wirtschaft/0,1518,528713,00.html (26.08.2008)

Internetportal, Ver.di, zum Thema Lidl. http://www.verdi.de/lidl/ (24.08.2008).

Interview mit Dr. Schwarz Schilling am 10. Juli 2008, Büdingen.

Interview mit Prof. Kempen am 18. Juli 2008, Frankfurt am Main.

Interview mit Roland Koch, Brief vom 4. August 2008, Wiesbaden.

Interview mit Juan Carlos Rio Antas (IG Metall) am 7. August 2008, Frankfurt am Main.

Interview mit Gernot Grumbach (SPD Frankfurt) am 11. August 2008, Frankfurt am Main.

Interview mit Prof. Rürup, Brief vom 15. August 2008, Darmstadt.

Investivlohn darf Risiken nicht erhöhen, http://www.boeckler.de/pdf/imk_ps_netz_2006_11.pdf (30.11.06).

Investivlohn – Pro und Kontra, http://www.*Verdi*-bub.de/standpunkte/archiv/investivlohn?portal_skin=Printable (18.12.06).

Investivlohn – Trostpflaster für Lohnverzicht?, http://www.wipo.Verdi.de/wirtschaftspolitische_informationen/data/06_05_Investivlohn.pdf (18.12.06).

ISCED, International Standard Classification of Education ist ein von der UNESCO eingeführtes System, um mehr Transparenz und Vergleichsmöglichkeiten im internationalen Bildungssystem zu haben. Dabei werden die Schulabschlüsse nach zwei Hautkriterien unterteilt: Bildungsniveau und Bildungsbereich. Dieses System umfasst sechs Niveaustufen, von der allgemeinen Schulbildung, bis zur Hochschulbildung. Näher Infos unter: http://www.gesis.org/publikationen/Berichte/ZUMA_Methodenberichte/documents/pdfs/2006/06_08_Schroedter.pdf (21.08.2008).

Jacobs, Mathias, Krause, Rüdiger, Oetker Hartmut (Hrsg.) Tarifvertragsrecht, München 2007.

Kalifornisches Gesetz über Outsourcing ins Ausland. http://www.heise.de/bin/tp/issue/r4/dl-artikel2.cgi?artikelnr=18206&mode=html&zeilenlaenge=72 (29.08.2008).

Kempen, Ernst Otto, Zachert Ulrich (Hrsg.), TVG Tarifvertragsgesetz, Otto Ernst Kempen, Axel Stein, Ulrike Wendeling Schröder, Ulrich Zachert, 4. Auflage Bund Verlag 2006.

Koberski, Wolfgang, Sahl, Karl Heinz, Hold, Dieter, Arbeitnehmer-Entsendegesetz, C. H. Beck Verlagsbuchhandlung München 1997.

Koberski, Wolfgang, Sahl, Karl-Heinz, Hold, Dieter, Arbeitnehmer-Entsendegesetz: Beck Kommentar zum Arbeitsrecht 24, Beck Verlag München 2007.

Kommunale Arbeitsmarkt- und Beschäftigungspolitik – Chance und Grenzen, http://www.gemeinden.nrw.Vedi.de/.../chancen_lokaler_und_regionaler_oekonomie_zur_bekaempfung_der_arbeitslosigkeit (17.12.06)

Kretz, Jürgen, Arbeitnehmerentsendegesetz – Gesetz über zwingende Arbeitsbedingungen bei grenzüberschreitenden Dienstleistungen, 1. Auflage Rehm Verlagsgruppe 1996.

Lohnspreizung: Mythen und Fakten von Ronald Schettkat, im Auftrag der Hans Böckler Stiftung Düsseldorf, 2006. http://www.boeckler.de/pdf/p_edition_hbs_183.pdf (29.08.2008).

Lorenz, Frank, Arbeitnehmer-Entsendegesetz (AEntG) Gesetzestext und Materialien, Nomos Verlagsgesellschaft Baden Baden 1996.

Mankiw, N. Gregory, Grundzüge der Volkswirtschaftslehre, aus dem amerikanischen Englisch übertragen von Adolf Wagner, Schäffer-Poeschel Verlag Stuttgart 1999.

Meß, Christina, in: Das Vertragsrecht bei Adam Smith, Peter Lang Verlag Frankfurt am Main, Band 362 2008.

Mill, J.S., Principles of Political Economy, London 1909, S. 556–563.

Mindestinfo, Ausgabe Nr. 2 Sept. 2006, http://www.blog.mindest lohn.de (18.12.06).

Mindestlohn für Gebäudereiniger tritt zum 1. Juli 2007 in Kraft, http://www.jurablogs.com/de/mindestlohn-fuer-gebaeudereiniger-trit t-zum-1-juli-2007-in-kraft(30.10.2008)

Neumann, F. Lothar, Schaper, Klaus, Die Sozialordnung der Bundesrepublik Deutschland, Campus Verlag Frankfurt/NY, 5. Auflage 2008.

Normenpyramide im Arbeitsrecht, http://www.rechtsanwaelte-cnh. de/arbeitsrecht/downloads/ArbR-Pyramide.pdf(10.10.08).

N 24 Emnid- Umfrage vom 30.04.2007. http://www.mindestlohn.de/ meinung/umfragen/umfrage_2007/

Niedriglohnsektor und Lohnsubventionen im Spiegel des Arbeits- und Sozialrechts – Otto Brenner Stiftung Frankfurt am Main: Bund-Verlag 2000.

OECD 2003, http://swpat.ffii.org/penmi/2003/oecd08/index.de.html (18.12.06).

Onlinedokumentation der Akademie des Fritz Hitze Haus im Auftrag des Wirtschafts- und Sozialwissenschaftlichen Instituts der Hans Böckler Stiftung,

Dr. Reinhard Bispinck, Referat aus der Tagung: Zankapfel Mindestlohn, in der Akademie Fritz Hitze Haus am 6. November2007, Tagungsnummer: 07-832 F, Münster, Titel 5, Abs. 1. http://www.franz-hitze-haus.de/file.php?file=/Mindestlohn_Bispinck.pdf&type=down (23.03. 2008)

Onlinedokumentation ABENDBLATT, „Briefzusteller PIN unter Bestechungsverdacht – Die Gewerkschaft der Neuen Brief- und Zustelldienste (GNBZ) ist möglicherweise von dem inzwischen insolventen Postzustelldienst PIN Group finanziert worden. Der Insolvenzverwalter von PIN hat Unterlagen an die Staatsanwaltschaft weitergeleitet, die darauf hinweisen, dass das Unternehmen die gegen einen Mindestlohn von 7,50 Euro kämpfende Gewerkschaft mit mehr als 130 000 Euro unterstützt habe." http://www.abendblatt.de/daten/2008/03/22/860999.html (17.06.2008).

Onlinedokumentation der Bundesregierung, 9.05.2008. „Merkel – Die Mittelschicht und Geringverdiener entlasten." http://www.bundesregierung.de/nn_1500/Content/DE/Interview/2008/05/2008-05-09-merkel-passauer-neue-presse.html (20.07.2008).

Onlinedokumentation: Der Linksfraktion, **Entwurf des dritten Armut und Reichtumsbericht der Regierung,** http://dokumente.linksfraktion.net/pdfdownloads/7789156138.pdf (25.10.08).

Onlinedokumentation der PAZ vom 20.04.2008. „CSU dringt auf Steuersenkungen für Geringverdiener." http://www.paz-online.de/newsroom/politik/zentral/politik/art1013,576275 (30.08.2008).

Onlinedokumentation der Süddeutschen Zeitung vom 15.03.2008. http://www.sueddeutsche.de/deutschland/artikel/90/163632/ (30.08.2008)

Onlinedokumentation der Süddeutschen Zeitung, **Jede vierte Familie ist arm,** http://www.sueddeutsche.de/deutschland/artikel/636/170140/ (10.06.2008)

Onlinedokumentation der Tagesschau vom 25.04.2007. „Mehr Geld für 20 Millionen Rentner" http://www.tagesschau.de/inland/meldung37206.html (30.08.2008)

Onlinedokumentation der Zeitschrift Focus vom 15.10.2007. „Arbeitslosengeld I Müneferings Vorschlag erntet Zustimmung. Der jüngste Kompromissvorschlag von Arbeitsminister Müntefering zur verlängerten Auszahlung des Arbeitslosengeldes I an Ältere stößt in der SPD auf einige Sympathie. Die Hoffnung auf eine Einigung mit Parteichef Beck wächst." http://www.focus.de/politik/deutschland/arbeitslosengeld-i_aid_135891.html (29.08.2008).

Onlinedokumentation der Zeitschrift Spiegel vom 5.08.2008. „Angst vor Rezession erreicht Deutschland." http://www.google.de/search?hl=de&q=steuerreform+die+geringverdiener+entlastet&start=0&sa=N (30.08.08).

Onlinedokumentation SPIEGEL vom 19.06.2007, SPD Politiker monieren Kompromiss beim Mindestlohn, http://www.spiegel.de/politik/deutschland/0, 1518,489349,00.html. (10.10.08).

Onlinedokumentation des Ministeriums für Bildung und Forschung. „Der Bologna-Prozess". http://www.bmbf.de/de/3336.php (30.08. 2008).

Onlinedokumentation des Statistischen Bundesamts Wiesbaden 2007. „Anteil der Lohnnebenkosten in Deutschland unter EU Durchschnitt." http://www.destatis.de/jetspeed/portal/cms/Sites/destatis/Internet/DE/Content/Statistiken/VerdiensteArbeitskosten/ThemenkastenLohnnebenkostenEuropa,property=file.pdf (1.06.2008).

Onlinedokumentation des Tagesspiegels vom 22.02.2008. Wohngeld soll kräftig erhöht werden" Ein guter Tag für einkommensschwache Haushalte", jubelt der Mieterbund – Bauminister Tiefensee will das Wohngeld um zwei Drittel erhöhen. Jetzt soll das neue Gesetz noch in diesem Jahr auf den Weg gebracht werden." http://www.tagesspiegel.de/politik/deutschland/Wohngeld;art122,2481657 (29.08.2008).

Onlinedokumentation SPIEGEL, http://www.spiegel.de/wirtschaft/0,1518,520450,00.html (15.06.2008).

Onlinedokumentation von Ver.di. "Reichensteuer aber richtig!". http://wipo.verdi.de/wirtschaftspolitik_aktuell/data/reichensteuer_-_aber_richtig_ (1.09.2008).

Onlinedokumentation: Pfändungstabelle 2005. http://www.akademie.de/private-finanzen/ueberschuldung-und-verbraucherinsolvenz/tipps/ueberschuldung-und-verbraucherinsolvenz/neue-pfaendungstabelle-2005.html#asd (1.09.2008).

Onlinedokumentation: Statistisches Bundesamt. Graphik: "Lohnnebenkosten im europäischen Vergleich." http://www.destatis.de/jetspeed/portal/cms/Sites/destatis/Internet/DE/Content/Statistiken/VerdiensteArbeitskosten/ThemenkastenLohnnebenkostenEuropa,property=file.pdf (1.09.2008).

Onlinedokumentation: SWR, "Demnach verdient ein Jurex-Berlin-Mitarbeiter laut Arbeitsvertrag nur 1.159 Euro brutto im Monat. Und nicht 1.400, wie Jurex behauptet. In Westdeutschland liegen die Löhne bei den neuen Briefdienstleistern im Durchschnitt bei 1.169 Euro brutto, im Osten sogar nur bei 985 Euro. Zum Vergleich, die Post zahlt Tariflöhne von 1.978 Euro. Die Dumpinglöhne der Konkurrenz sind Postpersonalvorstand Walter Scheuerle ein Dorn im Auge." http://www.swr.de/report/-/id=233454/nid=233454/did=1910880/s3ghh1/index.html (22.06.2008).

Onlinedokumentation: Tagesspiegel, http://www.tagesspiegel.de/politik/div/;art771,2435063 (22.06.2008).

Onlineportal der Tagesschau 3.05.2006. "Ist die Reichensteuer verfassungswidrig." http://www.tagesschau.de/inland/meldung119774.html (1.09.2008).

Onlineportal: **Tagesschau,** Zu viele Langzeitarbeitslose, zu wenig Chancengleichheit, http://www.tagesschau.de/wirtschaft/oecd24.html (21.10.08)

Onlineportal der Zeitschrift Focus vom 7.11.2007. „Die Gewinner und Verlierer der Reform." http://www.focus.de/finanzen/steuern/erb schaftsteuer/tid-7903/freibetraege_aid_138199.html (1.09.2008).

Onlineportal der Zeitschrift Spiegel. Lohnschere geht in Deutschland immer weiter auseinander. Artikel vom 19. Juni 2007. http://www.spiegel.de/wirtschaft/0,1518,489512,00.html (29.08.2008).

Onlineportal der Zeitschrift Welt vom 27.05.2008, Jan Dams. „Wie die SPD die Mittelschicht schröpfen will" http://www.welt.de/wirt schaft/article2039979/Wie_die_SPD_die_Mittelschicht_schroepfen_will.html (1.09.2008).

Onlineportal: **Welt,** In Deutschland gibt es viele Langzeitarbeitslose, http://www.welt.de/wirtschaft/article1098402/In_Deutschland_gibt_e s_viele_

Onlineportal: **Bund-Verwaltung, Grundsätze der Verwaltung,** http://www.bund.de/nn_4258/Microsites/Deutsche-Demokratie/Ver waltung/Grundsaetze/Grundsaetze-knoten.html__nnn=true (24.03.2008).

Onlineportal: Sozialleistungen.de vom 9.05.2007. „Arbeitslosengeld II Erhöhung in der Kritik." http://www.sozialleistungen.info/news/09.05.2007-arbeitslosengeld-ii-erhoehung-in-der-kritik/ (1.09.2008).

Onlineportal: Steuerreform – total. http://www.steuerreform-total.de/index.html (1.09.2008).

Oswald von Nell Breuning Institut für Wirtschafts- und Gesellschaftsethik der Philosophischen-Theologischen Hochschule Sankt Georgen (Hrsg.), Emunds, Bernhard, Frankfurter Arbeitspapiere zur gesellschaftlichen und sozialwissenschaftlichen Forschung, FAgsF 46, Arbeitsmarkt und Mindestsicherung – sozialethische Anmerkungen zu einem Politikfeld im Umbruch, Frankfurt am Main 2006.

Outsourcing: Deutsche Unternehmen haben Angst vor dem Ausland. Umfrage der Mummert Consulting 2004. http://www.innovationsreport.de/html/berichte/wirtschaft_finanzen/bericht-33044.html (29.08. 2008).

Peter, Gabriele: Gesetzlicher Mindestlohn: eine Maßnahme gegen Niedriglöhne von Frauen. 1. Auflage Baden Baden, Nomos Verlag 1995.

Presseinformation vom 30. April 2008 der **Grünen**, PM Nr. 065/08.

Recktenwald, Horst Claus (Hrsg.) **Smith,Adam** in: Der Wohlstand der Nationen eine Untersuchung seiner Natur und seiner Ursachen/Adam Smith. Aus dem Engl. übertragen und mit einer umfassenden Würdigung des Gesamtwerkes, An inquiry into the nature and causes of the wealth of nations (engl.), München : Dt. Taschenbuch-Verl., 2005.

Regierungsentwurf: AEntG http://www.bmas.de/coremedia/generator/26936/property=pdf/2008__07__16__arbeitnehmerentsendegesetz__entwurf.pdf (14.10.2008).

Regierungsentwurf: MiArbG http://www.bmas.de/coremedia/generator/26938/property=pdf/2008__07__16__mindestarbeitsbedingungen__entwurf.pdf (14.10.08).

Ricardo, David: On the Priciples of Political Economy and Taxation, in: The Works and Correspondence of David Ricardo, Hrsg, von P. Sraffa, Vol. I, Cambridge 1951.

RWI 2004, http://www.rwiessen.de/servlet/page?_pageid=700&_dad=portal30&_schema=PORTAL30&_type=site&_fsteid=69&_fid=84302&_fnavbarid=5567&_fnavbarsiteid=69&_fedit=0&_fmode=2&_fdisplaymode=1&_fcalledfrom=1&_fdisplayurl (17.12.06).

Sachverständigenrat zur Begutachtung der gesamtwirtschaftlichen Entwicklung: Arbeitslosengeld II reformieren: Ein zielgerechtetes Kombilohnmodell, Expertise im Auftrag des Bundesministers für Wirtschaft und Technologie, Wiesbaden 08/2006.

Satilmis, Ayla, Auf dem Prüfstand: Niedriglöhne – Kombilöhne – Mindestlöhne, S. 89–112, erschienen in: Angelika/Eicker-Wolf, Kai/Körell, Stefan/Truger, Achim (HG): Investieren, sanieren, reformieren? Die Wirtschafts- und Sozialpolitik der schwarz-roten Koalition, Marburg 2006.

Schäfer, Holger, Reform der Arbeitslosenversicherung, Ökonomische Aspekte einer politischen Debatte, IW-Positionen, Beiträge zur Ordnungspolitik Nr. 1, Institut der deutschen Wirtschaft Köln, Köln 2003.

Schmid, Günther, Wege in eine neue Vollbeschäftigung – Übergangsarbeitsmärkte und aktivierende Arbeitsmarktpolitik, Campus Verlag Frankfurt am Main 2002.

Schommer, Martin, Wohlfahrt im Wandel – Risiken, Verteilungskonflikte und sozialstaatliche Reformen in Deutschland und Großbritannien, VS Verlag für Sozialwissenschaften, 1. Auflage 2008.

Schreiner, Ottmar, Wie die Politik die Gesellschaft spaltet, Propyläen Verlag, 1. Auflage, Berlin 2008.

Seifert, Hartmut, Anhörung im Bundesministerium für Arbeit und Soziales zum Thema „Mindestlohn", am 04.10.2006 in Berlin.

Smith, Adam in: The theory of moral sentiments, NY Cosimo 2007.

Smith, Adam in: 'The Wealth of Nations' zu Deutsch: 'Der Wohlstand der Nationen', London 1776, dt. Ausgabe München 1993.

Senatsverwaltung für Wirtschaft, Arbeit und Frauen, Berlin 09/2006 (Hg) **Dornbusch, Hans-Ludwig:** Reform der Arbeitslosen- und Sozialhilfe: Beschäftigungsgrenze im Niedriglohnsektor schaffen, Bonn IFST 2003 **Fachtagung „Arbeitsplätze schaffen durch Kombilöhne?".**

SOEP 2008, http://de.statista.org/statistik/diagramm/studie/558/umfrage/berufsausbildung-studium-in-deutschland-abgeschlossen/ (21.08.2008).

SOEP Monitor 2007, http://www.diw.de/documents/dokumentarchiv/17/87721/soepmonitor_person2007-linked_de.pdf (21.08.2008)

Stancanelli, E. Evaluating the impact of the French tax credit programme: A difference in difference model, OFCE Working Paper, 2004-07.

Sterkel, Gabriele: Mindestlöhne gegen Lohndumping: Rahmenbedingungen, Erfahrungen, Strategien, Hamburg VSA Verlag 2006.

Stracke, Stefan, Martins, Erko, Peters, Birgit K, Nerdinger, Friedman W. in **Mitarbeit und Investivlohn: Wirtschaft und Finanzen, 1.** Auflage, Hans Böckler Stiftung, Düsseldorf 2007.

Swaffield, Joanna K: Evaluating the impact of the UK National Minimum Wage. Oxford: Blackwell 2002.

Tabelle der Hans Böckler Stiftung: **Teilzeit, befristet Beschäftigte, Leiharbeit,** S. 2, http://www.boeckler.de/pdf/wsimit_2006_05_Keller.pdf (28.10.08)

Tarifarchiv der Hans Böckler Stiftung, Tarifbindung von 1998 bis 2006, http://boeckler.de/549_19392.html (11.06.2008).

Tarifvertrag zur Regelung der Mindestlöhne im Baugewerbe im Gebiet der Bundesrepublik Deutschland vom 29. Juli 2005, http://www.soka-bau.de/content/verfahren_tarifverträge_tv-mindestlohn.html (2.12.2007).

Ulber, Jürgen, AÜG Arbeitnehmerüberlassungsgesetz, 3. Auflage Bund Verlag Frankfurt am Main 2006.

Umfrage der WGZ Bank vom 28.02.2008, Düsseldorf. http://www.wgzbank.de/de/wgzbank/unternehmen/presse/pressemitteilungen/2008/080228.html (2.09.2008).

Uzt Aeneas Andelewski in: Stattliche Mindestarbeitsbedingungen. Die Möglichkeit des Staates zur Setzung von Mindestarbeitsbedingungen unter besonderer Berücksichtigung des Falls der partiellen Machtlosigkeit von Arbeitnehmerkoalitionen. Schriften zum Sozial- und Arbeitsrecht Band 193, Duncker & Humblot Berlin 2001.

Ver.di Bildung + Beratung gGmbH (Hrsg.), Achten, Udo, Gerstenkorn, Petra, Menze Holger, Recht auf Arbeit – Recht auf Faulheit, Düsseldorf 2007.

Ver.di, Für einen Lohn, von dem man Leben kann! Fakten und Argumente zum Post-Mindestlohn, Bundesvorstand, Fachbereich Postdienste, Spedition und Logistik, Berlin, S. 42, 2. Absatz. http://www.mindestlohn.de/argument/briefmarkt_braucht_mindestlohn/post_mindestlohn_info.pdf (17.06.2008).

Weinkopf, Claudia, http://www.iab.de/asp/order/vvzjahrOhne.asp?doktyp=fb&jahr=2005 (15.12.06)

Wichmann, Julia, Dienstleistungsfreiheit und grenzüberschreitende Entsendung von Arbeitnehmern, Schriften zum Arbeitsrecht und Wirtschaftsrecht 7, Peter Lang Europäischer Verlag der Wissenschaften Frankfurt am Main 1998.

Wirtschafts- und sozialpolitisches Forschungs- und Beratungszentrum, Friedrich Ebert Stiftung, Abteilung Arbeit und Sozialpolitik, Bonn 2003 (Hrsg.) **Geringqualifizierte – Verlierer am Arbeitsmarkt?! Konzepte und Erfahrungen aus der Praxis,** http://www.fes.de/wiso/sets/s_aq_publ.htm (4.8.2007).

Zdjelar, Jovan, Hartz IV – Eine kritische Bestandsaufnahme, Grin Verlag München/Ravensburg 2006.

Abbildungsverzeichnis

Abbildung 1:	Normenpyramide	23
Abbildung 2:	Tabellen der Allgemeinverbindlichkeit von Tarifverträgen in Deutschland 1995 bis 2006	61
Abbildung 3:	Arbeitslosigkeit unter gering qualifizierten Personen im europäischen Vergleich	91
Abbildung 4:	Existierende Kombilohnansätze	93
Abbildung 5:	Investivlohnmodell	96
Abbildung 6:	Entwicklung der Nettorealeinkommen	97
Abbildung 7:	Auswahl bereits erprobter Kombilohnmodelle	98
Abbildung 8:	WTC und CTC in Großbritannien	100
Abbildung 9:	Schaubild Beschäftigungsprämie	102
Abbildung 10:	Arbeitslosigkeit in Deutschland	105
Abbildung 11:	qualifikationsspezifische Arbeitslosigkeit	106
Abbildung 12:	Dauer der Arbeitslosigkeit	107
Abbildung 13:	Niedriglohnsektor in Deutschland	108
Abbildung 14:	Niedrige Tariflöhne in € pro Stunde	109
Abbildung 15:	Arbeitsform im Niedriglohnsektor	109
Abbildung 16:	Arbeitsform und Ausbildung im Niedriglohnsektor im Jahr 2004	110
Abbildung 17:	Aufstiegsmobilität zwischen 1996 und 2001	111
Abbildung 18:	Bedeutung des Niedriglohnsektors im EU- Vergleich	113
Abbildung 19:	Struktur der Vollzeitniedriglohnbeschäftigten in Deutschland 2001	114
Abbildung 20:	nicht erprobte Kombilohnkonzepte	115
Abbildung 21:	Europäischer Mindestlohn	116
Abbildung 22:	gesetzliche Mindestlöhne in der EU 2004	118
Abbildung 23:	Entwicklung von Tariflohn und Mindestlohn der Niederlande im Vergleich	119
Abbildung 24:	Erhöhung des nationalen Mindestlohns in GB 1999–2002	121
Abbildung 25:	Graphische Darstellung zur Frage 17	133
Abbildung 26:	Graphische Darstellung zur Frage 2	137
Abbildung 27:	Graphische Darstellung zur Frage 9	139
Abbildung 28:	Graphische Darstellung zur Frage 5	141
Abbildung 29:	Graphische Darstellung zur Frage 7	143
Abbildung 30:	Graphische Darstellung der Mindestlöhne in Europa	145

Abbildung 31:	Graphische Darstellung zur Frage 12	147
Abbildung 32:	Vollzogene oder geplante Verlagerung ins Ausland	147
Abbildung 33:	Graphische Darstellung von Produktionsvolumen im In- und Ausland	148
Abbildung 34:	Graphische Darstellung zur Frage 11	151
Abbildung 35:	Graphische Darstellung zur Frage 13	153
Abbildung 36:	Graphische Darstellung der Lohnnebenkosten im europäischen Vergleich	158
Abbildung 37:	Teilzeit, befristet Beschäftigte, Leiharbeit	173
Abbildung 38:	Formen der Flexibilität	174
Abbildung 39:	Atypische Beschäftigung und soziale Sicherung	176

Abkürzungsverzeichnis

AA	Agentur für Arbeit
Abb.	Abbildung
Abs.	Absatz
AEntG	Arbeitnehmerentsendegesetz
AG	Arbeitgeber
ALG II	Arbeitslosengeld II
ALG	Arbeitslosengeld
Alhi.	Arbeitslosenhilfe
AN	Arbeitnehmer
Anm.	Anmerkung
Art.	Artikel
AVE	Allgemeinverbindlicherklärung
Azubi	Auszubildender
BA	Bundesanstalt für Arbeit
BGB	Bürgerliches Gesetzbuch
BVerfG	Bundesverfassungsgericht
d.h.	das heißt
DGB	Deutscher Gewerkschaftsbund
etc.	et cetera
EU	Europäische Union
gem.	gemäß
GG	Grundgesetz
Hrsg.	Herausgeber
IG	Industriegewerkschaft
Kap.	Kapitel
MiArbG	Mindestarbeitsbedingungsgesetz
SGB	Sozialgesetzbuch
TVG	Tarifvertragsgesetz
Ver.di	Vereinigte Dienstleitungsgewerkschaft
vgl.	vergleiche
z.B.	zum Beispiel

Anhang

Fragebogen zur Mikrostudie

1. **Kennen Sie das Investivlohnmodell?**
   ☐ Ja   ☐ Nein

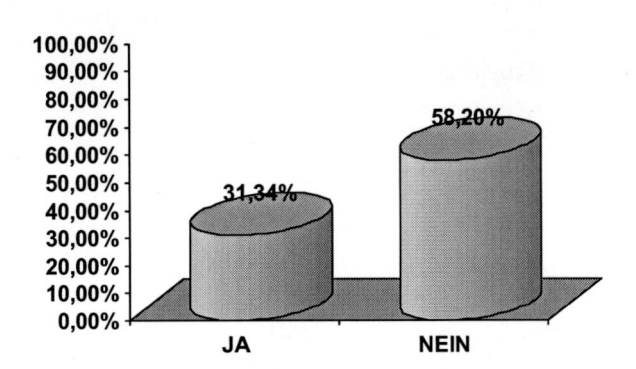

```
100,00%
 90,00%
 80,00%
 70,00%                          58,20%
 60,00%
 50,00%         31,34%
 40,00%
 30,00%
 20,00%
 10,00%
  0,00%
                  JA              NEIN
```

2. **Beim Investivlohn handelt es sich um zusätzlichen Lohn neben dem normalen Lohn. Dieser Lohn soll nicht jeden Monat ausbezahlt werden, sondern zur Finanzierung von Investitionen in der Firma verwendet werden. Es wird auf eine Lohnerhöhung verzichtet. Die Beschäftigten erhalten zur Entschädigung Belegschaftsaktien (Vorzugsaktien) des Unternehmens oder Anteilsscheine der Kapitalgesellschaften. Es findet nur einmal jährlich eine Auszahlung statt. Wie finden Sie solch eine Regelung?**

Nur eine Antwort möglich

Opt. 1 ☐   sehr gut, hilft Arbeitsplätze in Deutschland zu sichern
Opt. 2 ☐   nicht gut, fördert den Ausbau des Niedriglohnsektors
Opt. 3 ☐   in Ordnung, so lange ich am Ende mehr Gehalt/Lohn erhalte
Opt. 4 ☐   bin ich prinzipiell dagegen, ist eine versteckte Lohnkürzung
Opt. 5 ☐   diese Regelung ist nicht akzeptabel

Die Einführung des gesetzlichen Mindestlohns in Deutschland

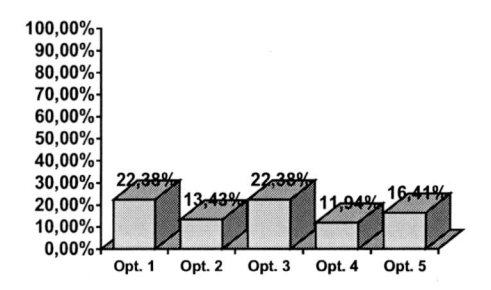

[Balkendiagramm: Opt. 1: 22,38%; Opt. 2: 13,43%; Opt. 3: 22,38%; Opt. 4: 11,94%; Opt. 5: 16,41%]

3. Wären sie persönlich einverstanden mit diesem Modell?

Nur eine Antwort möglich

☐ Ja ☐ Nein

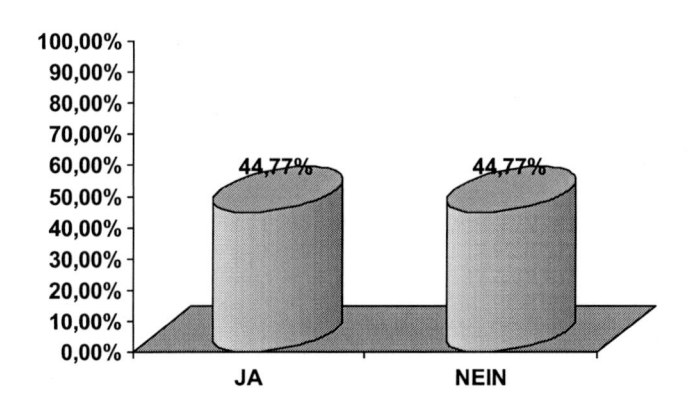

[Balkendiagramm: JA: 44,77%; NEIN: 44,77%]

4. Für welchen Mindeststundenlohn wären Sie bereit einen Job anzunehmen?

__Ø 8,67____€

5. **Was halten Sie von einem Mindeststundenlohn in Höhe von 7,50€?**

Nur eine Antwort möglich

Opt. 1 ☐ sehr gut, hilft Arbeitsplätze in Deutschland zu sichern
Opt. 2 ☐ nicht gut, fördert den Ausbau des Niedriglohnsektors
Opt. 3 ☐ in Ordnung, so lange ich am Ende mehr Gehalt/Lohn erhalte
Opt. 4 ☐ diese Regelung ist nicht akzeptabel
Opt. 5 ☐ zu hoch, vernichtet den Niedriglohnsektor
Opt. 6 ☐ fördert die soziale Gerechtigkeit und dämmt die Ausbeutung der Arbeitnehmer ein
Opt. 7 ☐ zu niedrig, davon kann kein Mensch leben

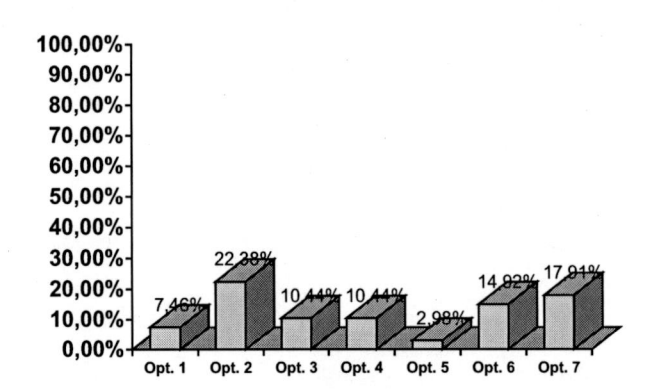

Opt. 1	Opt. 2	Opt. 3	Opt. 4	Opt. 5	Opt. 6	Opt. 7
7,46%	22,38%	10,44%	10,44%	2,98%	14,92%	17,91%

6. **Meinen Sie, dass die Gewerkschaften durch die Einführung eines Mindestlohns geschwächt werden?**

Nur eine Antwort möglich

☐ Ja ☐ Nein

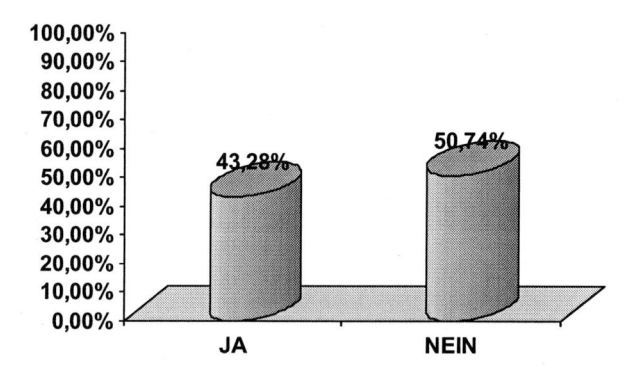

[Balkendiagramm: JA 43,28% / NEIN 50,74%]

7. Sind Sie der Meinung, dass die Einführung von Mindestlöhnen Arbeitsplätze kostet?

Nur eine Antwort möglich

☐ Ja ☐ Nein

[Balkendiagramm: JA 41,79% / NEIN 52,23%]

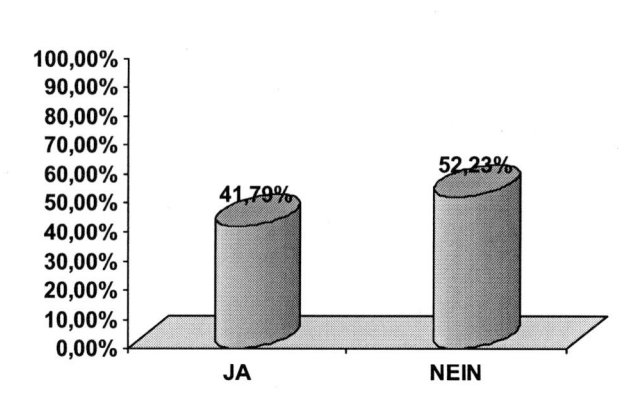

8. Kennen Sie das Kombilohnmodell?

Nur eine Antwort möglich

☐ Ja ☐ Nein

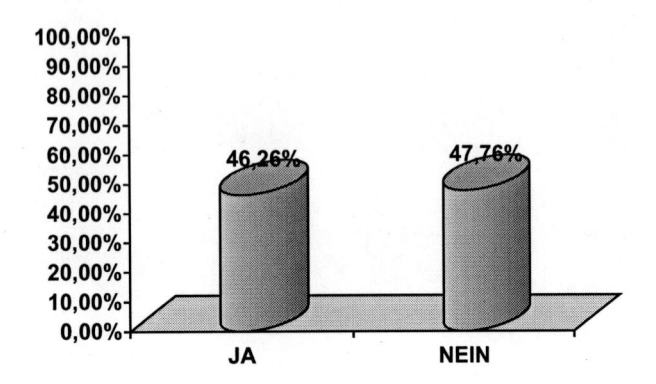

```
100,00%
 90,00%
 80,00%
 70,00%
 60,00%        46,26%         47,76%
 50,00%
 40,00%
 30,00%
 20,00%
 10,00%
  0,00%
                JA             NEIN
```

9. Beim Kombilohnmodell handelt es sich um ein Instrument bei dem der Arbeitgeber und der Staat anteilig am Lohn des Arbeitnehmers beteiligt sind. Der Staat zahlt den Arbeitgebern etwas zum Lohn des Arbeitnehmers hinzu. Beispiel: Ein Langzeitarbeitsloser erhält eine Arbeitsstelle in einem Unternehmen, dass Jobcenter übernimmt einen Teil des Lohns, den anderen Teil muss der Arbeitgeber zahlen.
Wie finden Sie dieses Modell?

Nur eine Antwort möglich

Opt. 1 ☐ sehr gut, fördert Anreize für Unternehmen mehr Personal einzustellen
Opt. 2 ☐ nicht akzeptabel, fördert die Lohnsenkung der Arbeitnehmerinnen und Arbeitnehmer
Opt. 3 ☐ finde ich gut, besser einen geförderten Job als gar keinen
Opt. 4 ☐ damit bin ich nicht einverstanden, die Lohnkosten der Unternehmen werden auf die Allgemeinheit umverteilt

Die Einführung des gesetzlichen Mindestlohns in Deutschland

```
100,00%
 90,00%
 80,00%
 70,00%
 60,00%
 50,00%
 40,00%
 30,00%   25,37%              25,37%
 20,00%           14,92%              19,40%
 10,00%
  0,00%
         Opt. 1   Opt. 2     Opt. 3   Opt. 4
```

10. Wären Sie persönlich mit einem Kombilohnmodell einverstanden?

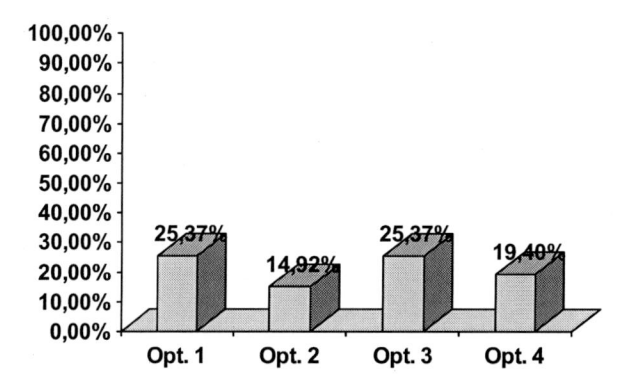

☐ Ja ☐ Nein

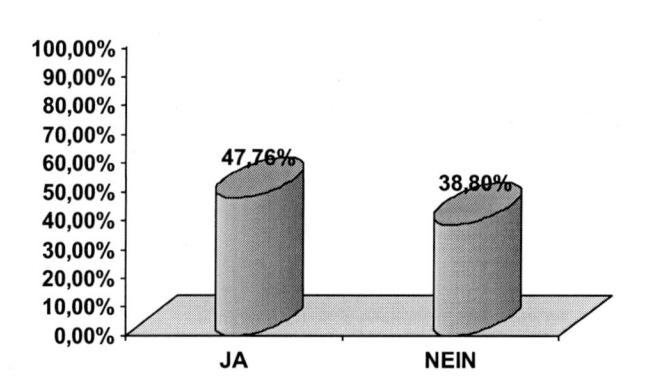

```
100,00%
 90,00%
 80,00%
 70,00%
 60,00%   47,76%
 50,00%           38,80%
 40,00%
 30,00%
 20,00%
 10,00%
  0,00%
           JA      NEIN
```

11. Was halten Sie von dem Vorschlag ein bedingungsloses Grundeinkommen einzuführen (jeder Bürger erhält ein monatliches Einkommen ohne eine Gegenleistung zu erbringen)?

Nur eine Antwort möglich

Opt. 1 ☐ sehr gut, es soll jedem selbst überlassen werden ob er arbeiten möchte oder nicht

Opt. 2 ☐ damit bin ich einverstanden, mich interessieren die anderen nicht

Opt. 3 ☐ nicht akzeptabel, jeder soll für seine Leistung dem entsprechend bezahlt werden

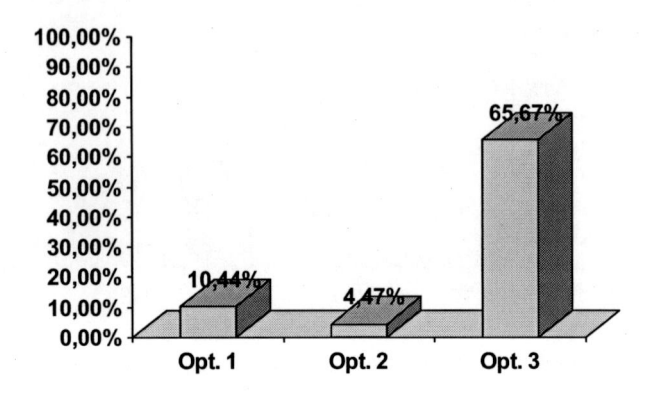

```
100,00%
 90,00%
 80,00%
 70,00%                              65,67%
 60,00%
 50,00%
 40,00%
 30,00%
 20,00%   10,44%
 10,00%            4,47%
  0,00%
          Opt. 1   Opt. 2   Opt. 3
```

12. **Ein Unternehmen beschließt trotz hoher Gewinne den Firmenstandort zu verlagern. Was halten Sie davon?**

Mehrere Antworten möglich

Opt. 1 ☐ ist mir egal so lange ich nicht betroffen bin
Opt. 2 ☐ nicht akzeptabel
Opt. 3 ☐ die Politik muss etwas dagegen unternehmen
Opt. 4 ☐ kann ich gut verstehen, der Gewinn eines Unternehmens muss wachsen
Opt. 5 ☐ das schafft woanders neue Arbeitsplätze
Opt. 6 ☐ finde ich OK, solange der Standort nur in Deutschland verlagert wird

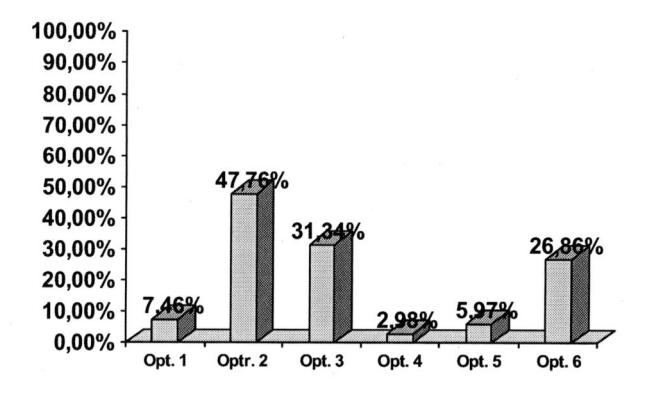

Die Einführung des gesetzlichen Mindestlohns in Deutschland

Option	Wert
Opt. 1	7,46%
Optr. 2	47,76%
Opt. 3	31,34%
Opt. 4	2,98%
Opt. 5	5,97%
Opt. 6	26,86%

13. Was könnte Ihrer Meinung nach dazu beitragen die soziale Gerechtigkeit in Deutschland zu fördern?

Mehrere Antworten möglich

Opt. 1 ☐ die Erhöhung des Wohngeldzuschusses
Opt. 2 ☐ die Erhöhung des Arbeitslosengeldes II
Opt. 3 ☐ die Erhöhung der Renten
Opt. 4 ☐ die Abschaffung der Studiengebühren
Opt. 5 ☐ die Erhöhung des Arbeitslosengeldes I
Opt. 6 ☐ eine Steuerreform, die Geringverdiener entlastet
Opt. 7 ☐ die Reform der Erbschaftssteuer
Opt. 8 ☐ eine stärkere Besteuerung der Reichen
Opt. 9 ☐ die Erhöhung der Sozialhilfe
Opt. 10 ☐ die Senkung der Lohnnebenkosten

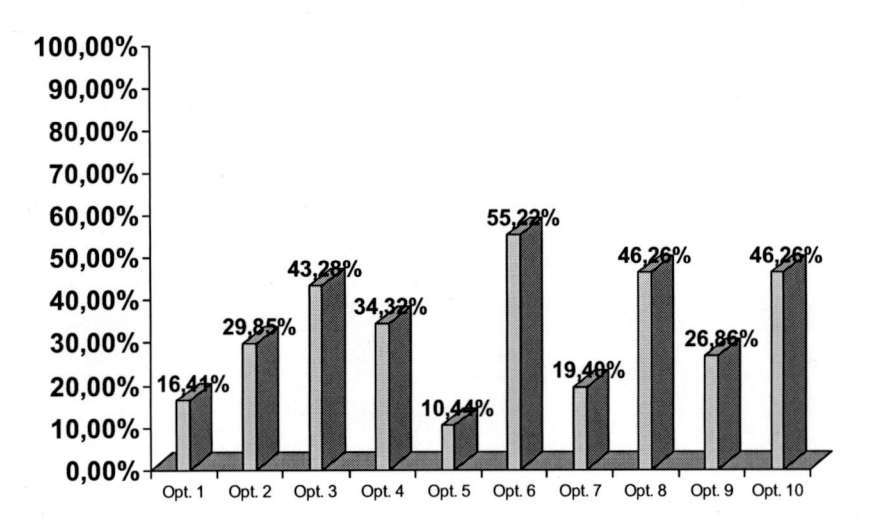

Option	Prozent
Opt. 1	16,44%
Opt. 2	29,85%
Opt. 3	43,28%
Opt. 4	34,32%
Opt. 5	10,44%
Opt. 6	55,22%
Opt. 7	19,40%
Opt. 8	46,26%
Opt. 9	26,86%
Opt. 10	46,26%

14. Hier können Sie jetzt eine abschließende Bemerkung zum Thema machen?

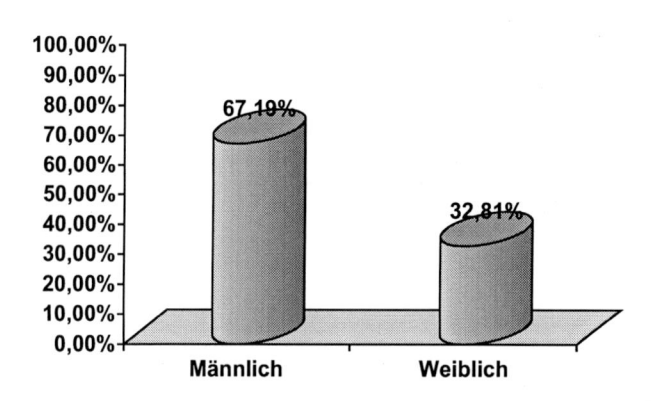

15. Geschlecht
☐ männlich ☐ weiblich

```
100,00%
 90,00%
 80,00%       67,19%
 70,00%
 60,00%
 50,00%
 40,00%                    32,81%
 30,00%
 20,00%
 10,00%
  0,00%
             Männlich      Weiblich
```

16. Wie alt sind Sie?
_____ Jahre

2536:67=37,85

19–70 Jahre

17. Sind Sie verheiratet?
Opt. 1 ☐   Ja
Opt. 2 ☐   Nein
Opt. 3 ☐   verwitwet
Opt. 4 ☐   geschieden
Opt. 5 ☐   eheähnliche Partnerschaft
Opt. 6 ☐   getrennt lebend

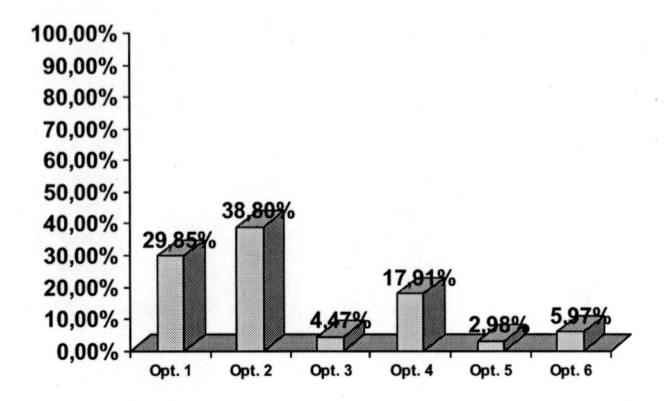

Die Einführung des gesetzlichen Mindestlohns in Deutschland

Opt.	%
Opt. 1	29,85%
Opt. 2	38,80%
Opt. 3	4,47%
Opt. 4	17,91%
Opt. 5	2,98%
Opt. 6	5,97%

18. Haben Sie Kinder?

☐ Ja, Anzahl der Kinder_____   ☐ Nein
Ø 1 Kind

19. Wo wohnen Sie momentan?

Nur eine Antwort möglich

Opt. 1 ☐   Eigenheim
Opt. 2 ☐   Wohnheim
Opt. 3 ☐   Mietshaus
Opt. 4 ☐   betreutes Wohnen
Opt. 5 ☐   ohne festen Wohnsitz (OFW)
Opt. 6 ☐   sonstige Einrichtung_____

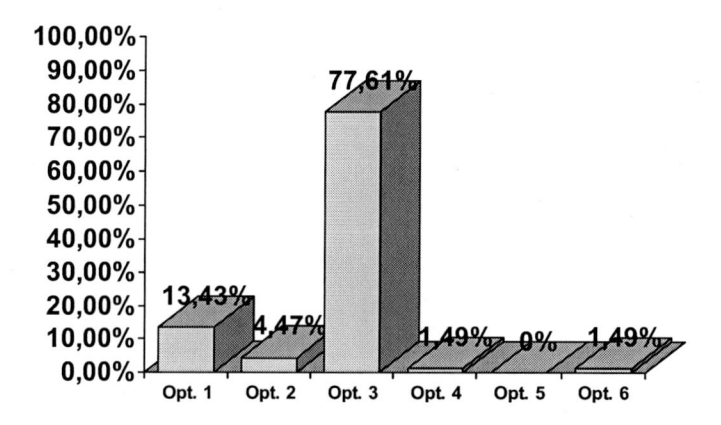

[Balkendiagramm: Opt. 1: 13,43%; Opt. 2: 4,47%; Opt. 3: 77,61%; Opt. 4: 1,49%; Opt. 5: 0%; Opt. 6: 1,49%]

20. **Was war Ihr letzter Abschluss?**

Nur eine Antwort möglich

Opt. 1 ☐ Promotion
Opt. 2 ☐ Hochschule (UNI/FH)
Opt. 3 ☐ Allgemeine Hochschulreife (Abitur)
Opt. 4 ☐ Fachhochschulreife
Opt. 5 ☐ Realschule
Opt. 6 ☐ Hauptschule
Opt. 7 ☐ sonstiger Schulabschluss_____

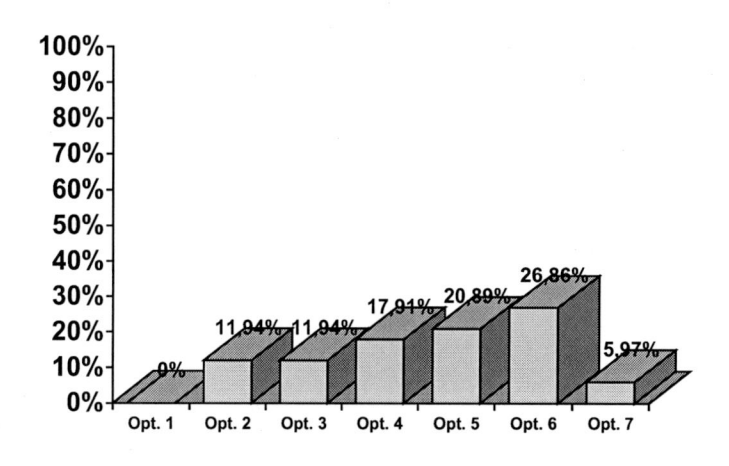

[Balkendiagramm: Opt. 1: 0%; Opt. 2: 11,94%; Opt. 3: 11,94%; Opt. 4: 17,91%; Opt. 5: 20,89%; Opt. 6: 26,86%; Opt. 7: 5,97%]

21. Haben Sie einen Ausbildungsberuf erlernt?

Nur eine Antwort möglich

☐ Ja ☐ Nein

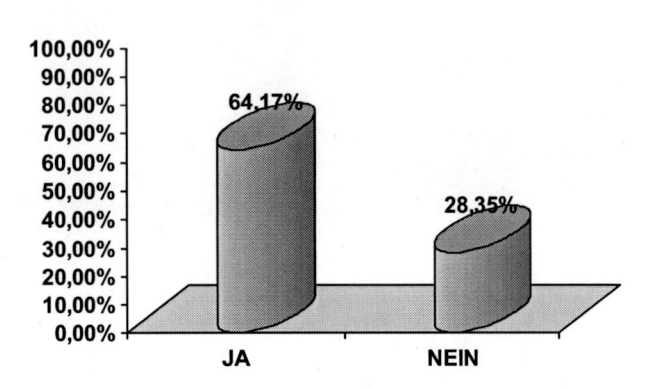

Balkendiagramm: JA 64,17%, NEIN 28,35%

22. Bitte beurteilen Sie den Fragebogen. Bewerten Sie bitte nach Schulnoten. Die Note 1 bedeutet „sehr gut" usw.

Nur eine Antwort möglich

☐ 1
☐ 2
☐ 3
☐ 4
☐ 5
☐ 6

Ø 1,7

Graphiken zum Thema Mindestlöhne in Europa
Gesetzliche Mindestlöhne pro Stunde in Euro

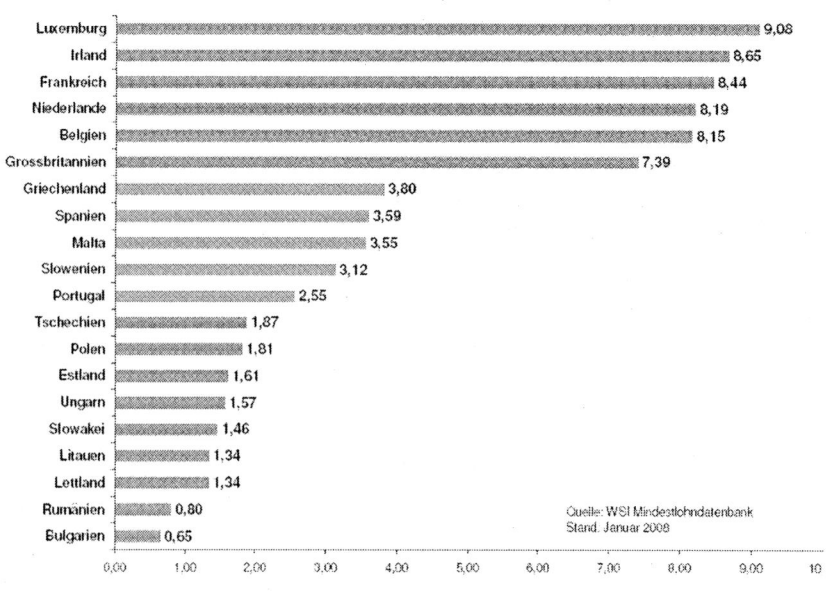

Gesetzliche Mindestlöhne pro Stunde in Euro

Land	Euro
Luxemburg	9,08
Irland	8,65
Frankreich	8,44
Niederlande	8,19
Belgien	8,15
Grossbritannien	7,39
Griechenland	3,80
Spanien	3,59
Malta	3,55
Slowenien	3,12
Portugal	2,55
Tschechien	1,87
Polen	1,81
Estland	1,61
Ungarn	1,57
Slowakei	1,46
Litauen	1,34
Lettland	1,34
Rumänien	0,80
Bulgarien	0,65

Quelle: WSI Mindestlohndatenbank
Stand: Januar 2009

Die Einführung des gesetzlichen Mindestlohns in Deutschland

Gesetzliche Mindestlöhne in der EU (2004)

Gesetzliche Mindestlöhne in der EU 2004 (in Euro)

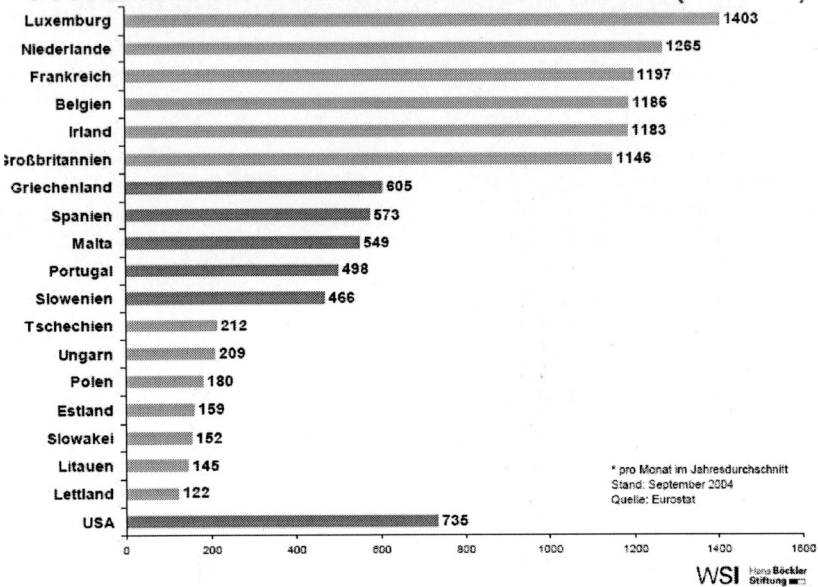

Land	Betrag
Luxemburg	1403
Niederlande	1265
Frankreich	1197
Belgien	1186
Irland	1183
Großbritannien	1146
Griechenland	605
Spanien	573
Malta	549
Portugal	498
Slowenien	466
Tschechien	212
Ungarn	209
Polen	180
Estland	159
Slowakei	152
Litauen	145
Lettland	122
USA	735

* pro Monat im Jahresdurchschnitt
Stand: September 2004
Quelle: Eurostat

WSI Hans Böckler Stiftung

Niedrige Tariflöhne in Euro pro Stunde

Niedrige Tariflöhne in Euro pro Stunde
(jeweils unterste Tarifgruppe)

	West	Ost
Öffentlicher Dienst	7,61	6,98
Zeitarbeit (BZA)	7,02	6,07
Einzelhandel	6,49	6,71
Privates Transportgewerbe	6,49	3,91
Bäckerhandwerk	6,22	4,64
Metallhandwerk	6,20	4,40
Floristik	5,94	4,35
Gebäudereinigung	5,80	3,87
Bewachungsgewerbe	5,30	4,15
Hotel- und Gaststätten	5,18	4,61
Erwerbsgartenbau	5,15	2,75
Friseurhandwerk	4,93	3,06
Landwirtschaft	4,71	4,52

Quelle: WSI-Tarifarchiv, eigene Berechnungen

Hans **Böckler**
Stiftung

WSI

Gesetzliche Mindestlöhne in Prozent

Gesetzliche Mindestlöhne in % des...

	Median	Durchschnitt	Durchschnitt (Industrie und Dienstleistungen)
FR	62%	50%	
BE	52%	40%	46%
HU	49%	36%	40%
IR	48%	39%	51%
SK	45%	34%	35%
UK	45%	37%	37%
NL	44%	39%	46%*
PT	44%	34%	41%
LU	43%	43%	50%
PL	42%	35%	36%
CZ	40%	34%	40%
ES	37%	34%	41%
BG, MT, SI			50%-47%
LT, LV, EE, RO			36%-33%
Quelle:	OECD	OECD	EUROSTAT

Die Einführung des gesetzlichen Mindestlohns in Deutschland

Mindestlöhne und Beschäftigung

Mindestlöhne und Beschäftigung

Großbritannien:

➡ Erhöhung des gesetzlichen Mindestlohns zwischen 1999 und 2005 um 40% von £ 3,60 auf £ 5,05 (etwa € 7,36)

➡ Rückgang der Arbeitslosenquote um knapp 25% von 6,1% (1998) auf 4,6% (2005)

Hans **Böckler** Stiftung WSI

Aktuelle Studien zum Niedriglohnsektor in Deutschland

Aktuelle Studien zum Niedriglohnsektor in Deutschland

	IAB	IAT	DIW
Bezugsjahr	2003	2004	2004
Referenzlohn	2/3 des Medianlohns	2/3 des Medianlohns	2/3 des Medianlohns
Referenzregion	Deutschland	jeweils West- oder Ostdeutschland	Deutschland
Niedriglohnempfänger	3,6 Mio Vollzeitbeschäftigte (18,6%) Getrennte Referenzregionen: 16,1% 2,6Mio (West) 16,9% 0,6Mio (Ost)	6,9 Mio Beschäftigte (22,1%) davon: 3 Mio. Vollzeit 1,4 Mio. Teilzeit 2,5 Mio geringfügig	20% (insgesamt) 17% (West) 38% (Ost) Getrennte Referenzregionen: 18% (West) 21% (Ost)

Hans Böckler Stiftung

WSI

Ursachen für den wachsenden Niedriglohnsektor

Ursachen für den wachsenden Niedriglohnsektor

Politische Förderung des Niedriglohnsektors:
- → Hartz IV, Wegfall der Zumutbarkeitskriterien, Sittenwidrigkeit der Löhne als einzige Untergrenze
- → Europäische Liberalisierung des Dienstleistungssektors

Veränderungen im Tarifvertragsystem:
- → Abnehmende Tarifbindung
- → Krise des Flächentarifvertrages, zunehmende Verbetrieblichung der Tarifpolitik
- → Mangelnde Durchsetzungsmacht der Gewerkschaften
- → Armutslöhne in Tarifverträgen

Hans **Böckler**
Stiftung

WSI

Mindestlohnmodelle in der Diskussion

Mindestlohn-Modelle in der Diskussion
- Alternativen oder Ergänzungen? -

➢ **Ausdehnung des Entsendegesetzes auf alle Branchen**

Folge: Wegen notwendigem Bezug auf Tarifverträge Festschreibung „schlechter" unterster Tariflöhne, die trotz Arbeit Armut bedeuten; Vernachlässigung Tarifvertrags-freier Zonen; Umsetzungsprobleme bei den in Deutschland meist nicht-flächendeckenden Tarifverträgen.

➢ **Bundeseinheitlicher gesetzlicher Mindestlohn**

Folge: Festschreibung eines eindeutigen, kontrollierbaren und sanktionsfähigen Mindeststandards; Existenzsicherung von Arbeitnehmern und Arbeitgebern durch Ausschluss von Lohndumping mit Armutslöhnen; aber kaum Korrektur von Prekärlöhnen.

➢ **Deshalb Kombination beider Instrumente**

Folge: Mit dem Entsendegesetz kann in allen von Tarifverträgen erreichten Branchen oberhalb des gesetzlichen Mindestlohns ein höherer branchenbezogener Lohn allgemeinverbindlich werden, der auch Prekärlöhne vermindert. Diese Kombination von gesetzlichen Mindeststandards und tariflichen Besserstandards ist seit langem bei Urlaub, Arbeitszeit und Lohnfortzahlung im Krankheitsfall erfolgreich.

Hans **Böckler**
Stiftung

WSI

Kriterien zur Bestimmung eines gesetzlichen Mindestlohns in Deutschland

Kriterien zur Bestimmung eines gesetzlichen Mindestlohns in Deutschland

	Hartz IV*	Pfändungs-freigrenze € 985	Europäische Sozialcharta 60% des durchschnittlichen Nettolohns	Armutslohn-Schwelle 50% des durchschnittlichen Bruttolohns
Mindest-Nettolohn	€ 776	€ 985	€ 1.012	€ 1.035
Lohnsteuer/ Solizuschlag	€ 13	€ 87	€ 107	€ 123
Sozialversicherungsbeiträge	€ 213	€ 288	€ 301	€ 312
Mindest-Bruttolohn	€ 1.002	€1.360	€ 1.420	€ 1.470
pro Stunde**	€ 6,00	€ 8,10	€ 8,50	€ 8,80

* € 345 Regelleistung plus € 331 Wohn- und Heizkosten plus € 100 Mindestfreibetrag
** auf der Basis einer 38,5 Stunden-Woche
Quelle: Eigene Berechnung auf der Grundlage eines allein stehenden Beschäftigten ohne Kinder, Bezugsjahr 2005

Hans Böckler Stiftung

WSI

EU-Staaten mit ausschließlich tarifvertraglichen Mindestlohn

EU-Staaten mit ausschließlich tarifvertraglichen Mindestlöhnen

WSI

Länder	Funktionales Äquivalent	Tarifbindung
Dänemark, Finnland, Schweden	Gent-System, Hoher gewerkschaftlicher Organisationsgrad	82%-92%
Italien	Verfassung (Art. 36) „Recht auf eine angemessene Entlohnung", die von den Arbeitsgerichten in der Regel als der gültige Tariflohn interpretiert wird.	~70%
Österreich	Pflichtmitgliedschaft der Arbeitgeber in der Wirtschaftskammer (WKÖ) Nationale Übereinkunft zwischen ÖGB und WKÖ über einen Mindestlohn von 1000 Euro pro Mona	> 95%
Zypern	Gesetzliche Mindestlöhne für bestimmte Berufsgruppen	68%
Deutschland	Kein funktionales Äquivalent	65%

Dr. Thorsten Schulten

Hans Böckler Stiftung

Die Einführung des gesetzlichen Mindestlohns in Deutschland

Das österreichische Mindestlohnmodell

Das österreichische Mindestlohnmodell

WSI

Grundsatzvereinbarung der Dachverbände ÖGB und Wirtschaftskammer (Juni 2007):
- Kein gesetzlicher Mindestlohn!
- In allen Branchenkollektiven soll bist spätestens 1.1.2009 ein Mindestlohn von 1.000 Euro pro Monat eingeführt werden

- Tarifbindung von mehr als 95% gestützt durch die Pflichtmitgliedschaft der Unternehmen in der Wirtschaftskammer

Dr. Thorsten Schulten

Hans Böckler Stiftung

Normen für einen gerechten Mindestlohn

Normen für einen gerechten (Mindest)Lohn

- 1891 **Faire Wages Resolution** der britischen (konservativen) Regierung
  (Koppelung von öffentlichen Aufträgen mit Mindestlöhnen; 1981 von Thatcher abgeschafft)
- **Konventionen der International Labour Organisation** (ILO) 1928 (Nr. 26) 1949 (in Anlehnung an 1891!) 1970 (Nr. 131)
- 1961 **Europäische Sozialcharta** des Europarats (auch von Deutschland ratifiziert; kein Lohn unter 60 % des Netto-Durchschnittslohns)
- 1989 **EU-Sozialcharta**, genau: Gemeinschaftscharta der sozialen Grundrechte der Arbeitnehmer (Titel 1, Abs. 5: Gerechtes Arbeitsentgelt für angemessenen Lebensstandard sichern)
- 1993 EU-Kommission und EU-Parlament (Sicherstellung von angemessenen Arbeitsentgelten und Mindestlöhnen)

Ähnlich **nationale Normen** in den Verfassungen von Belgien, Spanien, Italien, Portugal, Tschechien; aber auch in den Verfassungen von deutschen Bundesländern wie Hessen, Nordrhein-Westfalen

Hans **Böckler Stiftung**

WSI

Normative Grundlagen für die Festlegung von Mindestlöhnen

Normative Grundlagen für die Festlegung von Mindestlöhnen

EU-Gemeinschaftscharta der sozialen Grundrechte der Arbeitnehmer (1989)

„Für jede Beschäftigung ist ein gerechtes Entgelt zu zahlen. Zu diesem Zweck empfiehlt es sich, dass entsprechend den Gegebenheiten eines jeden Landes den Arbeitnehmern ein gerechtes Arbeitsentgelt garantiert wird, das heißt ein Arbeitsentgelt, das ausreicht, um ihnen eine angemessenen Lebensstandard zu erlauben"
(Titel 5, Abs. 1)

Dr. Thorsten Schulten

WSI

Hans Böckler Stiftung

Gesetzestexte im Arbeitsrecht (MiArbG, AEntG, TVG)

Das Mindestarbeitsbedingungsgesetz

Gesetz über die Festsetzung von Mindestarbeitsbedingungen (MiArbG)[313]

Ausfertigungsdatum: 11.01.1952

Vollzitat:

„Gesetz über die Festsetzung von Mindestarbeitsbedingungen in der im Bundesgesetzblatt Teil III, Gliederungsnummer 802-2, veröffentlichten bereinigten Fassung, zuletzt geändert durch Artikel 224 der Verordnung vom 31. Oktober 2006 (BGBl. I S. 2407)" Stand: Zuletzt geändert durch Art. 224 V v. 31.10.2006 I 2407

Fußnote, Überschrift: Im Saarland in Kraft getreten gem. § 1 Nr. 3 G v. 30.6.1959 802-3

Textnachweis Geltung ab: 1.10.1972

Erster Abschnitt

Festsetzung von Mindestarbeitsbedingungen

§ 1

(1) Die Regelung von Entgelten und sonstigen Arbeitsbedingungen erfolgt grundsätzlich in freier Vereinbarung zwischen den Tarifvertragsparteien durch Tarifverträge.

(2) Mindestarbeitsbedingungen können zur Regelung von Entgelten und sonstigen Arbeitsbedingungen festgesetzt werden, wenn a) Gewerkschaften oder Vereinigungen von Arbeitgebern für den Wirtschaftszweig oder die Beschäftigungsart nicht bestehen oder nur eine Minderheit der Arbeitnehmer oder der Arbeitgeber umfassen und b) die Festsetzung von Mindestarbeitsbedingungen zur Befriedigung der notwendigen sozialen und wirtschaftlichen Bedürfnisse der Arbeitnehmer erforderlich erscheint und c) eine Regelung von Entgelten oder sonstigen Arbeitsbedingungen durch Allgemeinverbindlicherklärung eines Tarifvertrags nicht erfolgt ist.

(3) Die Vorschriften des Heimarbeitsgesetzes werden durch dieses Gesetz nicht berührt.

---

[313] Vgl.: **Onlinedokumentation**: juris.de, http://www.gesetze-im internet.de/bundesrecht/aentg/gesamt.pdf. (10.09.2008).

§ 2

(1) Das Bundesministerium für Arbeit und Soziales errichtet einen Hauptausschuss für Mindestarbeitsbedingungen (Hauptausschuss).

(2) Der Hauptausschuss besteht aus dem Bundesminister für Arbeit und Soziales oder einer von ihm bestimmten Person als Vorsitzendem und je fünf Vertreter der Gewerkschaften und der Vereinigungen der Arbeitgeber als Mitgliedern. Für jedes Mitglied ist mindestens ein Stellvertreter zu bestellen.

(3) Das Bundesministerium für Arbeit und Soziales beruft die Mitglieder und ihre Stellvertreter unter billiger Berücksichtigung der Minderheiten auf Grund von Vorschlägen der Gewerkschaften und Vereinigungen der Arbeitgeber auf die Dauer von drei Jahren.

(4) Der Hauptausschuss ist von Amts wegen oder auf Antrag von mindestens fünf Mitgliedern einzuberufen.

(5) Die Tätigkeit der Mitglieder und ihrer Stellvertreter ist ehrenamtlich.

§ 3

(1) Das Bundesministerium für Arbeit und Soziales bestimmt im Einvernehmen mit dem Hauptausschuss die Wirtschaftszweige oder Beschäftigungsarten, für die Mindestarbeitsbedingungen zu erlassen oder aufzuheben sind.

(2) Der Hauptausschuss kann die Festsetzung von Mindestarbeitsbedingungen, deren Änderung oder Aufhebung vorschlagen.

§ 4

(1) Das Bundesministerium für Arbeit und Soziales errichtet Fachausschüsse für die Wirtschaftszweige und Beschäftigungsarten, für die Mindestarbeitsbedingungen festgesetzt werden sollen.

(2) Der Fachausschuss setzt die Mindestarbeitsbedingungen durch Beschluss fest.

(3) Die Mindestarbeitsbedingungen bedürfen der Zustimmung des Bundesministeriums für Arbeit und Soziales. Stimmt das Bundesministerium für Arbeit und Soziales zu, so erlässt es die vom Fachausschuss festgesetzten Mindestarbeitsbedingungen als Rechtsverordnung; die Rechtsverordnung bedarf nicht der Zustimmung des Bundesrates. Sie ist an der vom Bundesministerium für Arbeit und Soziales zu bestimmenden Stelle zu verkünden und tritt am Tag nach der Verkündung in Kraft, sofern das Bundesministerium für Wirtschaft und Arbeit keinen anderen Zeitpunkt bestimmt.

(4) Durch Mindestarbeitsbedingungen wird die unterste Grenze der Entgelte und sonstigen Arbeitsbedingungen in einem Wirtschaftszweig oder einer Beschäftigungsart festgelegt.

§ 5

(1) Der Fachausschuss besteht aus mindestens je drei, höchstens je fünf Beisitzern aus Kreisen der beteiligten Arbeitnehmer und Arbeitgeber und einem vom Bundesministerium für Arbeit und Soziales bestimmten Vorsitzenden. Weitere sachverständige Personen können zugezogen werden; sie haben jedoch kein Stimmrecht.

(2) Die Beschlüsse des Fachausschusses werden mit einfacher Stimmenmehrheit gefasst. Bei der Beschlussfassung hat sich der Vorsitzende zunächst der Stimme zu enthalten; kommt eine Stimmenmehrheit nicht zustande, so übt nach weiterer Beratung der Vorsitzende sein Stimmrecht aus.

§ 6

(1) Das Bundesministerium für Arbeit und Soziales beruft als Beisitzer der Fachausschüsse geeignete Personen auf Grund von Vorschlägen der Gewerkschaften und der Vereinigungen von Arbeitgebern für die Dauer von drei Jahren. Soweit keine Vorschläge eingereicht werden, sind die Beisitzer dieser Seite aus den Kreisen der Beteiligten zu berufen. Für jeden Beisitzer ist mindestens ein Stellvertreter zu bestellen.

(2) Für die Beisitzer des Fachausschusses finden die für die ehrenamtlichen Richter der Arbeitsgerichte geltenden Vorschriften über die Voraussetzungen für das Beisitzeramt, die Besonderheiten für Beisitzer aus Kreisen der Arbeitnehmer und Arbeitgeber, die Ablehnung des Beisitzeramts und den Schutz der Beisitzer aus Kreisen der Arbeitnehmer mit den sich aus Absatz 3 ergebenden Abweichungen sinngemäß Anwendung.

(3) Wird das Fehlen einer Voraussetzung für die Berufung nachträglich bekannt oder fällt eine Voraussetzung nachträglich fort oder verletzt ein Beisitzer gröblich seine Amtspflichten, so kann ihn das Bundesministerium für Arbeit und Soziales seines Amtes entheben. Über die Berechtigung zur Ablehnung des Beisitzeramts entscheidet das Bundesministerium für Arbeit und Soziales.

(4) Das Beisitzeramt ist ein Ehrenamt. Die Beisitzer erhalten eine angemessene Entschädigung für den ihnen aus der Wahrnehmung ihrer Tätigkeit erwachsenden Verdienstausfall und Aufwand sowie Ersatz der Fahrtkosten entsprechend den für die ehrenamtlichen Richter der Arbeitsgerichte geltenden Vorschriften. Die Entschädigung und die erstattungsfähigen Fahrtkosten setzt im Einzelfall der Vorsitzende des Fachausschusses fest.

§ 7

Vor Festsetzung von Mindestarbeitsbedingungen gibt das Bundesministerium für Arbeit und Soziales den obersten Arbeitsbehörden der beteiligten Länder, den Arbeitnehmern und Arbeitgebern, die von der Regelung berührt würden, sowie den zuständigen Gewerkschaften und Vereinigungen von Arbeitgebern, soweit solche bestehen, Gelegenheit zu schriftlicher Stellungnahme sowie zur Äußerung in einer öffentlichen mündlichen Verhandlung vor dem Fachausschuss.

§ 8

(1) Für die Mindestarbeitsbedingungen gelten, soweit sich nicht aus dem Fehlen von Tarifvertragsparteien oder aus diesem Gesetz etwas anderes ergibt, die gesetzlichen Vorschriften über den Tarifvertrag sinngemäß.

(2) Tarifvertragliche Bestimmungen gehen den Mindestarbeitsbedingungen vor.

(3) Ein Verzicht auf entstandene Rechte aus den Mindestarbeitsbedingungen ist nur durch Vergleich zulässig. Er bedarf der Billigung der obersten Arbeitsbehörde des Landes oder der von ihr bestimmten Stelle.

§ 9

Die §§ 4 bis 7 gelten entsprechend für die Änderung und Aufhebung von Mindestarbeitsbedingungen.

§ 10

Das Bundesministerium für Arbeit und Soziales kann die Befugnis zur Errichtung von Fachausschüssen und zum Erlass von Mindestarbeitsbedingungen auf die oberste Arbeitsbehörde eines Landes übertragen, wenn Mindestarbeitsbedingungen festgesetzt werden sollen, die nach Umfang, Auswirkung und Bedeutung nur ein Land betreffen. Im Fall der Übertragung gelten die §§ 4 bis 9 entsprechend.

Überwachung von Mindestarbeitsbedingungen

§ 11

(1) Die Arbeitgeber sind verpflichtet, die für ihren Betrieb maßgebenden Mindestarbeitsbedingungen an geeigneter Stelle im Betrieb auszulegen sowie jedem Arbeitnehmer auszuhändigen, dessen Arbeitsverhältnis durch die Mindestarbeitsbedingungen geregelt ist.

(2) Arbeitnehmer und Arbeitgeber haben den mit der Festsetzung und Überwachung von Mindestarbeitsbedingungen beauftragten Stellen auf Verlangen Auskunft über alle die Arbeitsbedingungen betreffenden Fragen zu erteilen und die gewünschten Unterlagen vorzulegen.

§ 12

Die oberste Arbeitsbehörde des Landes hat für eine wirksame Überwachung der Einhaltung der Mindestarbeitsbedingungen Sorge zu tragen. Sie kann die Aufgaben der Überwachung anderen Stellen übertragen.

§ 13

Hat ein Arbeitgeber die Mindestarbeitsbedingungen nicht eingehalten, so kann ihn die oberste Arbeitsbehörde des Landes oder die von ihr bestimmte Stelle auffordern, innerhalb einer in der Aufforderung festzusetzenden Frist die bestehenden Ansprüche zu befriedigen und den Leistungsnachweis vorzulegen.

§ 14

Das Land, vertreten durch die oberste Arbeitsbehörde oder die von ihr bestimmte Stelle, kann im eigenen Namen den Anspruch eines Arbeitnehmers aus Mindestarbeitsbedingungen gerichtlich geltend machen. Das Urteil gilt auch für und gegen den Arbeitnehmer.

§ 15

Ist das Arbeitsverhältnis eines Arbeitnehmers durch Mindestarbeitsbedingungen geregelt, so gelten die §§ 13 und 14 entsprechend für sonstige Ansprüche aus dem Arbeitsverhältnis, die dem Arbeitnehmer auf Grund anderer gesetzlicher Vorschriften zustehen.

§ 16

Das Bundesministerium für Arbeit und Soziales kann mit Zustimmung des Bundesrates und nach Beratung mit den Gewerkschaften und den Vereinigungen von Arbeitgebern die zur Durchführung dieses Gesetzes erforderlichen Rechtsverordnungen erlassen über a) die Errichtung des Hauptausschusses (§ 2) und sein Verfahren; b) die Errichtung von Fachausschüssen und ihr Verfahren; c) das Verfahren nach § 7.

§ 17

Dieses Gesetz und die auf Grund dieses Gesetzes zu erlassenden Rechtsverordnungen gelten auch im Land Berlin, sobald es gemäß Artikel 87 Abs. 2 seiner Verfassung die Anwendung dieses Gesetzes beschlossen hat.

§ 18

Das Gesetz tritt einen Monat nach seiner Verkündung in Kraft."

Das Arbeitnehmerentsendegesetz

Gesetz über zwingende Arbeitsbedingungen bei grenzüberschreitenden Dienstleistungen (Arbeitnehmer-Entsendegesetz – AEntG)[314]

Ausfertigungsdatum: 26.02.1996

Vollzitat:

„Arbeitnehmer-Entsendegesetz vom 26. Februar 1996 (BGBl. I S. 227), zuletzt geändert durch das Gesetz vom 21. Dezember 2007 (BGBl. I S. 3140)"

Stand: Zuletzt geändert durch G v. 21.12.2007 I 3140

Fußnote, Textnachweis ab: 1.3.1996

Amtlicher Hinweis des Normgebers auf EG-Recht: Umsetzung der EGRL 71/96 (CELEX Nr: 396L0071) vgl. G v. 16.12.1997 I 2970, vgl. G. v. 19.12.1998 I 3843

Die Geltung des Gesetzes ist durch § 9 idF d. Art. 10 Nr. 9 G v. 19.12.1998 I 3843 über den 31.8.1999 hinaus verlängert worden.

Eingangsformel

„Der Bundestag hat mit der Mehrheit seiner Mitglieder und mit Zustimmung des Bundesrates das folgende Gesetz beschlossen:

§ 1

(1) Die Rechtsnormen eines für allgemeinverbindlich erklärten Tarifvertrages des Bauhauptgewerbes oder des Baunebengewerbes im Sinne des §§ 1 und 2 der Baubetriebe-Verordnung, die 1. die Mindestentgeltsätze einschließlich der Überstundensätze oder 2. die Dauer des Erholungsurlaubs, das Urlaubsentgelt oder ein zusätzliches Urlaubsgeld zum Gegenstand haben, finden auch auf ein Arbeitsverhältnis zwischen einem Arbeitgeber mit Sitz im Ausland und seinem im räumlichen Geltungsbereich des Tarifvertrages beschäftigten Arbeitnehmer zwingend Anwendung, wenn der Betrieb oder die selbständige Betriebsabteilung im Sinne des fachlichen Geltungsbereichs des Tarifvertrages überwiegend Bauleistungen gemäß § 175 Abs. 2 des Dritten Buches Sozialgesetzbuch erbringt und auch inländische Arbeitgeber ihren im räumlichen Geltungsbereich des Tarifvertrages beschäftigten Arbeitnehmern mindestens die am Arbeitsort geltenden tarifvertraglichen Arbeitsbedingungen gewähren müssen. Ein Arbeitgeber im Sinne des Satzes 1 ist verpflichtet, seinem im räumlichen Geltungsbereich eines Tarifvertrages nach Satz 1 beschäftigten Arbeitnehmer min-

---

[314] Vgl.: Onlinedokumentation: juris.de, http://www.gesetze-im-internet.de/bundesrecht/aentg/gesamt.pdf (10.09.08).

destens die in dem Tarifvertrag vorgeschriebenen Arbeitsbedingungen zu gewähren. Dies gilt auch für einen unter den Geltungsbereich eines Tarifvertrages nach Satz 1 fallenden Arbeitgeber mit Sitz im Inland unabhängig davon, ob der Tarifvertrag kraft Tarifbindung nach § 3 des Tarifvertragsgesetzes oder aufgrund der Allgemeinverbindlicherklärung Anwendung findet. Die Sätze 1 bis 3 gelten entsprechend auch für einen Tarifvertrag, der die Erbringung von Montageleistungen auf Baustellen außerhalb des Betriebssitzes zum Gegenstand hat, sowie für Tarifverträge des Gebäudereinigerhandwerks und für Tarifverträge für Briefdienstleistungen, wenn der Betrieb oder die selbständige Betriebsabteilung überwiegend gewerbs- oder geschäftsmäßig Briefsendungen für Dritte befördert. (2) Wird ein Leiharbeitnehmer von einem Entleiher mit Tätigkeiten beschäftigt, die in den Geltungsbereich eines für allgemeinverbindlich erklärten Tarifvertrages nach Absatz 1 oder 3 oder einer Rechtsverordnung nach Absatz 3a fallen, so hat ihm der Verleiher zumindest die in diesem Tarifvertrag oder dieser Rechtsverordnung vorgeschriebenen Arbeitsbedingungen zu gewähren sowie die der gemeinsamen Einrichtung nach diesem Tarifvertrag zustehenden Beiträge zu leisten. (3) Sind im Zusammenhang mit der Gewährung von Urlaubsansprüchen nach Absatz 1 die Einziehung von Beiträgen und die Gewährung von Leistungen durch allgemeinverbindliche Tarifverträge einer gemeinsamen Einrichtung der Tarifvertragsparteien übertragen, so finden die Rechtsnormen solcher Tarifverträge auch auf einen ausländischen Arbeitgeber und seinen im räumlichen Geltungsbereich des Tarifvertrages beschäftigten Arbeitnehmer zwingend Anwendung, wenn in den betreffenden Tarifverträgen oder auf sonstige Weise sichergestellt ist, dass 1. der ausländische Arbeitgeber nicht gleichzeitig zu Beiträgen nach dieser Vorschrift und Beiträgen zu einer vergleichbaren Einrichtung im Staat seines Sitzes herangezogen wird und 2. das Verfahren der gemeinsamen Einrichtung der Tarifvertragsparteien eine Anrechnung derjenigen Leistungen vorsieht, die der ausländische Arbeitgeber zur Erfüllung des gesetzlichen, tarifvertraglichen oder einzelvertraglichen Urlaubsanspruchs seines Arbeitnehmers bereits erbracht hat. Ein Arbeitgeber im Sinne des Absatzes 1 Satz 1 ist verpflichtet, einer gemeinsamen Einrichtung der Tarifvertragsparteien die ihr nach Satz 1 zustehenden Beiträge zu leisten. Dies gilt auch für einen unter den Geltungsbereich eines Tarifvertrages nach Satz 1 fallenden Arbeitgeber mit Sitz im Inland unabhängig davon, ob der Tarifvertrag kraft Tarifbindung nach § 3 des Tarifvertragsgesetzes oder aufgrund der Allgemeinverbindlicherklärung Anwendung findet. (3a) Ist ein Antrag auf Allgemeinverbindlicherklärung eines Tarifvertrages nach Absatz 1 oder Absatz 3 Satz 1 gestellt worden, kann das Bundesministerium für Arbeit und Soziales unter den dort genannten Voraussetzungen durch Rechtsverordnung ohne Zustimmung des Bundesrates bestimmen, dass die Rechtsnormen dieses Tarifvertrages auf alle unter den Geltungsbereich dieses Tarifvertrages fallenden und nicht tarifgebundenen Arbeitgeber und Arbeitnehmer Anwendung finden. Vor Erlass der Rechtsverordnung gibt das Bundesministerium für Arbeit und Soziales den in den Geltungsbereich der Rechtsverordnung fallenden Arbeitgebern und Arbeitnehmern sowie den Parteien des Tarifvertrages Gelegenheit zur schriftlichen Stellungnahme. Die Rechtsverordnung findet auch auf ein Arbeitsverhältnis zwischen einem Arbeitgeber mit Sitz im Ausland und seinem im Geltungsbereich der Rechtsverordnung beschäftigten Arbeitnehmer zwingend Anwendung. Unter den Geltungsbereich eines Tarifvertrages nach Absatz 1 oder Absatz 3 fallende Arbeitgeber mit Sitz im Inland sind verpflichtet, ihren Arbeitnehmern mindestens die in der Rechtsverordnung vorgeschriebenen Arbeitsbedingungen zu gewähren sowie einer gemeinsamen Einrichtung der Tarifvertragsparteien die ihr nach Satz 1 zustehenden Beiträge zu leisten; dies gilt unabhängig davon, ob die entsprechende Verpflichtung kraft Tarifbindung nach § 3 des Tarifvertragsgesetzes oder aufgrund der Rechtsverordnung besteht. Satz 4 Halbsatz 1 gilt auch für Arbeitgeber mit Sitz im Ausland und ihre im Geltungsbereich der Rechtsverordnung beschäftigten Arbeitnehmer. (4) Die Absätze 1 bis 3a finden keine Anwendung auf Erstmontage- oder Einbauarbeiten, die Bestandteile eines Liefervertrages sind, für die Inbetriebnahme der gelieferten Güter unerlässlich sind und von Facharbeitern oder angelernten Arbeitern des Lieferunternehmens ausgeführt werden, wenn die Dauer der Entsendung acht Tage nicht übersteigt. Satz 1 gilt nicht für Bauleistungen im Sinne des § 175 Abs. 2 des Dritten Buches Sozialgesetzbuch.

(5) (weggefallen)

§ 1a

Ein Unternehmer, der einen anderen Unternehmer mit der Erbringung von Werk- oder Dienstleistungen beauftragt, haftet für die Verpflichtungen dieses Unternehmers, eines Nachunternehmers oder eines von dem Unternehmer oder einem Nachunternehmer beauftragten Verleihers zur Zahlung des Mindestentgelts an einen Arbeitnehmer oder zur Zahlung von Beiträgen an eine gemeinsame Einrichtung der Tarifvertragsparteien nach § 1 Abs. 1 Satz 2 und 3, Abs. 2, Abs. 3 Satz 2 und 3 oder Abs. 3a Satz 4 und 5 wie ein Bürge, der auf die Einrede der Vorausklage verzichtet hat. Das Mindestentgelt im Sinne des Satzes 1 umfasst nur den Betrag, der nach Abzug der Steuern und der Beiträge zur Sozialversicherung und zur Arbeitsförderung oder entsprechender Aufwendungen zur sozialen Sicherung an den Arbeitnehmer auszuzahlen ist (Nettoentgelt).

§ 2

(1) Für die Prüfung der Arbeitsbedingungen nach § 1 sind die Behörden der Zollverwaltung zuständig.

(2) §§ 2 bis 6, 14, 15, 20, 22 und 23 des Schwarzarbeitsbekämpfungsgesetzes sind entsprechend anzuwenden mit der Maßgabe, dass die dort genannten Behörden auch Einsicht in Arbeitsverträge, Niederschriften nach § 2 des Nachweisgesetzes und andere Geschäftsunterlagen nehmen können, die mittelbar oder unmittelbar Auskunft über die Einhaltung der Arbeitsbedingungen nach § 1 geben, und die nach § 5 Abs. 1 des Schwarzarbeitsbekämpfungsgesetzes zur Mitwirkung Verpflichteten diese Unterlagen vorzulegen haben; §§ 16 bis 19 des Schwarzarbeitsbekämpfungsgesetzes finden Anwendung. § 6 Abs. 3 des Schwarzarbeitsbekämpfungsgesetzes findet entsprechende Anwendung. Die genannten Behörden dürfen nach Maßgabe der datenschutzrechtlichen Vorschriften auch mit Behörden anderer Mitgliedstaaten des Europäischen Wirtschaftsraums, die entsprechende Aufgaben wie nach diesem Gesetz durchführen oder für die Bekämpfung illegaler Beschäftigung zuständig sind oder Auskünfte geben können, ob ein Arbeitgeber die Arbeitsbedingungen nach § 1 einhält, zusammenarbeiten. Für die Datenverarbeitung, die dem in Absatz 1 genannten Zweck oder der Zusammenarbeit mit den Behörden des Europäischen Wirtschaftsraums dient, findet § 67 Abs. 2 Nr. 4 des Zehnten Buches des Sozialgesetzbuch keine Anwendung.

(2a) Soweit die Rechtsnormen eines für allgemeinverbindlich erklärten Tarifvertrages nach § 1 Satz 1 Nr. 1 oder einer entsprechenden Rechtsverordnung nach § 1 Abs. 3a auf das Arbeitsverhältnis Anwendung finden, ist der Arbeitgeber verpflichtet, Beginn, Ende und Dauer der täglichen Arbeitszeit des Arbeitnehmers aufzuzeichnen und diese Aufzeichnungen mindestens zwei Jahre aufzubewahren. (3) Jeder Arbeitgeber ist verpflichtet, die für die Kontrolle der Einhaltung der Rechtspflichten nach § 1 Abs. 1 Satz 2, 3 und 4, Abs. 2, 3 Satz 2 und 3 und Abs. 3a Satz 4 und 5 erforderlichen Unterlagen im Inland für die gesamte Dauer der tatsächlichen Beschäftigung des Arbeitnehmers im Geltungsbereich dieses Gesetzes, mindestens für die Dauer der gesamten Werk- oder Dienstleistung, insgesamt jedoch nicht länger als zwei Jahre in deutscher Sprache, auf Verlangen der Prüfbehörde auch am Ort der Beschäftigung, bei Bauleistungen auf der Baustelle, bereitzuhalten. (4) (weggefallen)

§ 3

(1) Soweit die Rechtsnormen eines für allgemein verbindlich erklärten Tarifvertrages nach § 1 Abs. 1 oder 3 oder einer Rechtsverordnung nach § 1 Abs. 3a auf das Arbeitsverhältnis Anwendung finden, ist ein Arbeitgeber mit Sitz im Ausland, der einen oder mehrere Arbeitnehmer innerhalb des Geltungsbereichs dieses Gesetzes beschäftigt, verpflichtet, vor Beginn jeder Werk- oder Dienstleistung eine schriftliche Anmeldung in deutscher Sprache bei der zuständigen Behörde der Zollverwaltung vorzulegen, die die für die Prüfung wesentlichen Angaben enthält. Wesentlich sind

die Angaben über 1. Familiennamen, Vornamen und Geburtsdaten der von ihm im Geltungsbereich dieses Gesetzes beschäftigten Arbeitnehmer, 2. Beginn und voraussichtliche Dauer der Beschäftigung, 3. den Ort der Beschäftigung, bei Bauleistungen die Baustelle, 4. den Ort im Inland, an dem die nach § 2 Abs. 3 erforderlichen Unterlagen bereitgehalten werden, 5. Name, Vorname, Geburtsdatum und Anschrift in Deutschland des verantwortlich Handelnden, 6. die Branche, in die die Arbeitnehmer entsandt werden sollen, 7. Name, Vorname und Anschrift in Deutschland eines Zustellungsbevollmächtigten, soweit dieser nicht mit dem in Nummer 5 genannten verantwortlich Handelnden identisch ist. Änderungen zu diesen Angaben sind zu melden. Der Arbeitgeber hat der Anmeldung eine Versicherung beizufügen, dass er die in § 1 vorgeschriebenen Arbeitsbedingungen einhält.

(2) Überlässt ein Verleiher mit Sitz im Ausland einen oder mehrere Arbeitnehmer zur Arbeitsleistung einem Entleiher im Geltungsbereich dieses Gesetzes, so hat der Entleiher unter den Voraussetzungen des Absatzes 1 Satz 1 vor Beginn jeder Werk- oder Dienstleistung der zuständigen Behörde der Zollverwaltung schriftlich eine Anmeldung in deutscher Sprache mit folgenden Angaben zuzuleiten:

1. Familiennamen, Vornamen und Geburtsdaten der überlassenen Arbeitnehmer,

2. Beginn und Dauer der Überlassung,

3. Ort der Beschäftigung, bei Bauleistungen die Baustelle,

4. den Ort im Inland, an dem die nach § 2 Abs. 3 erforderlichen Unterlagen bereitgehalten werden,

5. Familienname, Vorname und Anschrift des Verleihers,

6. die Branche, in die die Arbeitnehmer entsandt werden sollen,

7. Familienname, Vorname und Anschrift in Deutschland eines Zustellungsbevollmächtigten des Verleihers.

Absatz 1 Satz 3 findet entsprechende Anwendung. Der Entleiher hat der Anmeldung eine Versicherung des Verleihers beizufügen, dass dieser die in § 1 vorgeschriebenen Arbeitsbedingungen einhält.

(3) Das Bundesministerium für Arbeit und Soziales kann im Einvernehmen mit dem Bundesministerium der Finanzen durch Rechtsverordnung ohne Zustimmung des Bundesrates bestimmen, 1. dass, auf welche Weise und unter welchen technischen und organisatorischen Voraussetzungen eine Anmeldung, Änderungsmeldung und Versicherung abweichend von Absatz 1 Satz 1, 3 und 4 sowie Absatz 2 Satz 1, 2 und 3 elektronisch übermittelt werden kann, 2. unter welchen Voraussetzungen eine Änderungsmeldung ausnahmsweise entfallen kann, 3. wie das Meldeverfahren vereinfacht oder abgewandelt werden kann, sofern die entsandten Arbeitnehmer im Rah-

men einer regelmäßig wiederkehrenden Werk- oder Dienstleistung eingesetzt werden oder sonstige Besonderheiten der zu erbringenden Werk- oder Dienstleistung dies erfordern. (4) Die zuständige Behörde der Zollverwaltung im Sinne der Absätze 1 und 2 unterrichtet die zuständigen Finanzämter. (5) Das Bundesministerium der Finanzen wird ermächtigt, durch Rechtsverordnung ohne Zustimmung des Bundesrates die zuständige Behörde nach Absatz 1 Satz 1 sowie nach den Absätzen 2 und 4 zu bestimmen.

§ 4

Für die Anwendung dieses Gesetzes gilt der im Inland gelegene Ort der Werk- oder Dienstleistung als Geschäftsraum und der mit der Ausübung des Weisungsrechts des Arbeitgebers Beauftragte als dort beschäftigte Person im Sinn des § 5 Abs. 2 des Verwaltungszustellungsgesetzes in Verbindung mit § 178 Abs. 1 Nr. 2 der Zivilprozessordnung.

§ 5

(1) Ordnungswidrig handelt, wer vorsätzlich oder fahrlässig 1. entgegen § 1 Abs. 1 Satz 2, oder Abs. 3a Satz 5 als Arbeitgeber mit Sitz im Ausland oder entgegen § 1 Abs. 1 Satz 3 oder Abs. 3a Satz 4 als Arbeitgeber mit Sitz im Inland einem Arbeitnehmer eine dort genannte Arbeitsbedingung nicht gewährt, 1a. entgegen § 1 Abs. 2 eine dort genannte Arbeitsbedingung nicht gewährt oder einen Beitrag nicht leistet, 2. entgegen § 1 Abs. 3 Satz 2 oder Abs. 3a Satz 5 als Arbeitgeber mit Sitz im Ausland oder entgegen § 1 Abs. 3 Satz 3 oder Abs. 3a Satz 4 als Arbeitgeber mit Sitz im Inland einen Beitrag nicht leistet, 3. entgegen § 2 Abs. 2 Satz 1 in Verbindung mit § 5 Abs. 1 Satz 1 des Schwarzarbeitsbekämpfungsgesetzes eine Prüfung nicht duldet oder bei einer Prüfung nicht mitwirkt, 4. entgegen § 2 Abs. 2 Satz 1 in Verbindung mit § 5 Abs. 1 Satz 2 des Schwarzarbeitsbekämpfungsgesetzes das Betreten eines Grundstücks oder Geschäftsraums nicht duldet, 5. entgegen § 2 Abs. 2 Satz 1 in Verbindung mit § 5 Abs. 3 Satz 1 des Schwarzarbeitsbekämpfungsgesetzes Daten nicht, nicht richtig, nicht vollständig, nicht in der vorgeschriebenen Weise oder nicht rechtzeitig übermittelt, 6. entgegen § 2 Abs. 2a eine Aufzeichnung nicht, nicht richtig oder nicht vollständig erstellt oder nicht oder nicht mindestens zwei Jahre aufbewahrt, 7. entgegen § 2 Abs. 3 eine Unterlage nicht, nicht richtig, nicht vollständig oder nicht in der vorgeschriebenen Weise bereithält, 8. entgegen § 3 Abs. 1 Satz 1 oder Abs. 2 Satz 1 eine Anmeldung oder entgegen § 3 Abs. 1 Satz 3, auch in Verbindung mit Abs. 2 Satz 2, eine Änderungsmeldung nicht, nicht richtig, nicht vollständig, nicht in der vorgeschriebenen Weise oder nicht rechtzeitig vorlegt oder zuleitet oder 9. entgegen § 3 Abs. 1 Satz 4 oder Abs. 2 Satz 3 eine Versicherung nicht beifügt. (2) Ordnungswidrig handelt, wer Werk- oder Dienstleistungen in erheblichem Umfang ausführen lässt, indem er als Unternehmer einen anderen Unternehmer beauftragt, von dem er

weiß oder fahrlässig nicht weiß, dass dieser bei der Erfüllung dieses Auftrags 1. gegen § 1 verstößt oder 2. einen Nachunternehmer einsetzt oder zulässt, dass ein Nachunternehmer tätig wird, der gegen § 1 verstößt. (3) Die Ordnungswidrigkeit kann in den Fällen des Absatzes 1 Nr. 1, 1a und 2 sowie des Absatzes 2 mit einer Geldbuße bis zu fünfhunderttausend Euro, in den übrigen Fällen mit einer Geldbuße bis zu fünfundzwanzigtausend Euro geahndet werden. (4) Verwaltungsbehörden im Sinne des § 36 Abs. 1 Nr. 1 des Gesetzes über Ordnungswidrigkeiten sind die in § 2 Abs. 1 genannten Behörden jeweils für ihren Geschäftsbereich. (5) Die Geldbußen fließen in die Kasse der Verwaltungsbehörde, die den Bußgeldbescheid erlassen hat. Für die Vollstreckung zugunsten der Behörden des Bundes und der unmittelbaren Körperschaften und Anstalten des öffentlichen Rechts sowie für die Vollziehung des dinglichen Arrestes nach § 111d der Strafprozessordnung in Verbindung mit § 46 des Gesetzes über Ordnungswidrigkeiten durch die in § 2 Abs. 1 genannten Behörden gilt das Verwaltungs-Vollstreckungsgesetz. Die nach Satz 1 zuständige Kasse trägt abweichend von § 105 Abs. 2 des Gesetzes über Ordnungswidrigkeiten die notwendigen Auslagen; sie ist auch ersatzpflichtig im Sinne des § 110 Abs. 4 des Gesetzes über Ordnungswidrigkeiten. (6) Die Behörden der Zollverwaltung unterrichten das Gewerbezentralregister über rechtskräftige Bußgeldentscheidungen nach den Absätzen 1 bis 3, sofern die Geldbuße mehr als zweihundert Euro beträgt. (7) Gerichte und Staatsanwaltschaften sollen den nach diesem Gesetz zuständigen Behörden Erkenntnisse übermitteln, die aus ihrer Sicht zur Verfolgung von Ordnungswidrigkeiten nach den Absätzen 1 und 2 erforderlich sind, soweit nicht für das Gericht oder die Staatsanwaltschaft erkennbar ist, dass schutzwürdige Interessen des Betroffenen oder anderer Verfahrensbeteiligter an dem Ausschluss der Übermittlung überwiegen. Dabei ist zu berücksichtigen, wie gesichert die zu übermittelnden Erkenntnisse sind.

§ 6

Von der Teilnahme an einem Wettbewerb um einen Liefer-, Bau- oder Dienstleistungsauftrag der in § 98 des Gesetzes gegen Wettbewerbsbeschränkungen genannten Auftraggeber sollen Bewerber für eine angemessene Zeit bis zur nachgewiesenen Wiederherstellung ihrer Zuverlässigkeit ausgeschlossen werden, die wegen eines Verstoßes nach § 5 mit einer Geldbuße von wenigstens zweitausendfünfhundert Euro belegt worden sind. Das gleiche gilt auch schon vor Durchführung eines Bußgeldverfahrens, wenn im Einzelfall angesichts der Beweislage kein vernünftiger Zweifel an einer schwerwiegenden Verfehlung nach Satz 1 besteht. Die für die Verfolgung oder Ahndung der Ordnungswidrigkeiten nach § 5 zuständigen Behörden dürfen öffentlichen Auftraggebern nach § 98 Nr. 1 bis 3 und 5 des Gesetzes gegen Wettbewerbsbeschränkungen auf Verlangen die erforderlichen Auskünfte geben. Öffentliche Auftraggeber nach Satz 3 fordern im Rahmen ihrer Tätigkeit beim Gewerbezentralregister Auskünfte über rechtskräftige Bußgeldentscheidungen wegen einer Ordnungswidrigkeit nach § 5 Abs. 1 oder 2 an oder verlangen von Bewerbern eine Erklärung, dass die Voraussetzungen für einen Ausschluss nach Satz 1 oder 2 nicht vorliegen; auch im Falle einer Erklärung des Bewerbers können öffentliche Auftraggeber nach Satz 3 Auskünfte des Gewerbezentralregisters nach § 150a der Gewerbeordnung jederzeit anfordern. Für den Bewerber, der den Zuschlag erhalten soll, fordert der öffentliche Auftrageber nach Satz 3 bei Aufträgen ab einer Höhe von 30.000 Euro vor Zuschlagserteilung eine Auskunft aus dem Gewerbezentralregister nach § 150a der Gewerbeordnung an. Der Bewerber ist vor der Entscheidung über den Ausschluss zu hören.

§ 7

(1) Die in Rechts- oder Verwaltungsvorschriften enthaltenen Regelungen über 1. die Höchstarbeitszeiten und Mindestruhezeiten, 2. den bezahlten Mindestjahresurlaub, 3. die Mindestentgeltsätze einschließlich der Überstundensätze, 4. die Bedingungen für die Überlassung von Arbeitskräften, insbesondere durch Leiharbeitsunternehmen, 5. die Sicherheit, den Gesundheitsschutz und die Hygiene am Arbeitsplatz, 6. die Schutzmaßnahmen im Zusammenhang mit den Arbeits- und Beschäftigungsbedingungen von Schwangeren und Wöchnerinnen, Kindern und Jugendlichen und 7. die Gleichbehandlung von Männern und Frauen sowie andere Nichtdiskriminierungsbestimmungen finden auch auf ein Arbeitsverhältnis zwischen einem im Ausland ansässigen Arbeitgeber und seinem im Inland beschäftigten Arbeitnehmer zwingend Anwendung.

(2) Die Arbeitsbedingungen nach Absatz 1 Nr. 1 und 4 bis 7 betreffenden Rechtsnormen eines für allgemeinverbindlich erklärten Tarifvertrages nach § 1 Abs. 1 finden unter den dort genannten Voraussetzungen auch auf ein Arbeitsverhältnis zwischen einem Arbeitgeber mit Sitz im Ausland und seinem im räumlichen Geltungsbereich dieses Tarifvertrages beschäftigten Arbeitnehmer zwingend Anwendung.

§ 8

Ein Arbeitnehmer, der in den Geltungsbereich dieses Gesetzes entsandt ist oder war, kann eine auf den Zeitraum der Entsendung bezogene Klage auf Gewährung der Arbeitsbedingungen nach §§ 1, 1a und 7 auch vor einem deutschen Gericht für Arbeitssachen erheben. Diese Klagemöglichkeit besteht auch für eine gemeinsame Einrichtung der Tarifvertragsparteien nach § 1 Abs. 3 in Bezug auf die ihr zustehenden Beiträge.

§ 9 (weggefallen)."

Das Tarifvertragsgesetz

Tarifvertragsgesetz (TVG)[315]

Ausfertigungsdatum: 09.04.1949

Vollzitat:

„Tarifvertragsgesetz in der Fassung der Bekanntmachung vom 25. August 1969 (BGBl. I S. 1323), zuletzt geändert durch Artikel 223 der Verordnung vom 31. Oktober 2006 (BGBl. I S. 2407)"

„Stand: Neu gefasst durch Bek. v. 25. 8.1969 I 1323; zuletzt geändert durch Art. 223 V v. 31.10.2006 I 2407

Fußnote, Textnachweis Geltung ab: 1.11.1974

„§ 1 Inhalt und Form des Tarifvertrags

(1) Der Tarifvertrag regelt die Rechte und Pflichten der Tarifvertragsparteien und enthält Rechtsnormen, die den Inhalt, den Abschluss und die Beendigung von Arbeitsverhältnissen sowie betriebliche und betriebsverfassungsrechtliche Fragen ordnen können.

(2) Tarifverträge bedürfen der Schriftform.

§ 2 Tarifvertragsparteien

(1) Tarifvertragsparteien sind Gewerkschaften, einzelne Arbeitgeber sowie Vereinigungen von Arbeitgebern.

(2) Zusammenschlüsse von Gewerkschaften und von Vereinigungen von Arbeitgebern (Spitzenorganisationen) können im Namen der ihnen angeschlossenen Verbände Tarifverträge abschließen, wenn sie eine entsprechende Vollmacht haben.

(3) Spitzenorganisationen können selbst Parteien eines Tarifvertrags sein, wenn der Abschluss von Tarifverträgen zu ihren satzungsgemäßen Aufgaben gehört.

(4) In den Fällen der Absätze 2 und 3 haften sowohl die Spitzenorganisationen wie die ihnen angeschlossenen Verbände für die Erfüllung der gegenseitigen Verpflichtungen der Tarifvertragsparteien.

§ 3 Tarifgebundenheit

(1) Tarifgebunden sind die Mitglieder der Tarifvertragsparteien und der Arbeitgeber, der selbst Partei des Tarifvertrags ist.

---

[315] Vgl.: Onlinedokumentation: juris.de, http://www.gesetze-im-internet.de/bundesrecht/tvg/gesamt.pdf (10.09.08).

(2) Rechtsnormen des Tarifvertrags über betriebliche und betriebsverfassungsrechtliche Fragen gelten für alle Betriebe, deren Arbeitgeber tarifgebunden ist.

(3) Die Tarifgebundenheit bleibt bestehen, bis der Tarifvertrag endet.

§ 4 Wirkung der Rechtsnormen

(1) 1Die Rechtsnormen des Tarifvertrags, die den Inhalt, den Abschluss oder die Beendigung von Arbeitsverhältnissen ordnen, gelten unmittelbar und zwingend zwischen den beiderseits Tarifgebundenen, die unter den Geltungsbereich des Tarifvertrags fallen. 2Diese Vorschrift gilt entsprechend für Rechtsnormen des Tarifvertrages über betriebliche und betriebsverfassungsrechtliche Fragen.

(2) Sind im Tarifvertrag gemeinsame Einrichtungen der Tarifvertragsparteien vorgesehen und geregelt (Lohnausgleichskassen, Urlaubskassen usw.), so gelten diese Regelungen auch unmittelbar und zwingend für die Satzung dieser Einrichtung und das Verhältnis der Einrichtung zu den tarifgebundenen Arbeitgebern und Arbeitnehmern.

(3) Abweichende Abmachungen sind nur zulässig, soweit sie durch den Tarifvertrag gestattet sind oder eine Änderung der Regelungen zugunsten des Arbeitnehmers enthalten.

(4) 1Ein Verzicht auf entstandene tarifliche Rechte ist nur in einem von den Tarifvertragsparteien gebilligten Vergleich zulässig. 2Die Verwirkung von tariflichen Rechten ist ausgeschlossen. 3Ausschlußfristen für die Geltendmachung tariflicher Rechte können nur im Tarifvertrag vereinbart werden.

(5) Nach Ablauf des Tarifvertrags gelten seine Rechtsnormen weiter, bis sie durch eine andere Abmachung ersetzt werden.

§ 5 Allgemeinverbindlichkeit

(1) 1Das Bundesministerium für Arbeit und Soziales kann einen Tarifvertrag im Einvernehmen mit einem aus je drei Vertretern der Spitzenorganisationen der Arbeitgeber und der Arbeitnehmer bestehenden Ausschuss auf Antrag einer Tarifvertragspartei für allgemeinverbindlich erklären, wenn

1. die tarifgebundenen Arbeitgeber nicht weniger als 50 vom Hundert der unter den Geltungsbereich des Tarifvertrags fallenden Arbeitnehmer beschäftigen und

2. die Allgemeinverbindlicherklärung im öffentlichen Interesse geboten erscheint.

2Von den Voraussetzungen der Nummern 1 und 2 kann abgesehen werden, wenn die Allgemeinverbindlicherklärung zur Behebung eines sozialen Notstands erforderlich erscheint.

(2) Vor der Entscheidung über den Antrag ist Arbeitgebern und Arbeitnehmern, die von der Allgemeinverbindlicherklärung betroffen werden würden, den am Ausgang des Verfahrens interessierten Gewerkschaften und Vereinigungen der Arbeitgeber sowie den obersten Arbeitsbehörden der Länder, auf deren Bereich sich der Tarifvertrag erstreckt, Gelegenheit zur schriftlichen Stellungnahme sowie zur Äußerung in einer mündlichen und öffentlichen Verhandlung zu geben.

(3) Erhebt die oberste Arbeitsbehörde eines beteiligten Landes Einspruch gegen die beantragte Allgemeinverbindlicherklärung, so kann das Bundesministerium für Arbeit und Soziales dem Antrag nur mit Zustimmung der Bundesregierung stattgeben.

(4) Mit der Allgemeinverbindlicherklärung erfassen die Rechtsnormen des Tarifvertrags in seinem Geltungsbereich auch die bisher nicht tarifgebundenen Arbeitgeber und Arbeitnehmer.

(5) 1Das Bundesministerium für Arbeit und Soziales kann die Allgemeinverbindlicherklärung eines Tarifvertrags im Einvernehmen mit dem in Absatz 1 genannten Ausschuss aufheben, wenn die Aufhebung im öffentlichen Interesse geboten erscheint. 2Die Absätze 2 und 3 gelten entsprechend. 3Im übrigen endet die Allgemeinverbindlichkeit eines Tarifvertrags mit dessen Ablauf.

(6) Das Bundesministerium für Arbeit und Soziales kann der obersten Arbeitsbehörde eines Landes für einzelne Fälle das Recht zur Allgemeinverbindlicherklärung sowie zur Aufhebung der Allgemeinverbindlichkeit übertragen.

(7) Die Allgemeinverbindlicherklärung und die Aufhebung der Allgemeinverbindlichkeit bedürfen der öffentlichen Bekanntmachung.

Fußnote

§ 5 Abs. 1 bis 5 u. 7: IdF d. Bek. v. 25.8.1969 I 1323 nach Maßgabe d. Entscheidungsformel mit d. GG vereinbar gem. BVerfGE v. 24.5.1977 I 1547 – 2 BvL 11/74 –

§ 6 Tarifregister

Bei dem Bundesministerium für Arbeit und Soziales wird ein Tarifregister geführt, in das der Abschluss, die Änderung und die Aufhebung der Tarifverträge sowie der Beginn und die Beendigung der Allgemeinverbindlichkeit eingetragen werden.

§ 7 Übersendungs- und Mitteilungspflicht

(1) 1Die Tarifvertragsparteien sind verpflichtet, dem Bundesministerium für Arbeit und Soziales innerhalb eines Monats nach Abschluss kostenfrei die Urschrift oder eine beglaubigte Abschrift sowie zwei weitere Abschriften eines jeden Tarifvertrags und seiner Änderungen zu übersenden; sie haben ihm das Außerkrafttreten eines jeden Tarifvertrags innerhalb eines Monats mitzuteilen. 2Sie sind ferner verpflichtet,

den obersten Arbeitsbehörden der Länder, auf deren Bereich sich der Tarifvertrag erstreckt, innerhalb eines Monats nach Abschluss kostenfrei je drei Abschriften des Tarifvertrags und seiner Änderungen zu übersenden und auch das Außerkrafttreten des Tarifvertrags innerhalb eines Monats mitzuteilen. 3Erfüllt eine Tarifvertragspartei die Verpflichtungen, so werden die übrigen Tarifvertragsparteien davon befreit.

(2) 1Ordnungswidrig handelt, wer vorsätzlich oder fahrlässig entgegen Absatz 1 einer Übersendungs- oder Mitteilungspflicht nicht, unrichtig, nicht vollständig oder nicht rechtzeitig genügt. 2Die Ordnungswidrigkeit kann mit einer Geldbuße geahndet werden.

(3) Verwaltungsbehörde im Sinne des § 36 Abs. 1 Nr. 1 des Gesetzes über Ordnungswidrigkeiten ist die Behörde, der gegenüber die Pflicht nach Absatz 1 zu erfüllen ist.

§ 8 Bekanntgabe des Tarifvertrags

Die Arbeitgeber sind verpflichtet, die für ihren Betrieb maßgebenden Tarifverträge an geeigneter Stelle im Betrieb auszulegen.

§ 9 Feststellung der Rechtswirksamkeit

Rechtskräftige Entscheidungen der Gerichte für Arbeitssachen, die in Rechtsstreitigkeiten zwischen Tarifvertragsparteien aus dem Tarifvertrag oder über das Bestehen oder Nichtbestehen des Tarifvertrags ergangen sind, sind in Rechtsstreitigkeiten zwischen tarifgebundenen Parteien sowie zwischen diesen und Dritten für die Gerichte und Schiedsgerichte bindend.

§ 10 Tarifvertrag und Tarifordnungen

(1) Mit dem Inkrafttreten eines Tarifvertrags treten Tarifordnungen und Anordnungen auf Grund der Verordnung über die Lohngestaltung vom 25. Juni 1938 (Reichsgesetzbl. I S. 691) und ihrer Durchführungsverordnung vom 23. April 1941 (Reichsgesetzbl. I S. 222), die für den Geltungsbereich des Tarifvertrags oder Teile desselben erlassen worden sind, außer Kraft, mit Ausnahme solcher Bestimmungen, die durch den Tarifvertrag nicht geregelt worden sind.

(2) Das Bundesministerium für Arbeit und Soziales kann Tarifordnungen und die in Absatz 1 bezeichneten Anordnungen aufheben; die Aufhebung bedarf der öffentlichen Bekanntmachung.

§ 11 Durchführungsbestimmungen

Das Bundesministerium für Arbeit und Soziales kann unter Mitwirkung der Spitzenorganisationen der Arbeitgeber und der Arbeitnehmer die zur Durchführung des Gesetzes erforderlichen Verordnungen erlassen, insbesondere über

1. die Errichtung und die Führung des Tarifregisters und des Tarifarchivs;

2. das Verfahren bei der Allgemeinverbindlicherklärung von Tarifverträgen und der Aufhebung von Tarifordnungen und Anordnungen, die öffentlichen Bekanntmachungen bei der Antragstellung, der Erklärung und Beendigung der Allgemeinverbindlichkeit und der Aufhebung von Tarifordnungen und Anordnungen sowie die hierdurch entstehenden Kosten;

3. den in § 5 genannten Ausschuss.

§ 12 Spitzenorganisationen

1 Spitzenorganisationen im Sinne dieses Gesetzes sind – unbeschadet der Regelung in § 2 – diejenigen Zusammenschlüsse von Gewerkschaften oder von Arbeitgebervereinigungen, die für die Vertretung der Arbeitnehmer- oder der Arbeitgeberinteressen im Arbeitsleben des Bundesgebiets wesentliche Bedeutung haben. 2 Ihnen stehen gleich Gewerkschaften und Arbeitgebervereinigungen, die keinem solchen Zusammenschluss angehören, wenn sie die Voraussetzungen des letzten Halbsatzes in Satz 1 erfüllen.

§ 12a Arbeitnehmerähnliche Personen

(1) Die Vorschriften dieses Gesetzes gelten entsprechend

1. für Personen, die wirtschaftlich abhängig und vergleichbar einem Arbeitnehmer sozial schutzbedürftig sind (arbeitnehmerähnliche Personen), wenn sie auf Grund von Dienst- oder Werkverträgen für andere Personen tätig sind, die geschuldeten Leistungen persönlich und im wesentlichen ohne Mitarbeit von Arbeitnehmern erbringen und

a) überwiegend für eine Person tätig sind oder

b) ihnen von einer Person im Durchschnitt mehr als die Hälfte des Entgelts zusteht, das ihnen für ihre Erwerbstätigkeit insgesamt zusteht; ist dies nicht voraussehbar, so sind für die Berechnung, soweit im Tarifvertrag nichts anderes vereinbart ist, jeweils die letzten sechs Monate, bei kürzerer Dauer der Tätigkeit dieser Zeitraum, maßgebend,

2. für die in Nummer 1 genannten Personen, für die die arbeitnehmerähnlichen Personen tätig sind, sowie für die zwischen ihnen und den arbeitnehmerähnlichen Personen durch Dienst- oder Werkverträge begründeten Rechtsverhältnisse.

(2) Mehrere Personen, für die arbeitnehmerähnliche Personen tätig sind, gelten als eine Person, wenn diese mehreren Personen nach der Art eines Konzerns (§ 18 des Aktiengesetzes) zusammengefasst sind oder zu einer zwischen ihnen bestehenden

Organisationsgemeinschaft oder nicht nur vorübergehenden Arbeitsgemeinschaft gehören.

(3) Die Absätze 1 und 2 finden auf Personen, die künstlerische, schriftstellerische oder journalistische Leistungen erbringen, sowie auf Personen, die an der Erbringung, insbesondere der technischen Gestaltung solcher Leistungen unmittelbar mitwirken, auch dann Anwendung, wenn ihnen abweichend von Absatz 1 Nr. 1 Buchstabe b erster Halbsatz von einer Person im Durchschnitt mindestens ein Drittel des Entgelts zusteht, das ihnen für ihre Erwerbstätigkeit insgesamt zusteht.

(4) Die Vorschrift findet keine Anwendung auf Handelsvertreter im Sinne des § 84 des Handelsgesetzbuchs.

§ 12b Berlin-Klausel

1 Dieses Gesetz gilt auch im Land Berlin, sofern es im Land Berlin in Kraft gesetzt wird. 2 Rechtsverordnungen, die auf Grund dieses Gesetzes erlassen worden sind oder erlassen werden, gelten im Land Berlin nach § 14 des Dritten Überleitungsgesetzes vom 4. Januar 1952 (Bundesgesetzbl. I S. 1).

§ 13 Inkrafttreten

(1) Dieses Gesetz tritt mit seiner Verkündung in Kraft.

(2) Tarifverträge, die vor dem Inkrafttreten dieses Gesetzes abgeschlossen sind, unterliegen diesem Gesetz.

Anhang EV Auszug aus EinigVtr. Anlage I Kapitel VIII Sachgebiet A Abschnitt III

(BGBl. II 1990, 889, 1023)

– Maßgaben für das beigetretene Gebiet (Art. 3 EinigVtr.) –

Abschnitt III

Bundesrecht tritt in dem in Artikel 3 des Vertrages genannten Gebiet mit folgenden Maßgaben in Kraft:

14. Tarifvertragsgesetz in der Fassung der Bekanntmachung vom 25. August 1969 (BGBl. I S. 1323), geändert durch Artikel II § 1 des Gesetzes vom 29. Oktober 1974 (BGBl. I S. 2879),

mit folgender Maßgabe:

Bis zum Abschluss eines neuen Tarifvertrages ist der geltende Rahmenkollektivvertrag oder Tarifvertrag mit allen Nachträgen und Zusatzvereinbarungen weiter anzuwenden, soweit eine Registrierung entsprechend dem Arbeitsgesetzbuch erfolgt ist. Der Rahmenkollektivvertrag oder Tarifvertrag tritt ganz oder teilweise außer Kraft, wenn für denselben Geltungsbereich oder Teile desselben ein neuer Tarifvertrag in Kraft tritt. Bestimmungen bisheriger Rahmenkollektivverträge oder Tarifverträge, die im neuen Tarifvertrag nicht aufgehoben oder ersetzt sind, gelten weiter. Rationalisierungsschutzabkommen, die vor dem 1. Juli 1990 abgeschlossen und registriert worden sind, treten ohne Nachwirkung am 31. Dezember 1990 außer Kraft, soweit Arbeitnehmer bis zum 31. Dezember 1990 die Voraussetzungen der Rationalisierungsschutzabkommen erfüllt haben, bleiben deren Ansprüche und Rechte vorbehaltlich neuer tarifvertraglicher Regelungen unberührt. Die Regelungen des Artikels 20 des Vertrages und der dazu ergangenen Anlagen bleiben unberührt."